培优系列教材

财经商贸大类专业基础课
技能应用型教材

Excel 财务应用

王德方　杨彦柱　主　编

沈　宁　李晓平　副主编

吴秀艳　周黎莎

电子工业出版社.

Publishing House of Electronics Industry

北京 · BEIJING

内 容 简 介

本书是 Excel 2021 财务办公应用的入门书籍,以实际的财务办公应用为基础,通过合理的结构和大量来源于实际工作的精彩实例,全面介绍了在使用 Excel 2021 进行日常财务办公过程中可能遇到的问题及其解决方案。本书包括 10 个项目和 1 个项目练习,分别为 Excel 2021 基础、财务工作表和单元格、财务数据的输入和编辑、公式和函数在财务中的应用、格式化财务工作表、财务应用中的图形对象、财务图表、管理财务表格中的数据、财务数据透视表、打印和输出、企业固定资产管理综合案例。

本书按照财务工作的内容进行谋篇布局,通俗易懂、操作步骤详细、图文并茂,适合公司的财务人员、销售人员、管理人员,以及大中院校财务会计专业的师生使用,也可作为 Excel 2021 爱好者的参考用书。

图书在版编目(CIP)数据

Excel 财务应用 / 王德方,杨彦柱主编. —北京:电子工业出版社,2022.6

ISBN 978-7-121-43870-7

Ⅰ. ①E… Ⅱ. ①王… ②杨… Ⅲ. ①表处理软件—应用—财务管理 Ⅳ. ①F275-39

中国版本图书馆 CIP 数据核字(2022)第 113507 号

责任编辑:孙 伟 文字编辑:李书乐 特约编辑:李 红
印 刷:北京雁林吉兆印刷有限公司
装 订:北京雁林吉兆印刷有限公司
出版发行:电子工业出版社
　　　　北京市海淀区万寿路 173 信箱 邮编:100036
开 本:787×1092 1/16 印张:15.25 字数:390.4 千字
版 次:2022 年 6 月第 1 版
印 次:2022 年 6 月第 1 次印刷
定 价:49.00 元

凡所购买电子工业出版社图书有缺损问题,请向购买书店调换。若书店售缺,请与本社发行部联系,联系及邮购电话:(010)88254888,88258888。

质量投诉请发邮件至 zlts@phei.com.cn,盗版侵权举报请发邮件至 dbqq@phei.com.cn。

本书咨询联系方式:(010)88254571 或 lishl@phei.com.cn。

前　言

Excel 2021 是 Microsoft 公司 2021 年推出的 Office 2021 办公软件家族中非常重要的一员。其强大的表格、图表制作能力及数据分析能力，使其风靡全球，被广泛应用于行政管理、财务会计、金融统计等行业领域。熟练使用乃至精通 Excel 的办公操作成为不少职场人士必须具备的基本能力。

本书以由浅入深、循序渐进的方式展开讲解，通过合理的结构和经典的范例对 Excel 2021 的基本操作和实际的财务运用进行了详细的介绍，具有极高的实用价值。通过对本书的学习，读者不仅可以掌握 Excel 2021 的基本知识和应用技巧，还可以掌握一些 Excel 2021 在财务方面的应用，从而提高日常工作效率。

一、本书特点

✓ 循序渐进，由浅入深

本书首先结合财务方面的实例介绍 Excel 2021 的基本操作、公式与函数、图表与数据分析等知识，然后介绍 Excel 2021 在财务管理方面的高级应用，最后通过综合实例对前面的知识进行巩固、拓展。

✓ 案例丰富，简单易懂

本书从帮助用户快速熟悉和提升 Excel 2021 实际办公应用技巧的目标出发，结合实际应用给出了详细的操作步骤与技巧提示，力求将最常见的方法与技巧全面细致地介绍给读者，方便读者学习理解。

✓ 技能与思政教育紧密结合

在讲解 Excel 2021 财务应用专业知识的同时，紧密结合思政教育主旋律，从专业知识入手触类旁通地引导学生相关思政品质的提升。

✓ 项目式教学，实操性强

本书把 Excel 2021 财务应用知识分解并融入一个个实践操作的训练项目中，增强了本书的实用性。

二、本书内容

本书包括 10 个项目和 1 个项目练习，分别为 Excel 2021 基础、财务工作表和单元格、财务数据的输入和编辑、公式和函数在财务中的应用、格式化财务工作表、财务应用中的图形对象、财务图表、管理财务表格中的数据、财务数据透视表、打印和输出、企业固定资产管理综合案例。

三、适用读者

本书内容全面、讲解充分、图文并茂，融入了编者的实际操作心得，适合 Excel 2021

的初中级读者、财会从业人员及对 Excel 2021 比较感兴趣的读者阅读，同时亦可作为大中专院校财务会计专业、会计电算化培训班的授课教材。为了配合各学校师生利用本书进行教学，本书配赠了案例操作视频、源文件及相关资源，可扫描二维码获取。

案例源文件

四、致谢

本书由兰州资源环境职业技术大学的王德方、西安交通工程学院的杨彦柱担任主编，由沈阳职业技术学院的沈宁、吉林科技职业技术学院的李晓平、四平职业大学的吴秀艳、信阳航空职业学院的周黎莎担任副主编，由河北军创家园文化发展有限公司提供技术支持。由于编者水平有限，书中如有不足之处，敬请读者批评指正。

编　者
2022 年 1 月

目　录

Excel 2021 基础

素质目标

➢ 从基础入手，不断更新所学知识，培养持之以恒的学习态度

➢ 及时关注行业动态，了解行业走向，培养提升行业敏感度

学习目标

➢ 熟悉 Excel 2021 的工作界面

➢ 能够进行新建、打开、保存文件等操作

项目导读

学习一个新的应用程序时应首先认识它的工作界面。本项目将介绍 Excel 2021 的工作界面，以及 Excel 2021 中的基本文件操作。掌握 Excel 2021 工作界面中各种功能的使用方法，可为将来更好地运用 Excel 2021 完成复杂的任务打下坚实的基础。

任务 1　Excel 2021 的工作界面

任务引入

小明找了一份新工作——会计工作，需要对数据进行处理，因此选择使用 Excel 2021 软件对数据进行处理，但是要想熟练地使用 Excel 2021 软件进行数据处理，必须先了解该软件的操作界面、功能区等。只有对操作界面有了宏观的认识，才能更好更快地进行数据处理。那么，怎样能调出需要的命令，根据习惯自定义功能区？默认的快速访问工具栏中有哪些命令呢？

知识准备

启动 Excel 2021 后，在"开始"窗口单击"空白工作簿"图标，如图 1-1 所示，即可创建一个如图 1-2 所示的空白工作簿。该空白工作簿由标题栏、快速访问工具栏、功能区、编辑栏、工作区、状态栏等组成。

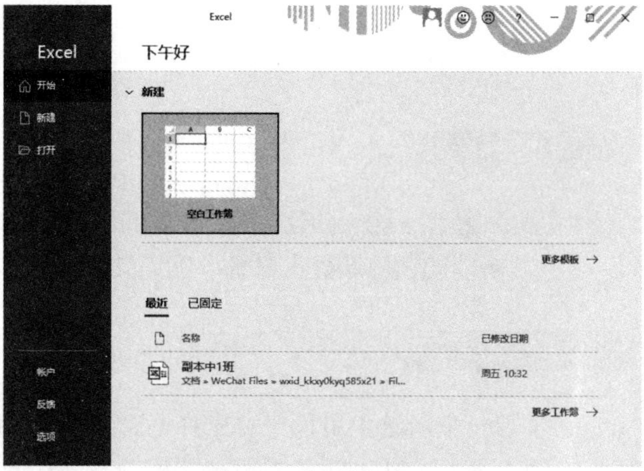

图 1-1　"开始"窗口

一、标题栏

标题栏位于工作簿的顶端，显示应用程序名 Excel，以及当前打开的工作簿名称（工作簿 1）。标题栏最右端有三个按钮，分别是"最小化"按钮、"最大化/向下还原"按钮和"关闭"按钮。

二、快速访问工具栏

快速访问工具栏位于标题栏左侧。在默认情况下包含"保存""撤销""恢复"和"自定义快速访问工具栏"等按钮。

图 1-2　创建的空白工作簿

　　用户可以根据需要添加工具按钮。单击"自定义快速访问工具栏"按钮，打开如图 1-3 所示的下拉菜单，可以对该工具栏进行自定义，勾选的工具按钮将显示在快速访问工具栏内，取消勾选的工具按钮将隐藏起来。

　　在快速访问工具栏的某个工具按钮上单击鼠标右键，打开如图 1-4 所示的快捷菜单，单击"从快速访问工具栏删除"命令，将删除选中的工具按钮。单击"在功能区下方显示快速访问工具栏"命令，快速访问工具栏将显示在功能区的下方。

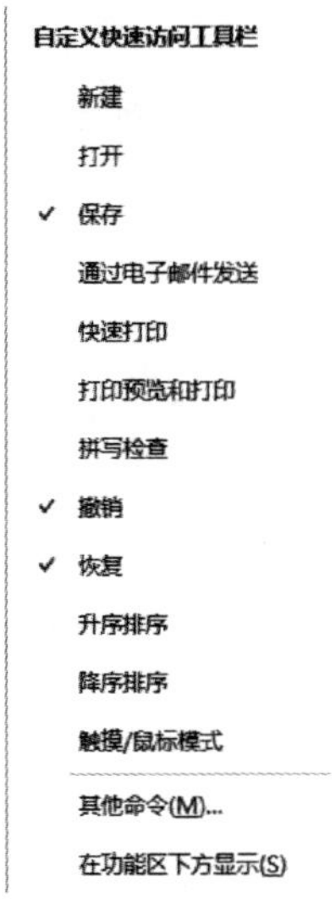

图 1-3　下拉菜单 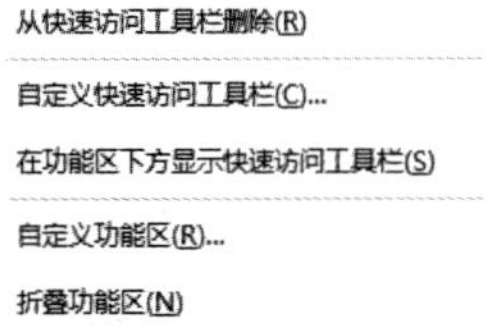　　　　　　　　　　　图 1-4　快捷菜单

　　在功能区中的任意工具按钮上单击鼠标右键，打开快捷菜单，然后单击"添加到快速访问工具栏"命令，将工具按钮添加到快速访问工具栏中。

　　如果要添加的命令不在下拉菜单中，能选择"其他命令"命令，打开"Excel 选项"对话框。在对话框左侧的命令列表中选择需要添加的命令，然后单击"添加"按钮。

● **案例——自定义快速访问工具栏**

操作演示

（1）执行"文件"→"选项"操作，打开如图 1-5 所示的"Excel 选项"对话框，然后选择"快速访问工具栏"选项。

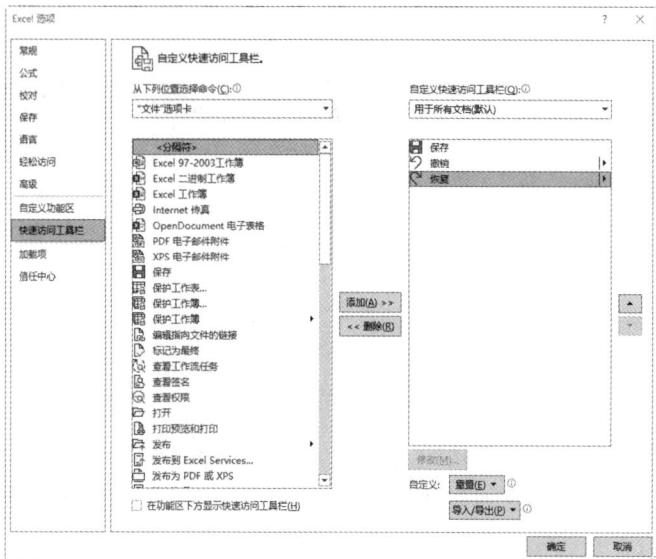

图 1-5　"Excel 选项"对话框

（2）在"从下列位置选择命令"下拉列表中选择""文件"选项卡"选项，列表框中将显示相应的选项，在列表框中选择"打开"选项，单击"添加"按钮，将其添加到"自定义快速访问工具栏"列表框中。

（3）在"从下列位置选择命令"下拉列表中选择"所有命令"选项，列表框中将显示相应的选项，在列表框中选择"新建文件"选项，单击"添加"按钮，将其添加到"自定义快速访问工具栏"列表框中。

（4）在"自定义快速访问工具栏"列表框中选择"恢复"选项，再单击"删除"按钮，即可将添加的选项从"自定义快速访问工具栏"列表框中删除。

图 1-6　快速访问工具栏

（5）在"自定义快速访问工具栏"列表框中选择"新建文件"选项，然后单击"上移"按钮，调整其位置，使其位于快速访问工具栏的第一个，单击"确定"按钮即可完成设置，设置完成的快速访问工具栏如图 1-6 所示。

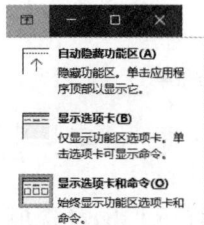

图 1-7　功能区显示选项

三、功能区

功能区位于标题栏的下方，包括软件全部功能的命令操作，用户可以根据需要显示或隐藏菜单功能区。在标题栏上单击"功能区显示选项"按钮，打开如图 1-7 所示的选项列表。

（1）自动隐藏功能区：隐藏整个功能区（包括标题栏和菜单功能区），只显示编辑栏和工作区，如图 1-8 所示。单击"显示选项卡和命令"命令，即可显示功能区。

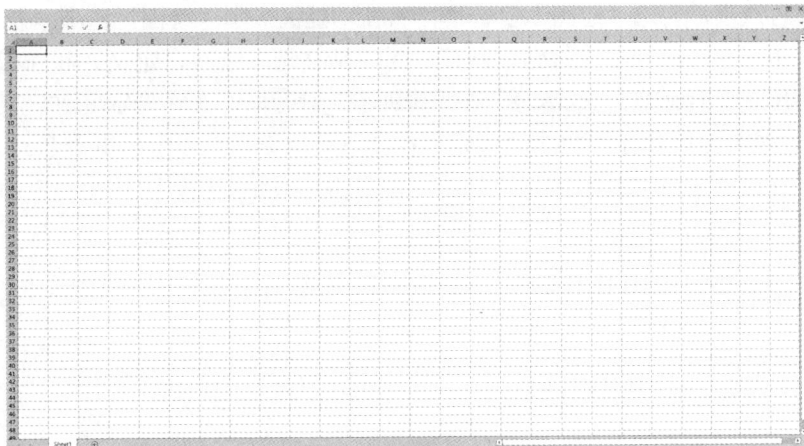

图 1-8　自动隐藏功能区

（2）显示选项卡：功能区中仅显示选项卡，如图 1-9 所示。

图 1-9　显示选项卡

（3）显示选项卡和命令：该项为默认选项，始终显示功能区中的选项卡和命令。

案例——自定义功能区

（1）执行"文件"→"选项"操作，打开"Excel 选项"对话框，选择"自定义功能区"选项，如图 1-10 所示。

操作演示

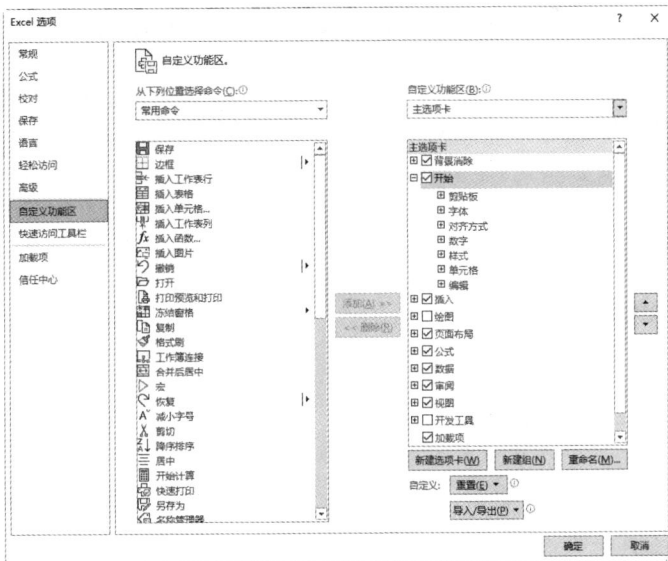

图 1-10　选择"自定义功能区"选项

（2）在"自定义功能区"下拉列表中选择"主选项卡"选项，列表框中将显示主选项卡中的所有选项，勾选"绘图"复选框，将在功能区显示"绘图"选项卡及组。

（3）单击"新建选项卡"按钮，新建一组"新建选项卡（自定义）和新建组（自定义）"，然后单击"重命名"按钮，打开"重命名"对话框，在"显示名称"文本框中输入"编辑"，如图 1-11 所示，单击"确定"按钮，完成新建选项卡的重命名。

（4）选择"新建组（自定义）"，单击"重命名"按钮，打开"重命名"对话框，在"显示名称"文本框中输入"文件"，如图 1-12 所示，单击"确定"按钮，完成新建组的重命名。

图 1-11　新建选项卡的重命名

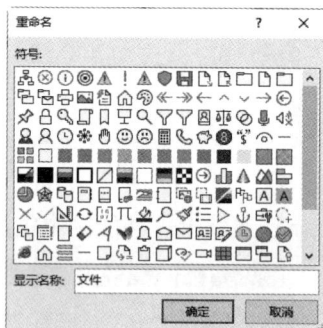

图 1-12　新件组的重命名

（5）在"从下列位置选择命令"下拉列表中选择"常用命令"选项，列表框中将显示相应的选项，在列表框中选择"撤销"选项，并单击"添加"按钮，将其添加到"文件（自定义）"组中，采用相同的方法，在"文件（自定义）"组中添加"恢复"命令。

（6）用鼠标右键单击"编辑（自定义）"命令，打开如图 1-13 所示的快捷菜单，单击"添加新组"选项或直接在对话框中单击"新建组"按钮，并将其重命名为"单元格"。

（7）在"从下列位置选择命令"下拉列表中选择"所有命令"选项，然后在列表框中分别选择"擦除边框""调整大小"和"格式"选项，并单击"添加"按钮，将其添加到"单元格（自定义）"组中。添加完成后的自定义功能区如图 1-14 所示。

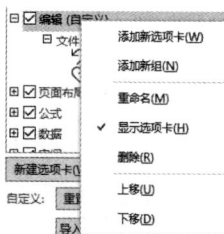

图 1-13　快捷菜单

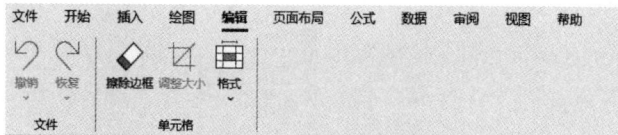

图 1-14　自定义功能区

🔍 **提示**

在"Excel 选项"对话框中选择"重置"下拉列表中的"重置所有自定义项"选项，打开提示对话框，单击"是"按钮，删除自定义的功能区和快速访问工具栏，恢复系统默认设置。

四、编辑栏

默认情况下，编辑栏显示在菜单选项卡的下方，用来显示活动单元格的数据或使用的公式，如图 1-15 所示。

图 1-15　编辑栏

名称框用于定义单元格或单元格区域的名称，还可以根据名称查找单元格或单元格区域。如果单元格没有定义名称，那么在名称框中显示活动单元格的地址名称（如 A1）。如果选择的是单元格区域，那么名称框显示单元格区域左上角的地址名称。

编辑区用于显示单元格的内容或使用的公式。在单元格中键入内容时，键入的内容不仅在单元格中显示，还在编辑区中显示。单元格的宽度不能显示单元格的全部内容时，通常在编辑区中编辑单元格内容。

五、工作区

工作区是用户编辑表格、输入数据、设置格式的主要工作区域，占据了工作簿的绝大部分区域，如图 1-16 所示。

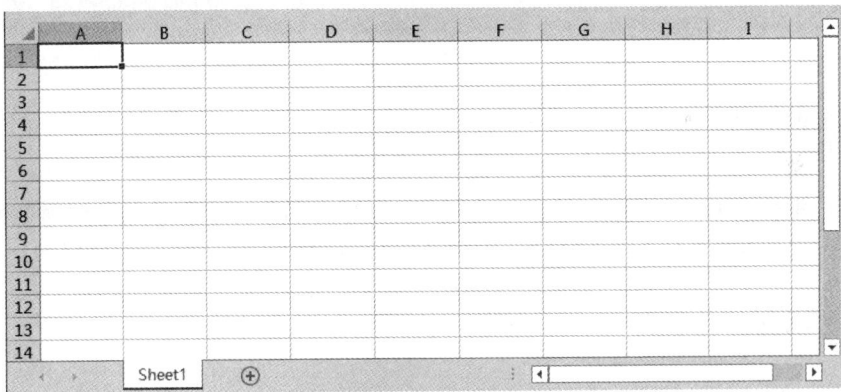

图 1-16　工作区

工作区的左侧为行编号，顶部为列编号，绿框为活动单元格或等待输入数据的单元格，底部为工作表名称标签，用来标记工作表的名称，如 Sheet1。白底绿字的工作表名称标签为当前活动工作表的名称标签。

六、状态栏

状态栏位于应用程序窗口底部，用于显示与当前操作有关的状态信息。例如，准备输入单元格内容时，状态栏左侧会显示"就绪"的字样，如图 1-17 所示。状态栏右侧为视图方式、"缩放"滑块及"显示比例"按钮。

（1）视图方式有 3 种：普通、页面布局和分页预览。

普通：适用于屏幕预览和处理。

分页预览：显示每页包含的数据，以便快速调整打印区域和分页。

页面布局：不仅可以快速查看打印页的效果，还可以调整页边距、页眉和页脚等，以达到理想的打印效果。

（2）"缩放"滑块：用鼠标拖动"缩放"滑块，可以设置工作区的显示比例。

（3）"显示比例"按钮：单击"显示比例"按钮，打开如图 1-18 所示的"缩放"对话框，在此对话框中可以设置显示比例。

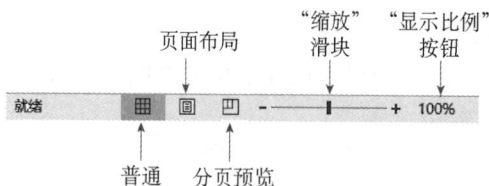

图 1-17　状态栏

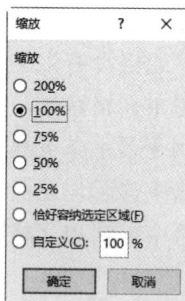

图 1-18　"缩放"对话框

任务2　文件管理

任务引入

小明已经对 Excel 2021 的工作界面有了一个初步的认识。那么，怎样新建文件？做好的 Excel 文件如何保存到设定位置？如何打开已有的 Excel 文件？如何保护文件？

知识准备

在 Excel 2021 中，对文件的基本操作包括新建文件、打开文件、关闭文件、保存文件及保护文件。

一、新建文件

Excel 文件称为工作簿，是用来计算和存储数据的文件，每个工作簿包含多张工作表，因此可在单个文件中管理各种类型的相关信息。

在 Excel 2021 中新建工作簿主要有以下两种方式。

1. 通过"新建"命令创建

在 Excel 2021 中创建一个新工作簿最简便的方法，是在"新建"窗口中选择一种适当的方式。

执行"文件"→"新建"操作，打开如图 1-19 所示的"新建"窗口。

图 1-19　"新建"窗口

Excel 2021 提供了一些应用模板,这些应用模板是已经设置好格式的工作簿,打开这些应用模板便可直接使用设置好的各种格式。如果要创建一个空白工作簿,就在"新建"窗口中单击"空白工作簿"图标即可。

标题栏上的"工作簿 1"为新建工作簿的名称,A1 单元格为活动单元格,Sheet1 为工作表名称。

提示

如果需要更多的模板,可以在"新建"窗口顶部搜索联机模板。

2. 利用快速访问工具栏中的"新建"按钮

单击快速访问工具栏中的"新建"按钮,系统会自动创建一个空白工作簿。

默认情况下,快速访问工具栏不显示"新建"按钮。用户可以单击快速访问工具栏右侧的"自定义快速访问工具栏"按钮,在打开的下拉菜单中单击"新建"命令即可。

二、打开文件

打开一个已经存在的 Excel 文档的常用步骤如下。

(1)执行"文件"→"打开"操作,或者按"Ctrl+O"键打开如图 1-20 所示的"打开"窗口。

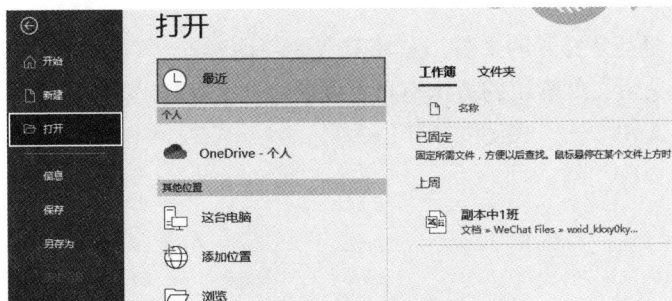

图 1-20　"打开"窗口

（2）在"其他位置"列表中单击"浏览"按钮，打开如图 1-21 所示的"打开"对话框。

图 1-21　"打开"对话框

（3）找到文件所在路径，单击文件名称，然后单击"打开"按钮，即可在 Excel 2021 中打开指定的文件。

> 教你一招：如果要一次打开多个工作簿，那么可以在"打开"对话框中单击一个文件名，按住"Ctrl"键后单击要打开的其他文件。如果这些文件是相邻的，那么可以在单击第一个文件后按住"Shift"键并单击最后一个文件。

在这里需要提醒读者注意的是，在"打开"对话框中，单击"打开"按钮右端的下拉箭头，可以选择打开文件的方式，如图 1-22 所示。

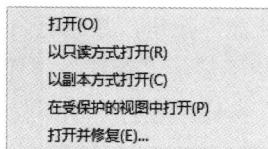

图 1-22　打开方式

其中，"打开并修复"选项可以帮助用户对损坏的工作簿执行检测，并尝试修复检测到的任何故障。如果 Excel 2021 无法修复，那么可以选择提取其中的数据，包括公式和值。

三、关闭文件

如果不再需要某个打开的文件，就将其关闭，这样既可以节约一部分内存，也可以防止数据丢失。关闭文件常用的方法有以下两种：

（1）执行"文件"→"关闭"操作；

（2）按"Ctrl+F4"键。

四、保存文件

在处理 Excel 文件时，应时常保存文件，以防因为意外事故造成数据丢失。Excel 提供了 3 种保存文件的常用方法：

（1）单击快速访问工具栏中的"保存"按钮；

（2）按"Ctrl+S"键；

（3）执行"文件"→"保存"操作。

在保存文件时，如果文件已经保存过，Excel 就会用新的文件内容覆盖原有的内容；如果新建的文件还未命名，就会打开如图 1-23 所示的"另存为"窗口，单击"浏览"按钮，打开如图 1-24 所示的"另存为"对话框，指定文件的保存路径和名称，单击"保存"按钮，即可保存文件。

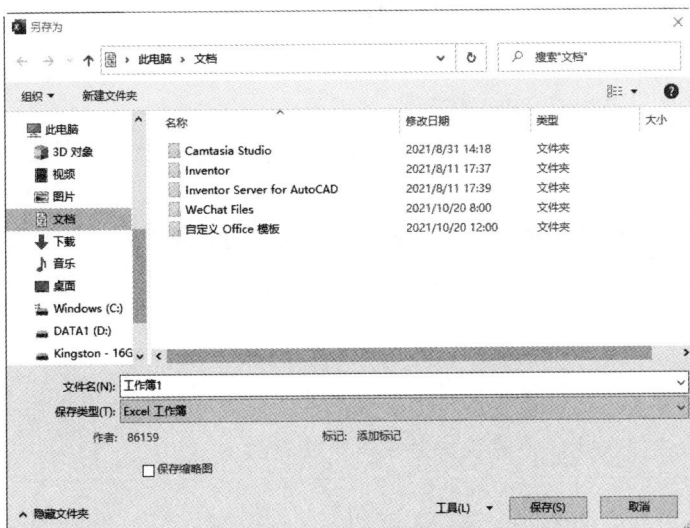

图 1-23　"另存为"窗口

图 1-24　"另存为"对话框

注意

对于重要的文件，在保存时可以将原版本保存为备份文件，或者在保存时设置文件打开权限密码和修改权限密码。

● 案例——自定义工作簿的保存方法

Excel 2021 默认启动"自动保存"的加载宏，用户可以指定自动保存

操作演示

的时间间隔和保存路径。

（1）执行"文件"→"选项"操作，打开"Excel 选项"对话框，选择"保存"选项，如图 1-25 所示。

图 1-25　选择"保存"选项

（2）单击"将文件保存为此格式"文本框右侧的下拉按钮，可以指定 Excel 文件自动保存的格式，这里设置为 Excel 工作簿。

（3）保留"保存自动恢复信息时间间隔"复选框的选中状态，然后指定自动保存的时间间隔为 10 分钟。

（4）保留"如果我没保存就关闭，请保留上次自动恢复的版本"复选框的选中状态。

（5）在"自动恢复文件位置"右侧的文本框中指定自动恢复文件保存的位置。

提示

设置自动保存时，建议读者新建一个专门存储此类文档的专用文件夹，这样以后在查找文件时会很方便快捷。不建议保存在系统安装盘。

（6）其他采用默认设置，单击"确定"按钮，完成自定义工作簿的保存设置。

五、保护文件

如果工作簿中包含重要的表格资料或数据，为防止数据泄漏或被恶意修改，那么通常需要对其进行保护。不同的情况需要不同的保护形式，最简单直接的是设置密码，或者将文档设置成只读。如果需要，还可以为 Excel 表格添加数字签名实现版权保护。

打开需要保护的工作簿，执行"文件"→"信息"操作，打开如图 1-26 所示的"信息"窗口。单击"保护工作簿"按钮，打开如图 1-27 所示的下拉菜单。

图 1-26　"信息"窗口

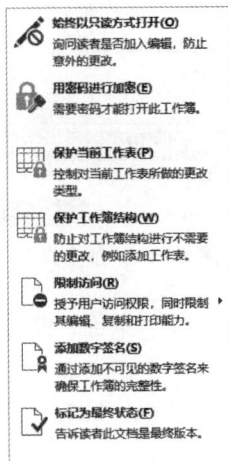

图 1-27　下拉菜单

（1）始终以只读方式打开：设置为这种保护类型以后，"信息"窗口中的"保护工作簿"按钮变为黄底高亮显示，如图 1-28 所示。再次打开该文档时，弹出如图 1-29 所示的对话框，单击"是"按钮，打开文件后，标题栏上文件名右侧显示"只读"，此时不能对文件进行更改，除非以新文件名保存，或者保存在其他位置。

图 1-28　设置为始终以只读方式打开

图 1-29　提示对话框

🔍 注意

这种保护形式并不能阻止他人修改工作表。单击图 1-29 所示对话框中的"否"按钮，即可对文档进行修改并保存。

（2）用密码进行加密：需要输入密码才能打开此工作簿。单击该命令，打开如图 1-30 所示的"加密文档"对话框。在"密码"文本框中键入密码，单击"确定"按钮，弹出"确认密码"对话框，再次输入密码。单击"确定"按钮，完成操作。

🔍 注意

Excel 中的密码最多由 255 个字母、数字、空格和符号组成，且区分大小写。一定要牢记设置的密码，否则不能打开有密码保护的工作簿。

（3）保护当前工作表：控制对当前工作表所做的更改类型。单击该命令，将打开"保护工作表"对话框，用户可以对工作表需要保护的部分进行非常详尽的设置。

（4）保护工作簿结构：防止对工作簿结构进行更改，如添加工作表。单击该命令，打开如图 1-31 所示的"保护结构和窗口"对话框。在"密码（可选）"文本框中设置保护密码，然后在打开的"确认密码"对话框中再次输入密码。

Excel 财务应用

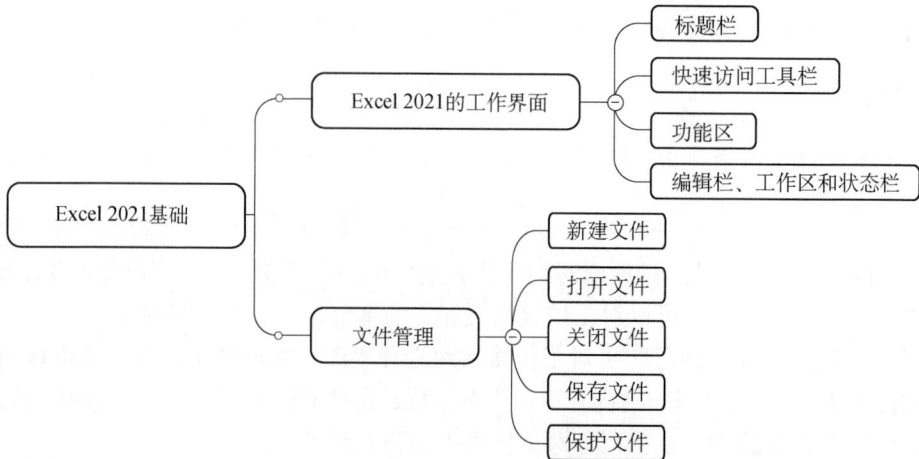（对话框图像）

图 1-30 "加密文档"对话框   图 1-31 "保护结构和窗口"对话框

> 教你一招：单击"审阅"选项卡"保护"组中的"保护工作簿"按钮也可以打开"保护结构和窗口"对话框。设置密码后，再次单击"保护工作簿"按钮，打开"撤销工作簿保护"对话框，输入设置的密码，即可解除保护。

（5）限制访问：授予用户访问权限，同时限制其编辑、复制和打印功能。这种方式需要设置权限管理服务器，适用于企业用户。

（6）添加数字签名：通过添加不可见的数字签名以确保工作簿的完整性。这种保护形式主要是基于版本保护方面的考虑，其他人即使修改了 Excel 表格内容，但数字签名依然是原作者的，以防劳动成果被他人窃取。

（7）标记为最终状态：将当前工作簿标记为最终版本，并将其设为只读，禁用键入、编辑命令和校对标记。此时，在标题栏上显示"只读"字样，编辑栏上方显示一条提示信息，状态栏上可以看到"标记为最终状态"图标。

🔍 **注意**

这种保护形式并不能阻止他人修改工作表。单击编辑栏上提示信息右侧的"仍然编辑"按钮，即可对文档进行修改，此时状态栏上的"标记为最终状态"图标消失。

项目总结

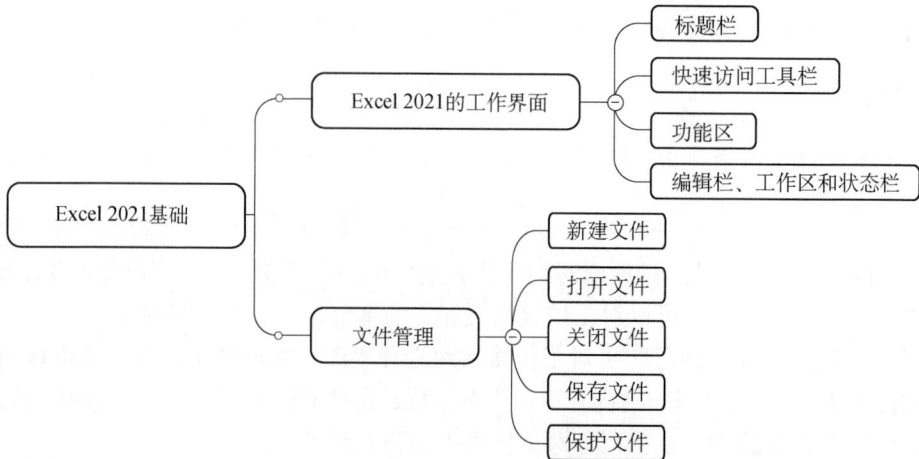

- Excel 2021基础
  - Excel 2021的工作界面
    - 标题栏
    - 快速访问工具栏
    - 功能区
    - 编辑栏、工作区和状态栏
  - 文件管理
    - 新建文件
    - 打开文件
    - 关闭文件
    - 保存文件
    - 保护文件

项目实战

实战一　打开文件

（1）单击快速访问工具栏中的"打开"按钮，打开"打开"对话框。

（2）选择指定位置文件，单击"打开"按钮，打开文件。

实战二　保存文件

（1）单击快速访问工具栏中的"保存"按钮，打开"另存为"窗口。

（2）指定保存位置和保存格式，单击"保存"按钮，保存文件。

习题

1. 熟悉 Excel 2021 的工作界面。
2. 新建一个文件，然后将其保存到桌面，格式为 pdf。
3. 新建一个工作簿，并设置自动保存功能。

财务工作表和单元格

➤ 培养职业责任心，树立正确的价值观念，塑造良好人格
➤ 培养读者对本课程的兴趣及自主探索能力

学习目标

➤ 能够插入、选择、删除及重命名工作表
➤ 能够移动、复制、隐藏、保护、拆分及冻结工作表
➤ 能够更改工作表名称标签的颜色

项目导读

　　工作表是 Excel 存储和处理数据最主要的文档，其中包含排列成行和列的单元格，工作表是工作簿的一部分，也称作电子表格。本项目将详细介绍如何对工作表和单元格进行操作。

任务 1　工作表

任务引入

随着时间的推移，公司的客户越来越多，客户的档案资料也不断增多，于是经理让小明使用 Excel 2021 建立一个客户档案资料工作簿，以便于编辑管理、查看客户资料。那么，如何设计工作簿才能更加方便、快捷地对资料进行管理？

知识准备

工作表也称电子表格，是工作簿的一部分。工作表由若干个排列成行和列的单元格组成，使用工作表可以对数据进行组织和分析。

一、工作表的基本操作

1. 插入工作表

在默认情况下，每个工作簿中只包含一个工作表"Sheet1"，如图 2-1 所示。

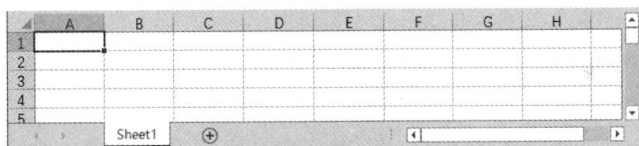

图 2-1　工作表

提示

每个工作表由 256 列和 65536 行组成，行和列交叉处组成单元格，每个单元格可容纳 32000 个字符。

根据需要，用户可以在一个工作簿中插入多个工作表，常用的方法有以下几种。

（1）利用"新增工作表"按钮⊕。

单击工作表名称标签右侧的"新增工作表"按钮⊕，即可在当前工作表右侧插入一个新的工作表。新工作表的名称依据工作簿中工作表的数量自动命名。

（2）利用鼠标右键快捷菜单。

在工作表名称标签上单击鼠标右键，在打开的快捷菜单中单击"插入"命令，如图 2-2 所示，打开如图 2-3 所示的"插入"对话框，单击"工作表"图标，然后单击"确定"按钮，即可插入一个新的工作表。

图 2-2　快捷菜单

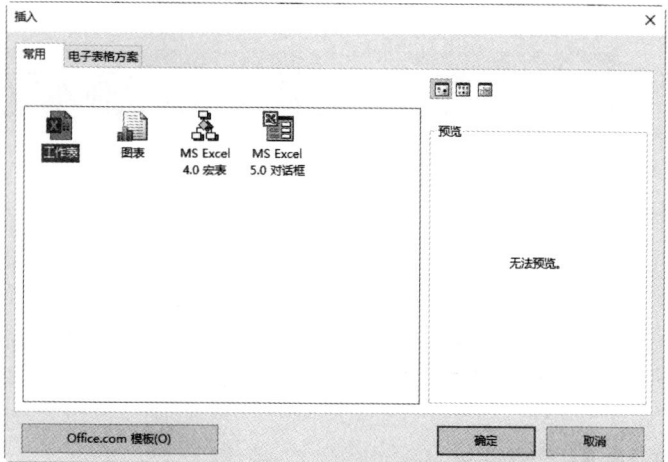

图 2-3　"插入"对话框

2. 选择工作表

在实际应用中，一个工作簿通常包含多个工作表，用户可能要在多个工作表中编辑数据，或者对不同工作表的数据进行汇总计算，这就要在不同的工作表之间进行切换。

单击工作表的名称标签，即可进入对应的工作表。工作表的名称标签位于状态栏的上方，其中高亮显示的工作表为活动工作表。

如果要选择多个连续的工作表，那么可以在选择一个工作表之后，按下"Shift"键的同时选择最后一个要选中的工作表。

如果要选择不连续的工作表，那么可以在选择一个工作表之后，按下"Ctrl"键的同时选择其他要选中的工作表。

如果要选择当前工作簿中所有的工作表，那么可以在工作表的名称标签上单击鼠标右键，在打开的快捷菜单中单击"选定全部工作表"命令。

提示

单击任何一个工作表的名称标签，即可以取消选中多个工作表。

3. 重命名工作表

如果一个工作簿中包含多个工作表，那么给每个工作表指定一个具有代表意义的名称是很有必要的。重命名工作表有以下几种常用方法：

（1）双击要重命名的工作表的名称标签，键入新的名称后按"Enter"键。

（2）在要重命名的工作表的名称标签上单击鼠标右键，在打开的快捷菜单中单击"重命名"命令，键入新名称后按"Enter"键。

4. 删除工作表

如果不再使用某个工作表，那么可以将其删除。

在要删除的工作表的名称标签上单击鼠标右键，在打开的快捷菜单中单击"删除"命令。

🔍 注意

删除工作表是永久性的，不能通过"撤销"命令恢复。

删除多个工作表的方法与此类似，不同的是在选定工作表时要按住"Ctrl"键或"Shift"键以选择多个工作表。

二、编辑工作表

1. 更改工作表的名称标签颜色

为便于用户快速识别或组织工作表，Excel 2021 提供了一项非常有用的功能，即可以给不同工作表的名称标签指定不同的颜色。

（1）在需要添加颜色的工作表的名称标签上单击鼠标右键，在打开的快捷菜单中单击"工作表标签颜色"命令，打开颜色色板，如图 2-4 所示。

（2）在颜色色板中选择需要的颜色，即可改变工作表名称标签的颜色。

2. 移动和复制工作表

在实际应用中，可能需要在同一个工作簿中制作两个相似的工作表，或者将一个工作簿中的工作表移动或复制到另一个工作簿中。

图 2-4　设置工作表名称标签颜色

将工作表移动或复制到工作簿中指定的位置，可以使用以下两种方式：

1）用鼠标拖放

（1）移动工作表。选择要移动的工作表，按住鼠标左键不放，即会出现一个"白板"图标和一个黑色倒三角标志，如图 2-5 所示。

按住鼠标左键不放，在工作表名称标签之间移动鼠标，"白板"图标和黑色倒三角标志会随鼠标移动。将鼠标移到目标位置，释放鼠标左键，工作表即可移动到指定的位置。

（2）复制工作表。按住"Ctrl"键，在要复制的工作表名称标签上按住鼠标左键不放，即会出现一个带"＋"号的"白板"图标和一个黑色倒三角标志。

在工作表名称标签之间移动鼠标，带"＋"号的"白板"图标和黑色倒三角标志也随之移动。

将鼠标移动到目标位置，松开"Ctrl"键及鼠标左键，即可在指定位置生成一个工作表副本，如图 2-6 所示。

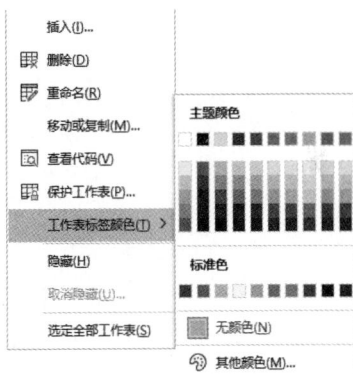

图 2-5　用鼠标拖放工作表　　　　　　　　图 2-6　复制工作表

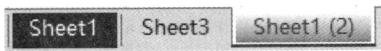

2）在不同的工作簿之间移动或复制工作表

（1）打开源工作簿和目标工作簿。

（2）在要移动或复制的工作表名称标签上单击鼠标右键，在打开的快捷菜单中单击"移动或复制"命令，打开如图 2-7 所示的"移动或复制工作表"对话框。

（3）在"工作簿"下拉列表中选择目标工作簿。

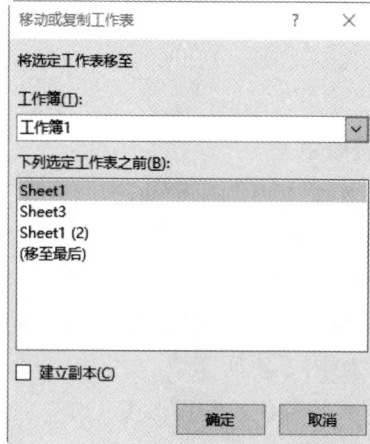

图 2-7 "移动或复制工作表"对话框

（4）在"下列选定工作表之前"列表框中，选择将在其前面插入工作表的工作表。

（5）勾选"建立副本"复选框可以复制工作表，否则将只能移动工作表，然后单击"确定"按钮关闭对话框。

注意

如果将一个工作表移动到有同名工作表的工作簿中，Excel 将自动更改工作表名称，使之成为唯一的命名。例如，"工资表"变为"工资表（2）"。

3. 隐藏工作表

隐藏工作表可以避免对重要数据和机密数据的误操作。

选择工作表，用鼠标右键单击该工作表的名称标签，在打开的快捷菜单中单击"隐藏"命令，工作表隐藏之后，其名称标签也随之隐藏。

注意

并非任何情况下都可以隐藏工作表。如果工作簿的结构处于保护状态，就不能隐藏其中的工作表。此外，隐藏的工作表仍然处于打开状态，其他文档仍然可以使用其中的数据。

如果要取消隐藏，那么可以执行以下操作：

（1）用鼠标右键单击任意工作表的名称标签，在打开的快捷菜单中单击"取消隐藏"命令，打开"取消隐藏"对话框，如图 2-8 所示。

（2）选择隐藏的工作表，单击"确定"按钮，即可取消对该工作表的隐藏。

4. 保护工作表

尽管隐藏工作表可以在一定程度上保护工作表，但其他文档仍然可以引用其中的数据信息。为了保护工作表中的数据不被随意篡改，可以对工作表或工作表中的部分区域设置保护。

（1）单击"审阅"选项卡"保护"组中的"保护工作表"按钮，或者用鼠标右键单击需要设置保护的工作表的名称标签，在打开的快捷菜单中单击"保护工作表"命令，打开如图 2-9 所示的"保护工作表"对话框。在该对话框中除了可以设置密码保护，还可以设置允许用户对工作表进行的操作。

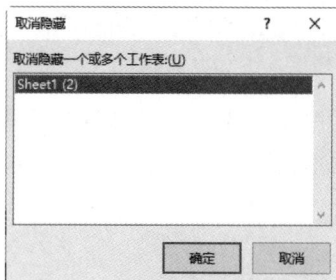

图 2-8　"取消隐藏"对话框　　　　图 2-9　"保护工作表"对话框

（2）在"取消工作表保护时使用的密码"文本框中输入密码。

（3）在"允许此工作表的所有用户进行"列表框中指定可对保护中的工作表进行的操作。

（4）单击"确定"按钮，打开"确认密码"对话框，再次输入密码，然后单击"确定"按钮，即可完成对工作表的保护设置。当修改工作表中的数据时，将弹出如图 2-10 所示的警告对话框。

图 2-10　警告对话框

如果要取消对工作表的保护，那么可以单击"审阅"选项卡"保护"组中的"撤消工作表保护"按钮，然后在打开的"撤销工作表保护"对话框中键入设置的保护密码，单击"确定"按钮即可取消保护。

5. 拆分工作表

拆分工作表是将工作表拆分成 4 个窗格，在不隐藏行或列的情况下，可以将相隔很远的行或列移动到邻近的地方，以便更准确地编辑或查看数据。

在要拆分的工作表中选择一个单元格，单击"视图"选项卡"窗口"组中的"拆分"按钮，所选单元格的左上角将显示两条灰色的垂直交叉线，其将工作表拆分为 4 个可以单独滚动的窗格，如图 2-11 所示。

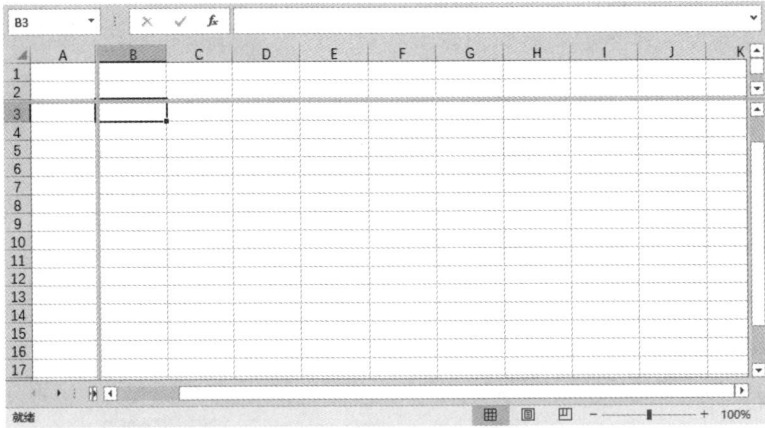

图 2-11　拆分成 4 个窗格

如果要取消对工作表的拆分，就需要再次单击"视图"选项卡"窗口"组中的"拆分"按钮；或者将鼠标指针移到拆分框线上，当鼠标指针变为双向箭头时，双击鼠标左键即可拆分框线。

6. 冻结工作表

冻结工作表可以在滚动工作表时，始终保持某些行或列在可视区域，以便对照或操作。被冻结的部分通常是标题行或列，也就是表头部分。

（1）选择要冻结的单元格的右下方单元格（这里选择 A3 单元格），单击"视图"选项卡"窗口"组中的"冻结窗格"按钮，打开如图 2-12 所示的下拉列表，选择"冻结窗格"选项。

（2）冻结的单元格上方显示一条灰色的线条。此时，表格的前两行冻结在当前窗口中，无论如何拖动滚动条，前两行都会固定显示在窗口中，如图 2-13 所示。

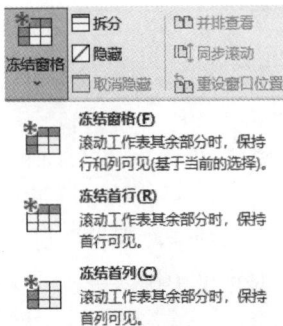

图 2-12　"冻结窗格"下拉列表

图 2-13　冻结工作表效果

如果要冻结工作表的首行或首列，那么不需要拆分窗格，直接在如图 2-12 所示的"冻结窗格"下拉列表中选择"冻结首行"选项或"冻结首列"选项。

如果要撤销冻结操作，那么在"冻结窗格"下拉列表中选择"取消冻结窗格"选项即可。

案例——创建设备工作表

操作演示

（1）执行"文件"→"打开"→"浏览"操作，打开"打开"对话框，选择"工作表"文件，单击"打开"按钮，打开工作表文件。

（2）按住"Ctrl"键，同时在工作表的名称标签上按住鼠标左键不放，移动鼠标到工作表名称标签的右侧，松开"Ctrl"键及鼠标左键，创建工作表（2）和工作表（3），如图2-14所示。

（3）双击或用鼠标右键单击工作表的名称标签，在打开的快捷菜单中单击"重命名"命令，输入新的名称为"新旧设备基础信息"，然后按"Enter"键。

（4）采用相同的方法，更改其他工作表的名称，更改后的效果如图2-15所示。

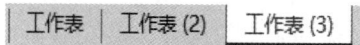

图 2-14 创建工作表

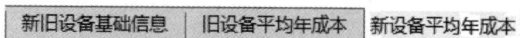

图 2-15 更改工作表名称

（5）选择"新旧设备基础信息"工作表，在其名称标签上用鼠标右键单击，在打开的快捷菜单中单击"工作表名称标签颜色"命令，打开颜色色板，选择"红色"，更改"新旧设备基础信息"工作表的名称标签颜色为红色。

（6）采用相同的方法，更改其他工作表的名称标签颜色，更改后的效果如图2-16所示。

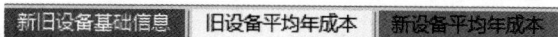

图 2-16 更改工作表的名称标签颜色

（7）在"新设备平均年成本"工作表中，选择E30单元格，然后单击"视图"选项卡"窗口"组中的"拆分"按钮，将工作表拆分为4个窗格。

（8）选择"视图"选项卡"窗口"组中"冻结窗格"下拉列表中的"冻结窗格"选择，拖动第30行上端的滚动条至第1行的上端，"新设备平均年成本"表格内容将固定显示在窗格中，如图2-17所示。

（9）在"旧设备平均年成本"工作表中，选择E19单元格，单击"视图"选项卡"窗口"组中的"拆分"按钮，将工作表拆分为4个窗格。

（10）选择"视图"选项卡"窗口"组中"冻结窗格"下拉列表中的"冻结窗格"选项，拖动第19行上端的滚动条至第1行的上端，"旧设备平均年成本"表格内容将固定显示在窗格中。

图 2-17 "新设备平均年成本"表格内容固定显示

	A	B	C	D
19	旧设备平均年成本			
20	项目	现金流里	时间	现值
21	继续使用旧设备			
22	旧设备变现价值	-10000	0	-10,000.00
23	旧设备变现损失减税	-9200	0	-9,200.00
24	每年付现操作成本	5160	3	-12,832.16
25	每年折旧抵税	-3600	3	8,952.67
26	两年末大修成本	-16800	2	-13,884.30
27	残值变现收入	7000	3	4,781.09
28	残值变现净收入纳税	-400	3	-273.21
29	合计			-32,455.90

图 2-18 “旧设备平均年成本”表格内容固定显示

（11）选择 E46 单元格，单击“视图”选项卡“窗口”组中的“拆分”按钮，将工作表拆分为 4 个窗格。

（12）单击“视图”选项卡“窗口”组中的“冻结窗格”下拉列表中的“冻结首行”选项，拖动第 46 行上端的滚动条至第 19 行的上端，“新旧设备基础信息”表格内容将固定显示在窗格中，如图 2-19 所示。

	A	B	C	D
1	新旧设备基础信息			
2	项目	旧设备	新设备	年金现值系数PV
3	原价	60000	50000	(P/A)
4	税法规定残值率	0.1	0.1	复利现值系数FV
5	税法规定残值	6000	5000	(P/F)
6	税法规定使用年限（年）	6	5	公司所得税税率
7	已用年限	3	0	40%
8	尚可使用年限	3	5	
9	每年操作成本	8600	5000	
10	两年末大修支出	28000		
11	最终报废残值	7000	10000	
12	目前变现价值	10000		
13	每年折旧额： 第1年	￥9,000	￥15,000	
14	每年折旧额： 第2年	￥9,000	￥12,000	
15	每年折旧额： 第3年	￥9,000	￥9,000	
16	每年折旧额： 第4年		￥6,000	
17	每年折旧额： 第5年		￥3,000	
18	折旧方法	直线法	年数总和法	
46				

图 2-19 “新旧设备基础信息”表格内容固定显示

任务 2 单元格

任务引入

小明已经了解和掌握了如何对工作表的名称标签进行修改。但是，如何才能调整工作表里的单元格？如何才能删除单元格？

知识准备

工作表是一个二维表格，由行和列构成，行和列相交形成的方格称为单元格。单元格是存储数据的基本单位，也是 Excel 用来存储信息的最小单位。每个单元格的名字由该单元格所处工作表的行和列决定，如 A 列第 2 行单元格的名字为 A2。

一、选定单元格区域

在输入和编辑单元格内容之前，必须使单元格处于活动状态。所谓活动单元格，是指可以进行数据输入的选定单元格，特征是被绿色粗边框围绕，如图 2-20 所示。

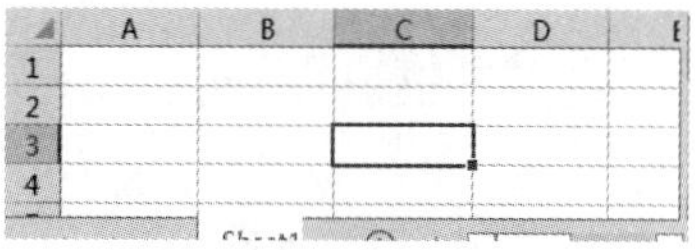

图 2-20　活动单元格

通过键盘和鼠标选定单元格、单元格区域、行或列的操作如表 2-1 所示。

表 2-1　选定单元格、单元格区域、行或列的操作

选定内容	操作
单个单元格	单击相应的单元格，或者用方向键移动到相应的单元格
连续的单元格区域	单击需要所定的单元格区域的第一个单元格，然后按下鼠标左键拖动，直至选定最后一个单元格。值得注意的是：拖动鼠标前鼠标指针应呈空心十字形
工作表中的所有单元格	单击工作表左上角的"全选"按钮
不相邻的单元格或单元格区域	先选定一个单元格或单元格区域，然后按住"Ctrl"键选定其他的单元格或单元格区域
较大的单元格区域	先单击该区域的第一个单元格，然后按住"Shift"键单击区域中的最后一个单元格
整行	单击行号
整列	单击列号
相邻的行或列	沿行号或列号拖动鼠标
不相邻的行或列	先选定某一行或列，然后按住"Ctrl"键选定其他的行或列
增加或减少活动区域中的单元格	选择一个单元格，按住"Shift"键并单击新选定区域中的最后一个单元格，在活动单元格和所单击的单元格之间的矩形区域将成为新的选定区域
取消单元格的选定区域	单击工作表中任意一个单元格

教你一招：选定单元格区域时，在名称框中可以查看选中的行数和列数，如图 2-21 所示。

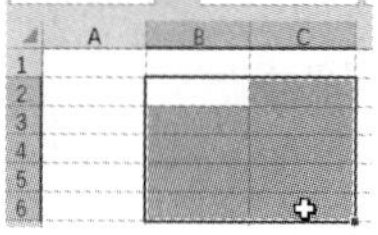

图 2-21　显示选中的单元格区域

二、移动或复制单元格

移动单元格是指把某个单元格（或单元格区域）的内容从当前的位置删除，并移动到另外一个位置；而复制是指当前单元格区域的内容不变，在另外一个位置生成一个副本。

用鼠标拖动的方法可以方便地移动或复制单元格区域。

选择要移动的单元格区域，将鼠标指针指向所选单元格区域的边框，此时鼠标指针变为，按下鼠标左键将所选的单元格区域拖动到目的位置，释放鼠标左键，即可将所选的单元格区域移到目的位置，如图 2-22 所示。

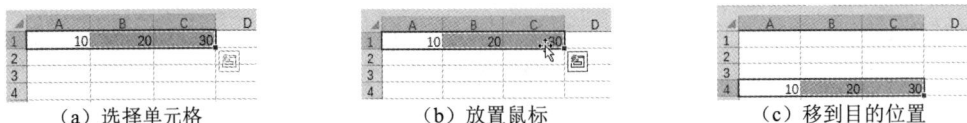

|（a）选择单元格 | （b）放置鼠标 | （c）移到目的位置 |

图 2-22　移动单元格

选择要复制的单元格区域，将鼠标指针放置于所选单元格区域的右下角，此时鼠标指针变为 ✚，按下鼠标左键将所选的单元格区域拖动到目的位置，释放鼠标左键，即可将所选的单元格区域进行复制，如图 2-23 所示。

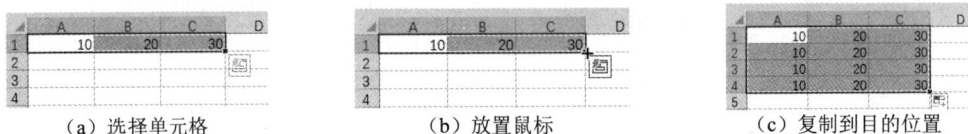

|（a）选择单元格 | （b）放置鼠标 | （c）复制到目的位置 |

图 2-23　复制单元格

如果要将所选的单元格区域移动或复制到其他工作表上，那么可以在选择单元格区域后单击"剪切"按钮或"复制"按钮，然后打开目标工作表，在要粘贴单元格区域的位置，单击"粘贴"按钮，即可直接粘贴复制的内容。

在利用 Excel 制作表格、处理数据的过程中，复制和粘贴是用得最频繁的操作，无论是功能按钮，还是组合键"Ctrl+C""Ctrl+V"都给我们的表格录入工作带来很多方便。

Excel 中还有一种选择性粘贴功能，比直接粘贴功能更全面。例如，我们想把制作好的表格格式复制到另一个工作表中，如果是直接粘贴，那么表格中的数据也会被粘贴过去，这时候用选择性粘贴可以仅粘贴表格的格式。

单击"开始"选项卡中的"粘贴"按钮，打开如图 2-24 所示的"粘贴"下拉列表，该下拉列表中包括常用的选择性粘贴按钮，如格式、公式、数值等，可以根据需要选择不同的粘贴方式。

如果选择"选择性粘贴"选项，那么将打开如图 2-25 所示的"选择性粘贴"对话框，该对话框提供了 4 种功能，包括粘贴方式、运算方式、特殊处理方式和粘贴链接方式。

（1）粘贴方式：选择性粘贴功能提供了多种粘贴选项，可以根据需要选择不同的粘贴方式。例如，在复制的时候，只保留格式，不需要表格内容时，可以选择"格式"单选按钮；当表格中有公式时，把表格复制到另一个文件中，可能会出现计算错误，这时可以选择"数值"单选按钮，只复制结果。

（2）运算方式：选择性粘贴功能提供了加、减、乘、除 4 种运算方式，适合批量运算数据。

（3）特殊处理方式：包括跳过空白单元和转置两种。

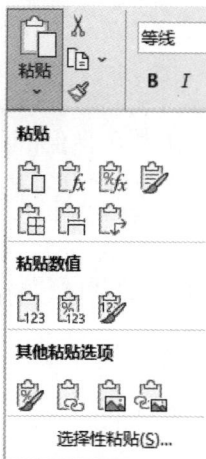

图 2-24　"粘贴"下拉列表

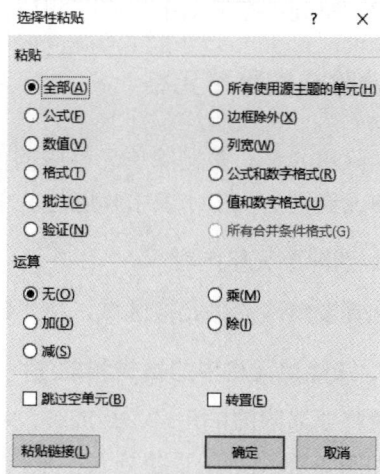

图 2-25　"选择性粘贴"对话框

跳过空白单元格：指当复制的源数据单元格区域中有空白单元格时，粘贴时空白单元格不会替换粘贴区域对应单元格中的值。

转置：指将被复制数据的列变成行、行变成列。

（4）粘贴链接：会将被粘贴的数据链接到源数据表格，粘贴后的单元格将显示公式，当源数据表格中的内容改变时，粘贴后的表格数据也随之改变。

三、插入单元格区域

单击"开始"选项卡"单元格"组中的"插入"按钮，打开如图 2-26 所示的"插入"下拉列表，可以插入单元格、工作表行、工作表列或工作表，这样可以避免覆盖原有的内容。

注意

选定的单元格数量应与待插入的空单元格的数量相同。

在需要插入单元格的位置选定相应的单元格区域，选择"开始"选项卡"单元格"组"插入"下拉列表中的"插入单元格"选项，打开如图 2-27 所示的"插入"对话框。

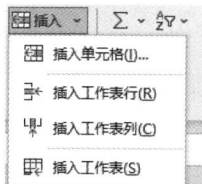

图 2-26　"插入"下拉列表

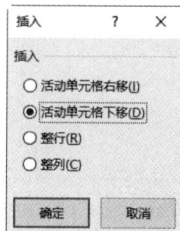

图 2-27　"插入"对话框

（1）活动单元格右移或活动单元格下移：将新单元格插入到活动单元格的左侧或上方。

（2）整行：在活动单元格下方插入一行空单元格。

（3）整列：在活动单元格左侧插入一列空单元格。

四、清除或删除单元格

清除单元格只是删除单元格中的内容、格式或批注，单元格仍然保留在工作表中；删除单元格则是从工作表中移除这些单元格，并调整周围的单元格，填补删除后的空缺。

1. 清除单元格内容

选择要清除的单元格区域，按"Delete"键即可清除所选单元格区域的内容。

2. 清除单元格中的格式和批注

选择要清除的单元格、行或列，单击"开始"选项卡"编辑"组中的"清除"按钮，打开如图 2-28 所示的下拉列表，根据需要选择相应的命令。

3. 删除单元格

选择要删除的单元格、行或列。单击"开始"选项卡"单元格"组中的"删除"按钮，打开如图 2-29 所示的下拉列表。

（1）删除单元格：选择该选项，打开如图 2-30 所示的"删除"对话框，可以选择删除单元格之后，其他单元格的排列方式。

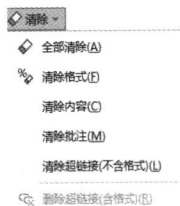 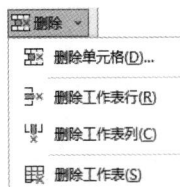 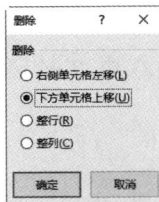

图 2-28　"清除"下拉列表　　图 2-29　"删除"下拉列表　　图 2-30　"删除"对话框

（2）删除工作表行：删除所选单元格的所在行。

（3）删除工作表列：删除所选单元格的所在列。

项目总结

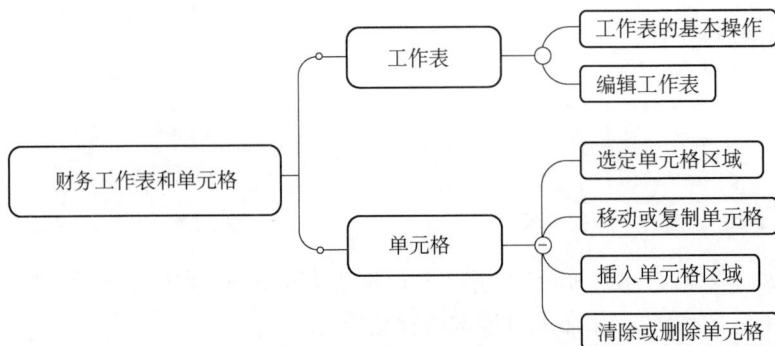

项目实战

实战　建立员工档案管理表

（1）打开“员工档案”工作表，将鼠标指针移到“员工档案”工作表的名称标签上，按下“Ctrl”键的同时，按下鼠标左键，此时指针变为⊞。

（2）移动鼠标指针，当黑色三角形移到“员工档案”工作表名称标签的右侧时，释放鼠标左键和“Ctrl”键，即可在“员工档案”工作表的后面得到“员工档案（2）”工作表，如图 2-31 所示。

（3）右击“员工档案（2）”的工作表名称标签，在打开的快捷菜单中单击“重命名”命令，然后输入新名称“员工档案副本”，如图 2-32 所示。

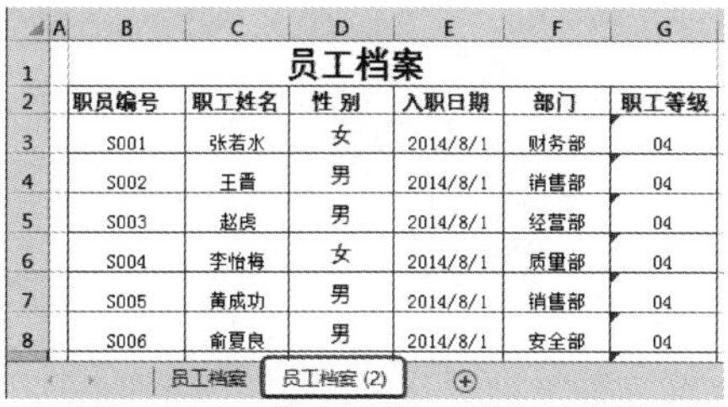

员工档案					
职员编号	职工姓名	性别	入职日期	部门	职工等级
S001	张若水	女	2014/8/1	财务部	04
S002	王晋	男	2014/8/1	销售部	04
S003	赵虎	男	2014/8/1	经营部	04
S004	李怡梅	女	2014/8/1	质量部	04
S005	黄成功	男	2014/8/1	销售部	04
S006	俞夏良	男	2014/8/1	安全部	04

图 2-31　工作表“员工档案（2）”

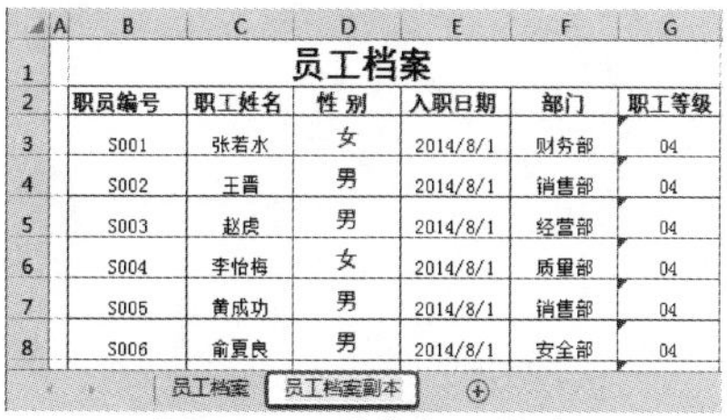

员工档案					
职员编号	职工姓名	性别	入职日期	部门	职工等级
S001	张若水	女	2014/8/1	财务部	04
S002	王晋	男	2014/8/1	销售部	04
S003	赵虎	男	2014/8/1	经营部	04
S004	李怡梅	女	2014/8/1	质量部	04
S005	黄成功	男	2014/8/1	销售部	04
S006	俞夏良	男	2014/8/1	安全部	04

图 2-32　重命名工作表

（4）按照上述同样的方法，在工作簿中复制“员工档案”工作表，并重命名为“员工资料补充”。

（5）在“员工资料补充”工作表的名称标签上单击鼠标右键，在打开的快捷菜单中单击“移动或复制”命令，打开“移动或复制工作表”对话框，在“将选定工作表移至工作簿”列表框中选择“员工资料”工作簿，在“下列选定工作表之前”列表框中选择“员工档案副本”工作表，单击“确定”按钮，即可将“员工资料补充”工作表移动到“员工资料”工作簿中，如图 2-33 所示。

（6）打开“员工资料”工作簿，单击“视图”选项卡“缩放”组中的“缩放”按钮，打开“缩放”对话框，选择“75%”单选按钮，工作簿将以 75%的比例显示，如图 2-34 所示。用户也可以直接选择“自定义”单选按钮，输入需要的缩放比例。

（7）选择“员工档案”工作表中的 B7 到 G10 单元格区域，如图 2-35 所示。

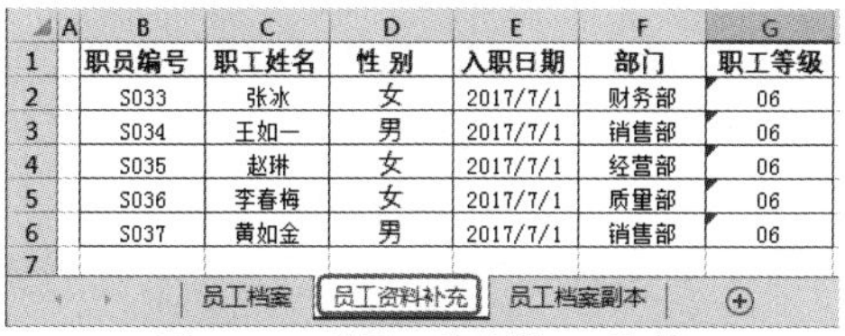

职员编号	职工姓名	性别	入职日期	部门	职工等级
S033	张冰	女	2017/7/1	财务部	06
S034	王如一	男	2017/7/1	销售部	06
S035	赵琳	女	2017/7/1	经营部	06
S036	李春梅	女	2017/7/1	质量部	06
S037	黄如金	男	2017/7/1	销售部	06

图 2-33　“员工资料”工作簿

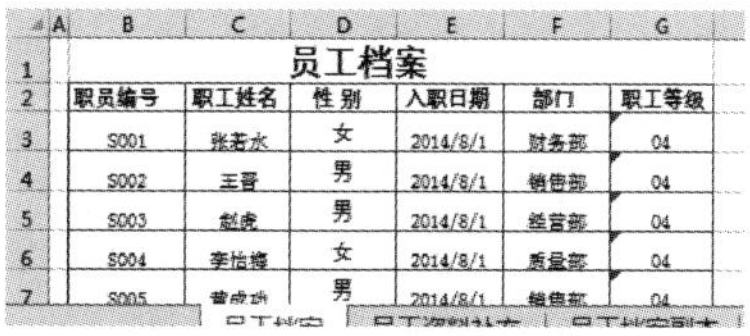

员工档案					
职员编号	职工姓名	性别	入职日期	部门	职工等级
S001	张若水	女	2014/8/1	财务部	04
S002	王晋	男	2014/8/1	销售部	04
S003	赵虎	男	2014/8/1	经营部	04
S004	李怡梅	女	2014/8/1	质量部	04

图 2-34　75%缩放的效果

（8）单击“视图”选项卡“缩放”组中的“缩放到选定区域”按钮，将在当前窗口

Excel 财务应用

中最大限度地完全显示所选的单元格区域，如图 2-36 所示。

图 2-35　选定显示区域

图 2-36　将所选的单元格区域缩放到选定区域

习题

1. 新建一个工作表，对其中的单元格进行复制、移动、删除等操作。
2. 新建一个工作表，在其中插入行、列和单元格。
3. 新建一个工作表，设置打开权限和密码。

项目三

财务数据的输入和编辑

素质目标

➤ 培养读者严谨求实、吃苦耐劳、追求卓越的优秀品质
➤ 逐步培养读者勤于动手、乐于实践的学习习惯

学习目标

➤ 能够输入文本、数字、日期和时间
➤ 能够快速填充数据
➤ 能够通过记录单填充数据
➤ 能够定义单元格名称

项目导读

本项目将讲解在单元格或单元格区域中填充数据的方法，通过本项目的学习，读者能掌握在单元格中输入文本、数字及其他特殊数据的方法。

任务 1 手动输入数据

任务引入

小明在进行表格制作时，涉及文本、数字及日期的输入。但是，他在输入分数时，输入的分数都变成了日期。那么，在 Excel 2021 中，如何输入分数？如何快速地输入日期？

知识准备

选定单元格之后，就可以在单元格中输入文本、数字、日期、时间等内容了。在工作表中，只能在活动单元格中输入数据。本任务简要介绍几种常用的数据输入方法。

一、输入文本

大部分工作表都包含文本项，它们通常用于命名行或列。文本包含汉字、英文字母、数字、空格及其他键盘能键入的合法符号，文本通常不参与计算。

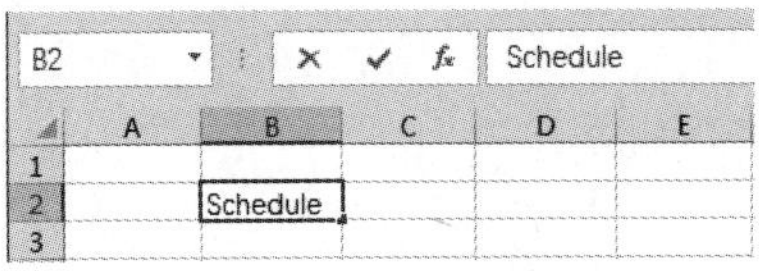

图 3-1 输入文本

1. 直接键入文本

（1）选择要输入文本的单元格，将其激活。

（2）在单元格或编辑栏中输入文本。默认情况下，文本在单元格中左对齐，如图 3-1 所示。

提示

默认情况下，输入的文本显示为一行。使用"Alt+Enter"键换行，可以在单元格中输入多行文本。

（3）输入完毕后，执行以下操作之一离开该单元格：

①按"Enter"键移动到下一个单元格；

②按"Tab"键移动到右边的单元格；

③按方向键移动到相邻的单元格；

④使用鼠标单击其他单元格；

⑤单击编辑栏上的" ✔ "按钮完成输入，单击" ✕ "按钮取消本次输入。

教你一招：选择多个工作表之后，只要在其中任意一个工作表中输入数据（或设置格式），在其他工作表相同的单元格中就会出现相同的数据（或相同的格式）。

2. 记忆式输入

Excel 2021 具有记忆式输入的功能。如果在单元格中输入几个字符，那么 Excel 2021 将会根据已输入的字符自动完成输入。

例如，如果在单元格 B2 中输入"Schedule"，那么在单元格 B3 中输入"S"后，紧跟着会显示"chedule"，自动填充的字符反白显示，如图 3-2 所示。

3. 处理超长文本

如果输入的文本超过了列的宽度，那么文本自动进入右侧的单元格，如图 3-3 所示。

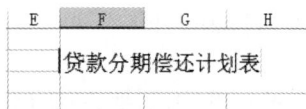

图 3-2　记忆式输入

图 3-3　文本超宽时自动进入右侧单元格

如果相邻的单元格有内容，就会按列的宽度显示尽可能多的字符，而其余的字符不再显示。这并不意味着剩余的文本被删除了，只要调整列宽，或者选中单元格，就会在编辑栏上看到全部的内容，如图 3-4 所示。

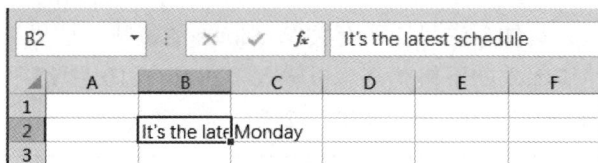

图 3-4　在编辑栏显示超出列宽的字符

4. 修改输入的文本

选择单元格，在单元格或编辑栏中按"Backspace"键或"Delete"键，即删除插入的字符。

🔍 **提示**

如果要把数字修改为文本类型，如编号，那么只要在输入数字的左上角加上一个单撇号（如"'0011"），Excel 2021 就会把该数字作为字符处理，自动左对齐排列。

二、输入数字

Excel 2021 把范围介于 0～9 的数字，以及含有正号、负号、货币符号、百分号、小数点、指数符号、小括号等数据看作是数字类型，自动沿单元格右对齐。

如果要输入负数，就在数字前加一个负号，或者将数字写在括号内。例如，在单元格 A2 中输入"（25）"，在单元格 B2 中输入-25，都可以在单元格中得到-25。

输入分数时，应先输入"0"及一个空格，然后输入分数，例如 1/4，如果不输入"0"，那么 Excel 2021 会把 1/4 作为日期处理，认为输入的是"1 月 4 日"，如图 3-5 所示。

（a）输入 0 1/4 时，显示为分数

（b）输入 1/4 时，显示为日期

图 3-5　不同输入的显示

三、输入日期和时间

在 Excel 2021 中，日期和时间不仅可以当作数字处理，在计算中还可以当作值使用。Excel 2021 识别出键入的是日期或时间后，格式就会由常规的数字格式转换为内部的日期格式。

1. 输入日期

输入日期的格式有多种，包括斜杠、破折号、文本的组合方式，Excel 2021 都可以识别并转换为缺省的日期格式。缺省显示方式由 Windows 有关日期的设置决定，可以在"控制面板"中进行更改，具体办法可查阅有关 Windows 的资料，这里不再赘述。

例如，在单元格中输入如下格式都可以输入"2021 年 10 月 12 日"：

21-10-12，21/10/12，21-10/12，OCT 12 2021。

> 教你一招：按"Ctrl+;"键可以在单元格中插入当前日期。

2. 输入时间

输入时间时，小时、分钟、秒之间用冒号分隔。Excel 2021 把插入的时间当作上午时间（AM），例如，输入"8:30:12"，会视为"8:30:12AM"。如果要输入下午时间，就需要在时间后面加一个空格，然后输入"PM"或"P"即可。

> 教你一招：按"Ctrl+Shift+;"键，可以在单元格中插入当前的时间。

如果在单元格中同时插入日期和时间，那么先输入时间或先输入日期均可，中间用空格隔开。

🔵 案例——输入公司日常费用表数据

（1）执行"文件"→"新建"→"空白工作簿"操作，新建一个空白的工作簿。

操作演示

（2）双击 Sheet1 工作表的名称标签，键入新的名称为"日常费用表"后按"Enter"键确认。

（3）选择 A1 单元格，输入"某公司日常费用表"，按"Enter"键确认或单击其他单元格确认，如图 3-6 所示。

（a）单击单元格　　　　　（b）输入文本　　　　　（c）确认

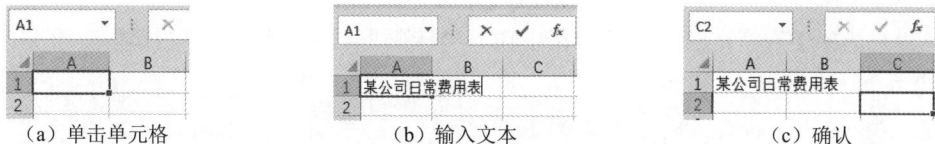

图 3-6　在 AI 单元格中输入文本

（4）选择 A2 单元格，输入"2020-1"，按"Enter"键确认或单击其他单元格确认，系统将自动生成 2020 年 1 月，如图 3-7 所示。

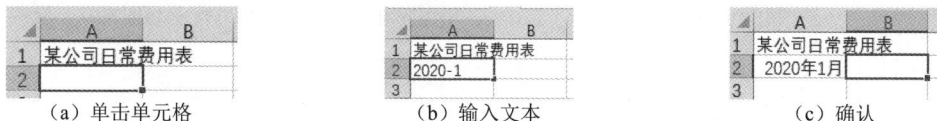

（a）单击单元格　　　　　（b）输入文本　　　　　（c）确认

图 3-7　在 A2 单元格中输入日期文本

（5）选择 A3 单元格，输入"日期"，按"Enter"键确认或单击其他单元格确认。然后在 B3:F3 单元格中输入"内容""收入金额""支出金额""余额""经办人"，如图 3-8 所示。

（6）选择 A4 单元格，输入"1-1"，按"Enter"键确认或单击其他单元格确认；选择 A5 单元格，输入"1/1"，按"Enter"键确认或单击其他单元格确认；采用相同的方法继续在 A6:A12 单元格中输入日期，如图 3-9 所示。

图 3-8　在 B3:F3 单元格中输入文本　　**图 3-9　在 A6:A12 单元格中输入日期**

（7）选择 B4 单元格，输入"期初余额"，按"Enter"键确认；选择 B5 单元格，输入"转账"，再次选择 B5 单元格，单击"开始"选项卡"剪贴板"组中的"复制"按钮，复制"转账"文本然后选择 B6 单元格，单击"开始"选项卡"剪贴板"组中的"粘贴"按钮，粘贴"转账"文本，然后分别选择 B7、B8 和 B12 单元格，并按"Ctrl+V"键将"转账"文本粘贴到所选的单元格，如图 3-10 所示。

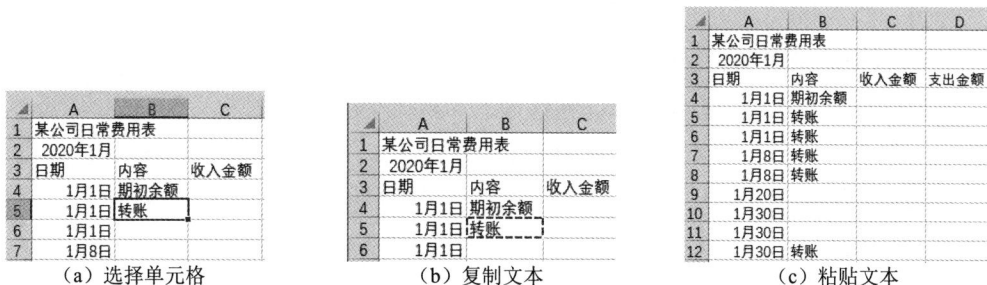

（a）选择单元格　　　　　（b）复制文本　　　　　（c）粘贴文本

图 3-10　对"转账"进行操作

（8）采用上述方法，继续输入数据，如图 3-11 所示。

（9）选择 B7 单元格，在编辑栏中输入“转账”后单击鼠标，继续输入“（包含手续费 10 元）”，如图 3-12 所示。

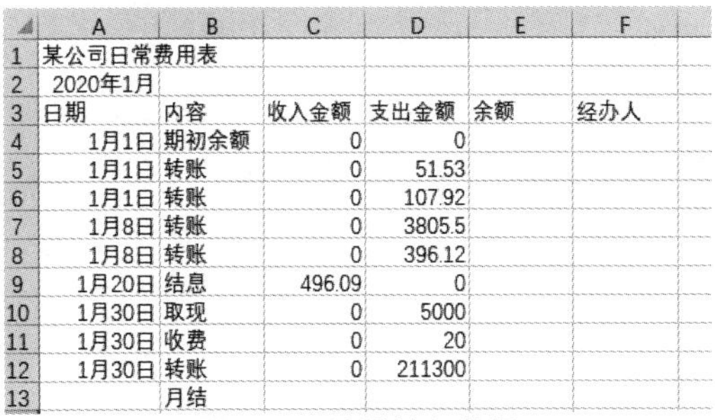

	A	B	C	D	E	F
1	某公司日常费用表					
2	2020年1月					
3	日期	内容	收入金额	支出金额	余额	经办人
4	1月1日	期初余额	0	0		
5	1月1日	转账	0	51.53		
6	1月1日	转账	0	107.92		
7	1月8日	转账	0	3805.5		
8	1月8日	转账	0	396.12		
9	1月20日	结息	496.09	0		
10	1月30日	取现	0	5000		
11	1月30日	收费	0	20		
12	1月30日	转账	0	211300		
13		月结				

图 3-11　继续输入数据

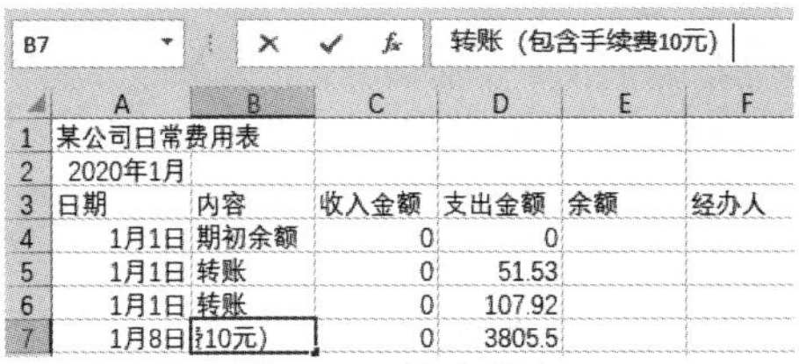

B7　转账（包含手续费10元）

	A	B	C	D	E	F
1	某公司日常费用表					
2	2020年1月					
3	日期	内容	收入金额	支出金额	余额	经办人
4	1月1日	期初余额	0	0		
5	1月1日	转账	0	51.53		
6	1月1日	转账	0	107.92		
7	1月8日	10元)	0	3805.5		

图 3-12　补充文本

（10）单击快速访问工具栏中的“保存”按钮，打开“另存为”对话框，设置保存路径，输入文件名为“费用表”，然后单击“保存”按钮，保存工作簿。

任务 2　快速填充数据

任务引入

小明作为公司财务部的职员，选择使用 Excel 2021 来制作员工工资表。在处理工资表中的数据时，需要输入大量重复的、有规律的数据，如何操作才能快速填充数据，减少输入的工作量？

知识准备

如果要填充的数据部分相同，或者具有某种规律，那么可以使用快速填充工具。

一、填充相同数据

在实际应用中，用户可能要在某个单元格区域输入大量相同的数据，采用以下 3 种方法可以快速填充单元格区域。

1. 使用键盘快速填充

（1）选择要填充相同数据的单元格区域，如图 3-13 所示的 C 列单元格。

（2）输入要填充的数据，如 2017/5/8。

（3）输入完成后，按“Ctrl+Enter”键，选择的单元格区域都将填充为日期“2017/5/8”，如图 3-14 所示。

图 3-13　C 列单元格

图 3-14　填充相同数据

2. 使用下拉列表中的选项快速填充

（1）选择包含需要复制数据的单元格，如图 3-15 所示的单元格 D2。

（2）按住"Ctrl"或"Shift"键的同时，选择要填充的单元格，如图 3-16 所示。

图 3-15　单元格 D2

图 3-16　选择要填充数据的单元格

（3）单击"开始"选项卡"编辑"组中的"填充"按钮，打开如图 3-17 所示的"填充"下拉列表，根据需要选择填充方式。例如，选择"向下"选项后的填充效果如图 3-18 所示。

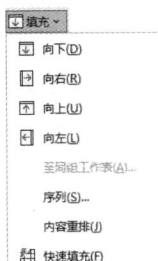

图 3-17　"填充"下拉列表

图 3-18　"向下"填充效果

3. 使用鼠标快速填充

（1）选择包含需要复制数据的单元格后，在单元格的右下角会出现一个绿色方块（称为"填充柄"），将鼠标指针移到绿色方块上，鼠标指针由空心十字形变为黑色十字形，如图 3-19（a）所示。

（2）按下鼠标左键拖动，选择要填充的单元格区域后释放鼠标左键，即可在所选区域的所有单元格中填充相同的数据，如图 3-19（b）所示。

（a）

（b）

图 3-19　使用鼠标快速填充

二、序列填充

有时需要填充的数据具有某种规律，一般把一组具有某种规律的数据称为一个系列，如星期系列、数字系列、文本系列等。使用 Excel 2021 的序列填充功能，可以很便捷地填充有规律的数据。

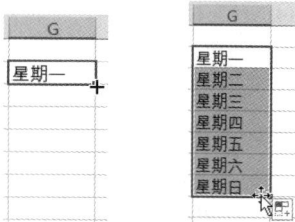

图 3-20　使用预设的自动填充序列

1. 使用 Excel 2021 预设的自动填充序列

Excel 2021 预设了一些自动填充的序列（如星期、月份、季度），例如，在单元格 G2 中输入"星期一"，然后拖动该单元格右下角的填充柄，就会在选择的单元格中自动填充"星期二""星期三"等，如图 3-20 所示。

使用预设的自动填充序列进行填充时，还可以修改填充类型和步长值，操作步骤如下。

（1）选择一个单元格并输入序列的初始值。

（2）选择一个含有初始值的单元格区域作为要填充的区域，如图 3-21 所示。

（3）选择"开始"选项卡"编辑"组"填充"下拉列表中的"序列"选项，打开如图 3-22 所示的"序列"对话框。

（4）在"序列产生在"选区中可以选择是沿行方向进行填充，还是沿列方向进行填充。例如，选择"行"单选按钮。

（5）在"类型"选区中可以选择序列的类型。如果选择"日期"单选按钮，那么必须在"日期单位"选区中选择所需的单位（如日、月、年）。

（6）在"步长值"文本框中输入一个正数或负数，作为序列增加或减少的数量。例如，输入"2"。

（7）在"终止值"文本框中指定序列的最后一个值。

（8）单击"确定"按钮即可创建一个序列，结果如图 3-23 所示，选择的单元格区域使用等差序列填充，步长为 2。

图 3-21　选择要填充的单元格区域

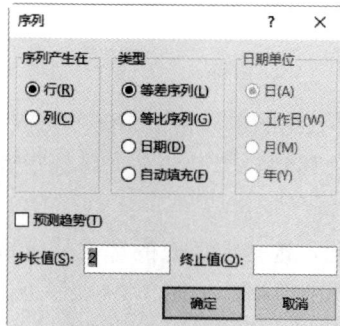

图 3-22　"序列"对话框

图 3-23　序列填充效果

2. 自定义填充序列

如果预设的自动填充序列不能满足工作需要，那么用户还可以自定义填充序列。例如，如果经常要输入员工姓名，就可以将员工姓名定义为一个自动填充序列，操作步骤如下。

（1）单击"数据"选项卡"排序和筛选"组中的"排序"按钮，打开"排序"对话框。单击"次序"下拉按钮，在其下拉列表中选择"自定义序列"选项，如图 3-24 所示。

（2）打开的"自定义序列"对话框如图 3-25 所示。在"自定义序列"列表框中选择"新序列"，然后在"输入序列"文本框中输入自定义的序列项，并在每项末尾按"Enter"键进行分隔，如图 3-26 所示。

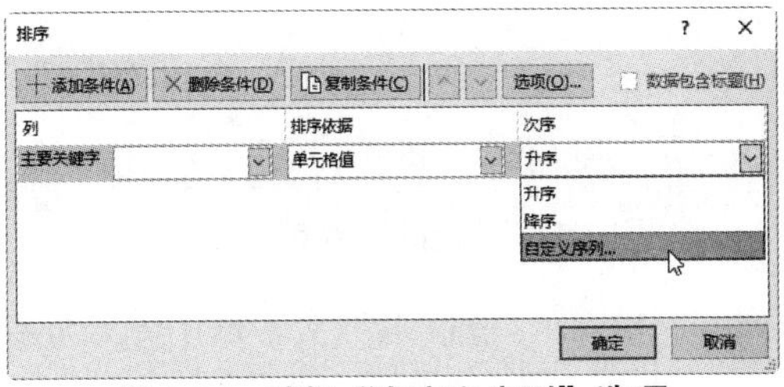

图 3-24　选择"自定义序列"选项

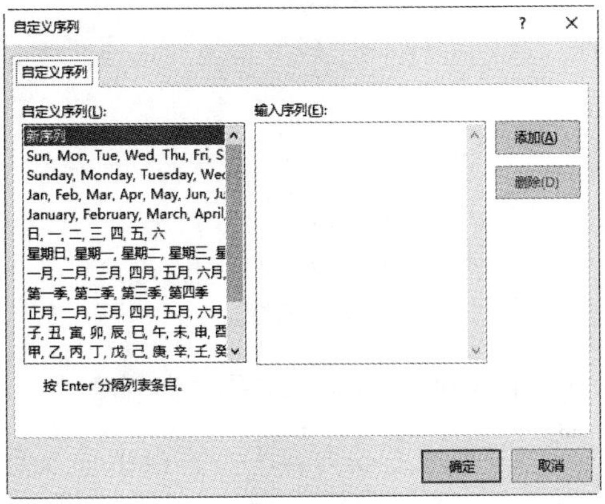

图 3-25　"自定义序列"对话框

（3）输入完毕后单击"添加"按钮，此时，在"自定义序列"列表框中可以看到创建的序列，如图 3-27 所示，单击"确定"按钮，返回"排序"对话框。

图 3-26　输入序列

图 3-27　显示自定义的序列

（4）在"排序"对话框的"主要关键字"下拉列表中选择要按序列排序的列标题，如图 3-28 所示。然后单击"确定"按钮关闭对话框。

（5）选择 B2 单元格输入序列中的初始值，如图 3-29（a）所示，然后将单元格右下角的填充柄向下拖动，即可在选择的单元格区域填充序列，如图 3-29（b）所示。

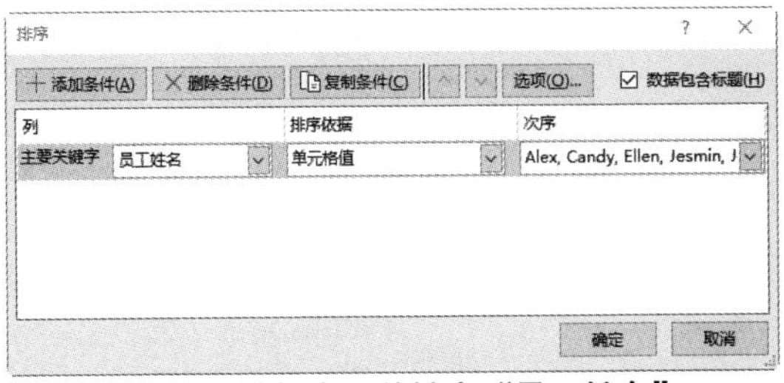

图 3-28　选择主要关键字"员工姓名"

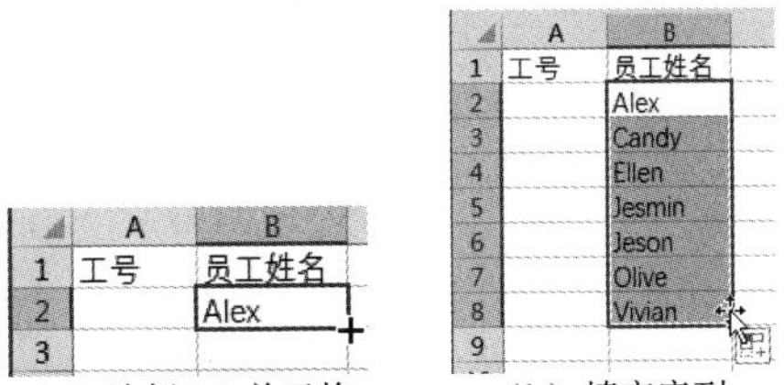

（a）选择 B2 单元格　　　（b）填充序列

图 3-29　填充自定义序列

三、替换数据

如果要替换工作表中的数据，那么可以执行以下操作。

（1）单击"开始"选项卡"编辑"组中的"查找和选择"按钮，打开如图 3-30 所示的"查找和选择"下拉列表，选择"替换"选项，打开如图 3-31 所示的"查找和替换"对话框。

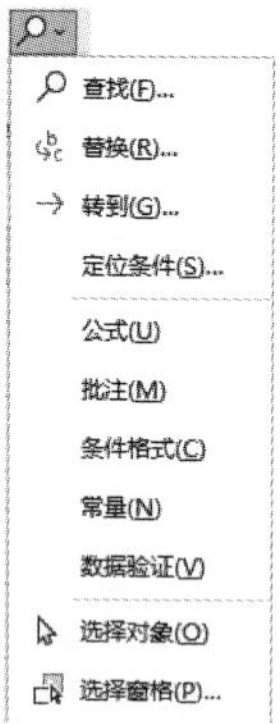

图 3-30 "查找和选择"下拉列表 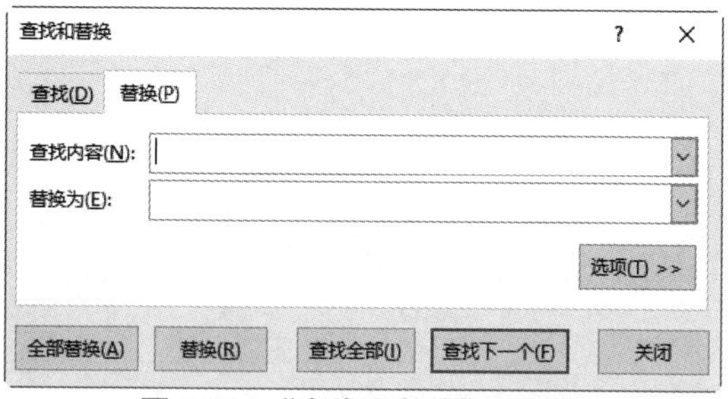　　图 3-31 "查找和替换"对话框

（2）在"查找内容"文本框中输入要查找的文本；在"替换为"文本框中输入要替换文本。

（3）单击"全部替换"按钮进行全部替换。

案例——制作工资表

（1）执行"文件"→"新建"→"空白工作簿"操作，新建一个空白的工作簿。

（2）在单元格中输入相应文本，如图 3-32 所示。

（3）在 A2 单元格中输入"2020 年 9 月"，如图 3-33 所示。

（4）选择 A2 单元格，将鼠标指针移到单元格右下角，当鼠标指针变为"+"时，按下鼠标左键向下拖动到 A9 单元格，选择的单元格区域即可填充相同的内容，填充效果如图 3-34 所示。

操作演示

图 3-32 完成文本的输入 　　图 3-33 在 A2 单元格中输入数据

图 3-34 填充效果

教你一招：自动填充单元格之后，在最后一个单元格右侧会显示“自动填充选项”按钮。单击该按钮，在打开的下拉列表中可以选择填充的方式，如图 3-35 所示。

（5）在 B2 单元格中输入“w01”，然后选择 B2 单元格，将鼠标指针移到单元格右下角，当鼠标指针变为“+”时，按下鼠标左键向下拖动到 B9 单元格，选择的单元格区域即可填充序列，如图 3-36 所示。

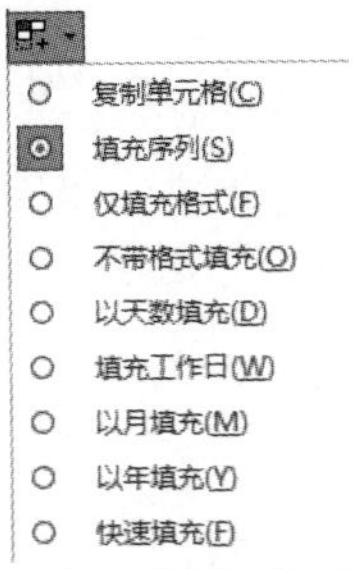

图 3-35 “自动填充”下拉列表

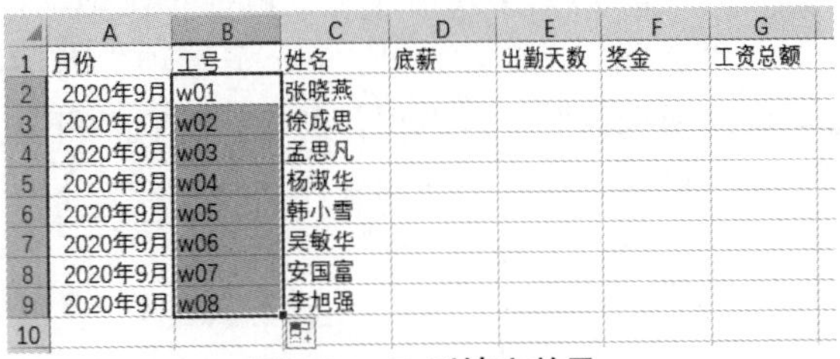

	A	B	C	D	E	F	G
1	月份	工号	姓名	底薪	出勤天数	奖金	工资总额
2	2020年9月	w01	张晓燕				
3	2020年9月	w02	徐成思				
4	2020年9月	w03	孟思凡				
5	2020年9月	w04	杨淑华				
6	2020年9月	w05	韩小雪				
7	2020年9月	w06	吴敏华				
8	2020年9月	w07	安国富				
9	2020年9月	w08	李旭强				
10							

图 3-36 B 列填充效果

（6）在 D2 单元格中输入数据“4500”，然后选择单元格区域 D2:D6。选择“开始”选项卡“编辑”组中“填充”下拉列表中的“向下”选项，即可在选择的单元格区域中填充相同的数据。

（7）选择 D7:D9 单元格区域，输入“3800”，然后按下“Ctrl + Enter”键，即可在选择的单元格区域中填充相同的数据，如图 3-37 所示。

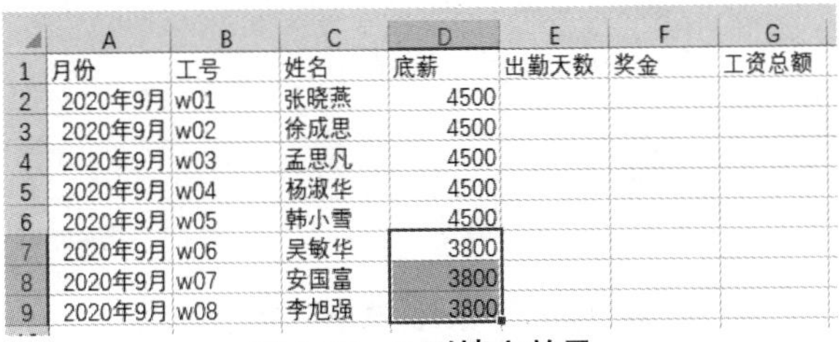

	A	B	C	D	E	F	G
1	月份	工号	姓名	底薪	出勤天数	奖金	工资总额
2	2020年9月	w01	张晓燕	4500			
3	2020年9月	w02	徐成思	4500			
4	2020年9月	w03	孟思凡	4500			
5	2020年9月	w04	杨淑华	4500			
6	2020年9月	w05	韩小雪	4500			
7	2020年9月	w06	吴敏华	3800			
8	2020年9月	w07	安国富	3800			
9	2020年9月	w08	李旭强	3800			

图 3-37 D 列填充效果

（8）选择 E2 单元格并输入“20”，将鼠标指针移到单元格右下角，当鼠标指针变为“+”时，按住“Ctrl”键的同时，按下鼠标左键向下拖动到 E6 单元格，释放键盘和鼠标，将填充递增序列，效果如图 3-38 所示。

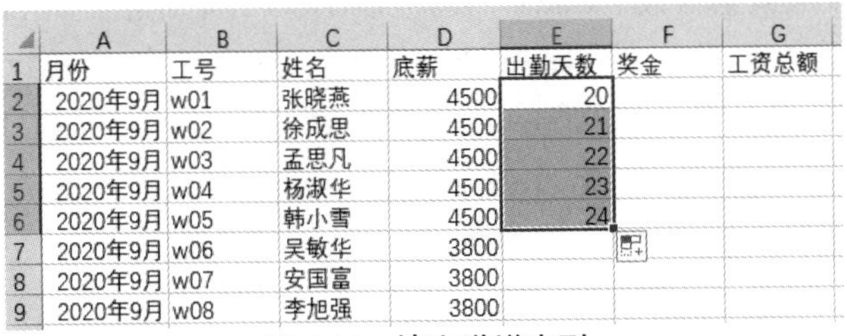

	A	B	C	D	E	F	G
1	月份	工号	姓名	底薪	出勤天数	奖金	工资总额
2	2020年9月	w01	张晓燕	4500	20		
3	2020年9月	w02	徐成思	4500	21		
4	2020年9月	w03	孟思凡	4500	22		
5	2020年9月	w04	杨淑华	4500	23		
6	2020年9月	w05	韩小雪	4500	24		
7	2020年9月	w06	吴敏华	3800			
8	2020年9月	w07	安国富	3800			
9	2020年9月	w08	李旭强	3800			

图 3-38 填充递增序列

（9）将鼠标指针移到填充框右下角，当鼠标指针显示为+时，按下鼠标左键继续向下拖动到 E9 单元格，释放键盘和鼠标，将继续填充递增序列，效果如图 3-39 所示。

图 3-39　继续填充递增序列

（10）选择 F2 单元格，按下鼠标左键拖动，选择 F2:G9 单元格区域。然后执行"文件"→"选项"操作，打开"Excel 选项"对话框，选择"高级"选项，勾选"按 Enter 键后移动所选内容"复选框，并在"方向"下拉列表中选择"向右"选项，如图 3-40 所示，然后单击"确定"按钮关闭对话框。

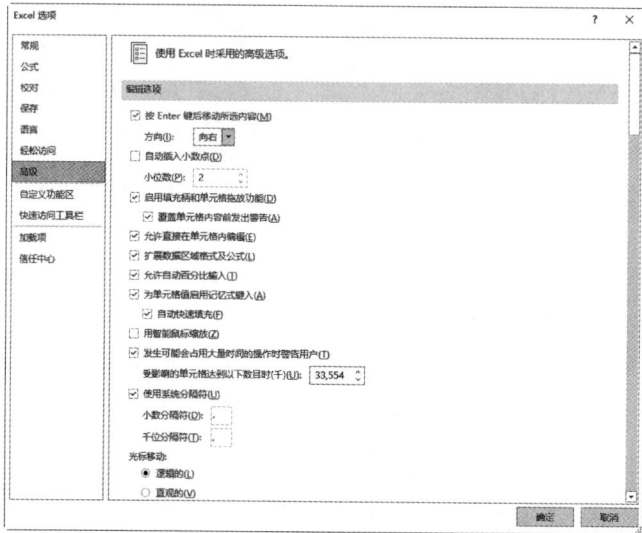

图 3-40　"Excel 选项"对话框

🔍 **注意**

结束输入数据后，应将"方向"还原为"向下"。

（11）此时，输入数据后按"Enter"键，将填充 F2 单元格，并自动将 G2 单元格变为当前单元格；输入数据后按"Enter"键，将填充 G2 单元格，并自动将 F3 单元格变为当前单元格，如图 3-41 所示。依次输入全部数据后，按"Enter"键，F2 单元格将变为当前单元格。

图 3-41　设置完移动方向后输入数据

（12）选择"开始"选项卡"编辑"组中"查找和选择"下拉列表中的"查找"选项，打开"查找和替换"对话框，单击"选项"按钮，展开对话框，然后单击"格式"右侧的下拉按钮，在打开的下拉列表中选择"从单元格选择格式"选项，如图 3-42 所示。此时，"查找和替换"对话框将被暂时隐藏，鼠标指针将变为"➕🖉"。

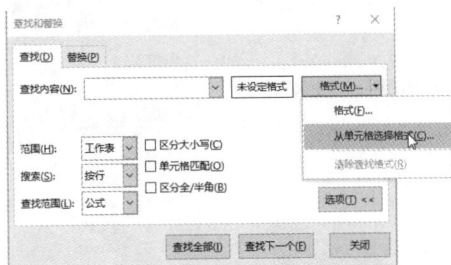

图 3-42　选择"从单元格选择格式"选项

（13）选择 D 列中的某个数据（如 D2），将重新显示"查找和替换"对话框，在"查找内容"文本框中输入要查找的数据"4500"，如图 3-43 所示。

（14）单击"查找下一个"按钮，将加亮显示查找到的第一个数据；再次单击"查找下一个"按钮，将加亮显示下一个符合要求的数据；单击"查找全部"按钮，在查找结果列表框中将会列出查找到的全部数据，如图 3-44 所示。

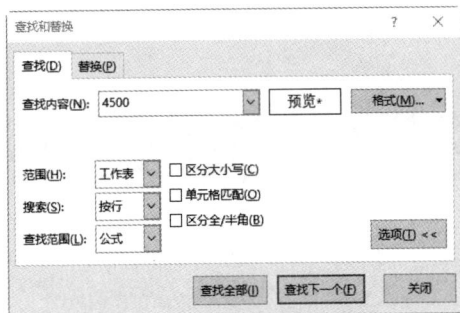

图 3-43　输入要查找的数据

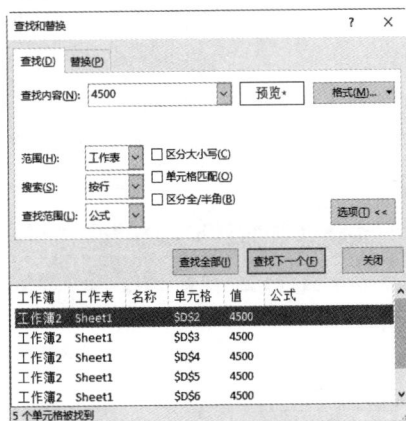

图 3-44　查找到的全部数据

（15）将鼠标指针移动到查找结果列表框中的某条记录上，该记录将突出显示；单击某条记录，工作表中相应的单元格也将突出显示。

（16）在"查找和替换"对话框中选择"替换"选项卡，单击"替换为"文本框后面的"格式"按钮，打开"替换格式"对话框。

（17）在"替换格式"对话框中选择"数字"选项卡，然后选择"货币"选项，并修改"小数位数"为"0"，如图 3-45 所示。

（18）单击"确定"按钮，返回"查找和替换"对话框，在"替换为"文本框中输入"5000"，单击"替换"按钮，查找到的第一个符合的数据将被替换；再次单击"替换"按钮，第二个符合的数据将被替换。单击"全部替换"按钮，全部符合要求的数据都将被替换，如图 3-46 所示。

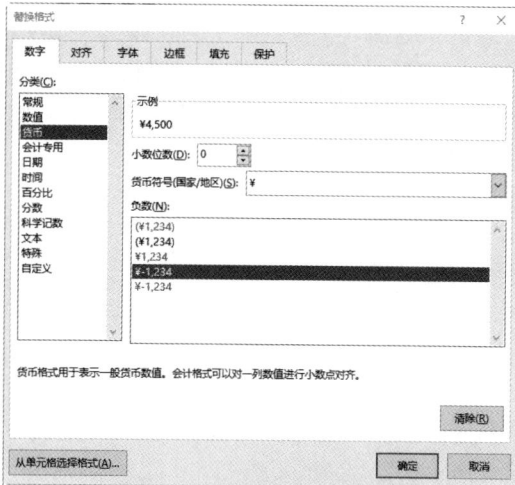

图 3-45　"替换格式"对话框

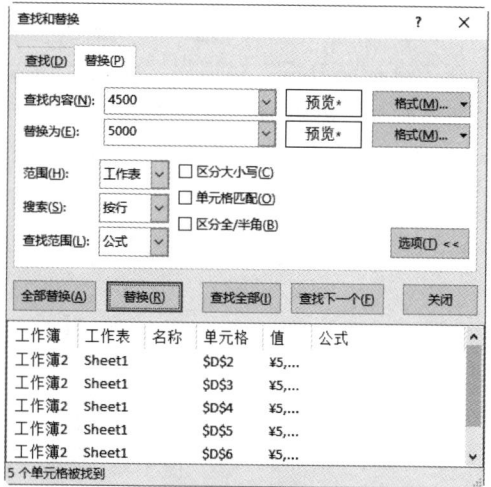

图 3-46　替换数据

（19）使用同样的方法替换工作表中的其他数据，替换数据后的效果如图 3-47 所示。

	A	B	C	D	E	F	G
1	月份	工号	姓名	底薪	出勤天数	奖金	工资总额
2	2020年9月	w01	张晓燕	¥5,000	20	¥500	¥5,000
3	2020年9月	w02	徐成思	¥5,000	21	¥550	¥5,050
4	2020年9月	w03	孟思凡	¥5,000	22	¥500	¥5,000
5	2020年9月	w04	杨淑华	¥5,000	23	¥600	¥5,100
6	2020年9月	w05	韩小雪	¥5,000	24	¥400	¥4,900
7	2020年9月	w06	吴敏华	¥3,800	25	¥1,000	¥4,800
8	2020年9月	w07	安国富	¥3,800	26	¥1,200	¥5,000
9	2020年9月	w08	李旭强	¥3,800	27	¥1,500	¥5,300

图 3-47　替换数据后的效果

任务 3　采用记录单输入数据

任务引入

小明已经掌握了填充相同数据和序列填充等快速填充数据的方法，这时，小明的同事告诉他可以利用记录单一次性输入一个完整的信息行。那么，在 Excel 2021 中，如何利用记录单一次性输入一个完整的信息行？

知识准备

记录单是 Excel 2021 提供的一种输入数据的简捷方法，利用记录单可以一次性输入一个完整的信息行（称作"记录"）。使用记录单输入数据时，每列必须有列标题，Excel 2021将根据这些标题生成记录单中的字段。

一、添加记录

默认情况下，在 Excel 2021 的功能区找不到"记录单"命令，因此可先将"记录单"命令添加到快速访问工具栏，再使用该命令。

使用记录单输入数据的方法如下：

（1）在 A2:C2 单元格区域输入文本，并选择单元格区域 A2:C2，如图 3-48 所示。

（2）单击快速访问工具栏中的"记录单"按钮，打开如图 3-49 所示的对话框，询问是否将选定区域的首行作为标签。

图 3-48　选择单元格区域

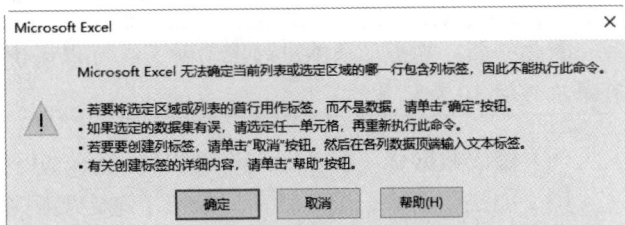

图 3-49　询问是否将选定区域的首行作为标签

（3）单击"确定"按钮，打开如图 3-50 所示的空白记录单，选定区域的文本将作为字段标题，并且字段标题的右侧均对应一个空白的文本框。

🔍 **注意**

记录单最多能同时显示 32 个字段。

（4）在文本框中分别输入数据。

（5）单击"新建"按钮，或者按"Enter"键，即可将输入的数据添加到工作表中，效果如图 3-51 所示。

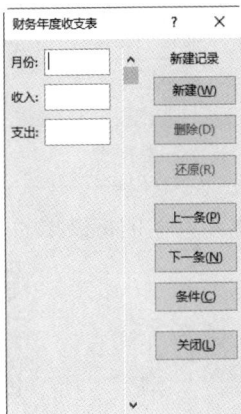

图 3-50　空白记录单

图 3-51　输入数据

🔍 **提示**

在添加记录时，如果要撤销所做的修改，那么需要单击记录单中的"还原"按钮。

（6）按照上一步的方法，添加其他记录。

（7）单击记录单中的"关闭"按钮，即可完成数据的输入。

二、修改、删除数据

如果对添加的记录不满意，那么可以进行修改或删除操作。

（1）单击工作表中的任意一个单元格。

（2）单击快速访问工具栏中的"记录单"按钮，打开对应的记录单，如图 3-52 所示。

（3）拖动滚动条，或者单击"上一条""下一条"按钮找到需要修改的记录。

> 教你一招：单击记录单中的滚动箭头，可以逐条浏览记录；单击箭头之间的滚动条，可每次移动 10 条记录。

（4）修改数据后，按"Enter"键更新记录，并移到下一条记录。

（5）如果要删除记录，就在记录单中选定要删除的记录，然后单击"删除"按钮，打开如图 3-53 所示的"显示的记录将被删除"对话框。单击"确定"按钮，即可删除所选的记录。

图 3-52　记录单

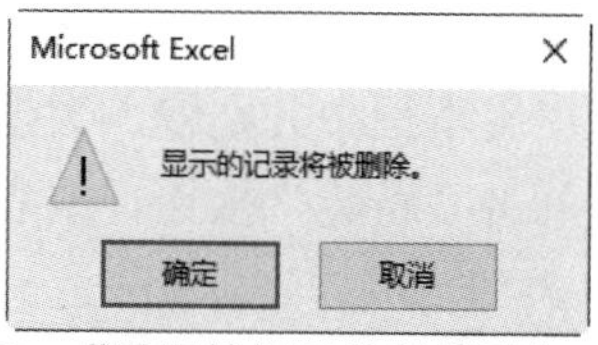

图 3-53　"显示的记录将被删除"对话框

🔍 注意

使用记录单删除的记录将被永久删除，不能通过"撤销"命令恢复。

（6）完成修改或删除后，单击"关闭"按钮即可完成更新并关闭记录单。

案例——建立员工工资表

（1）新建一个空白工作簿，将工作表"Sheet1"重命名为"员工工资表"。然后在 A1:F1 单元格区域分别输入"员工编号""姓名""性别""年龄""所属部门""工资额"，如图 3-54 所示。

操作演示

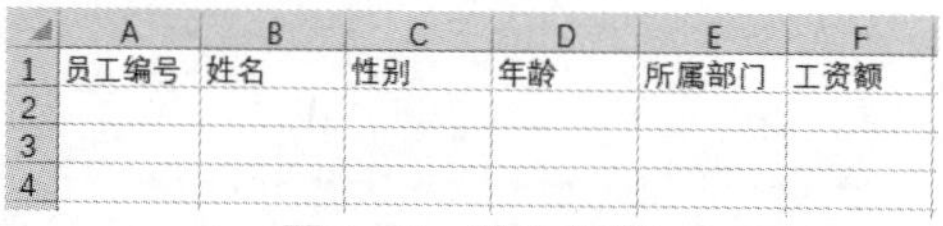

图 3-54　输入标题

（2）选择 A1 单元格，单击快速访问工具栏中的“记录单”按钮，打开“询问是否将选定区域的首行作为标签”对话框。单击“确定”按钮，打开如图 3-55 所示的“员工工资表”记录单。

（3）在对话框中从上至下分别输入数据“1”“李元梅”“女”“25”“设计部”“4000”，如图 3-56 所示。

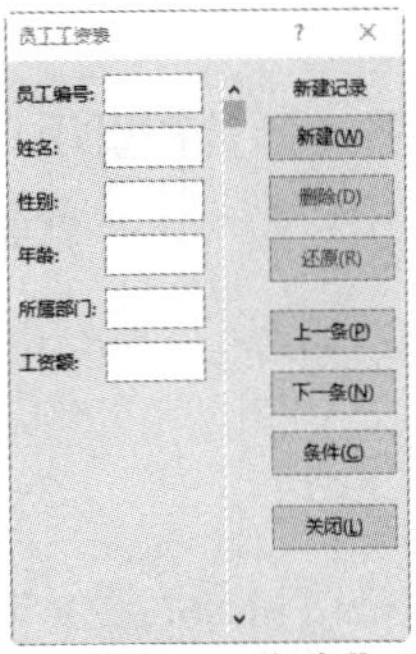

图 3-55　“员工工资表”记录单

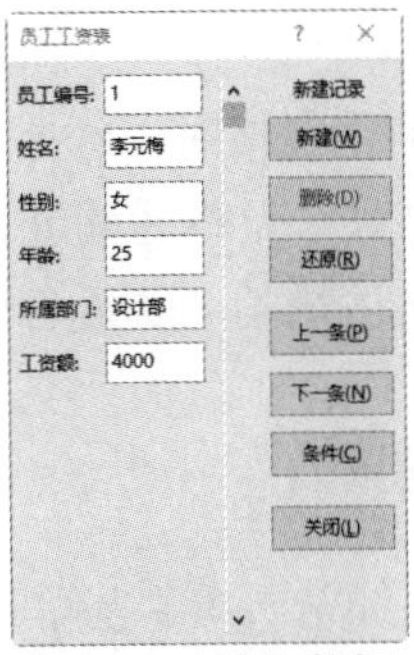

图 3-56　输入数据

（4）单击“新建”按钮，即可将输入的数据添加到工作表中，如图 3-57 所示，同时新建一个空白记录单。

（5）按照同样的方法，在空白记录单的各个文本框中依次输入数据，然后单击“新建”按钮，添加其他记录。添加完所有记录之后，单击“关闭”按钮，此时的工作表如图 3-58 所示。

	A	B	C	D	E	F
1	员工编号	姓名	性别	年龄	所属部门	工资额
2	1	李元梅	女	25	设计部	4000
3						

图 3-57　将输入的数据添加到工作表

	A	B	C	D	E	F
1	员工编号	姓名	性别	年龄	所属部门	工资额
2	1	李元梅	女	25	设计部	4000
3	2	陈红	女	30	销售部	4560
4	3	程广	男	27	设计部	4230
5	7	苏康	男	26	销售部	4420
6	8	王红	女	33	会计部	4678
7	9	张三	男	32	设计部	4780
8	10	李四	男	25	广告部	3880
9	11	徐丽	男	23	广告部	3586
10	12	王双	女	23	会计部	3456
11	13	田小亮	男	45	设计部	5892

图 3-58　添加完数据的工作表

（6）记录添加完毕后，发现“徐丽”的性别错了，接下来修改记录。选择工作表中的任意一个单元格，然后单击快速访问工具栏中的“记录单”按钮，打开“员工工资表”记录单，默认显示工作表中的第一条记录，如图 3-59 所示。

（7）单击“下一条”按钮，直到显示要修改的信息，将性别改为女，如图 3-60 所示，单击“关闭”按钮完成修改。此时，工作表中的记录也随之更新，如图 3-61 所示。

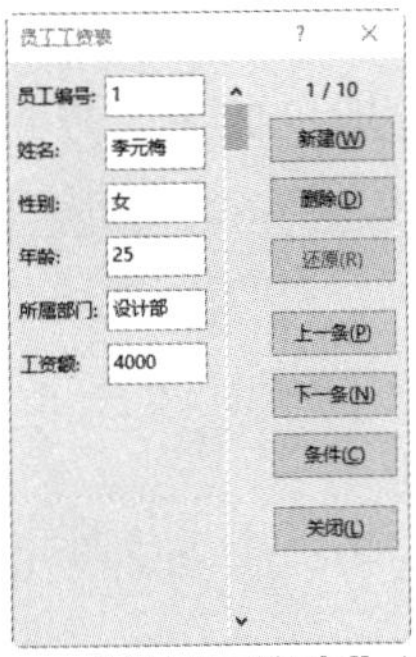

图 3-59　“员工工资表”记录单

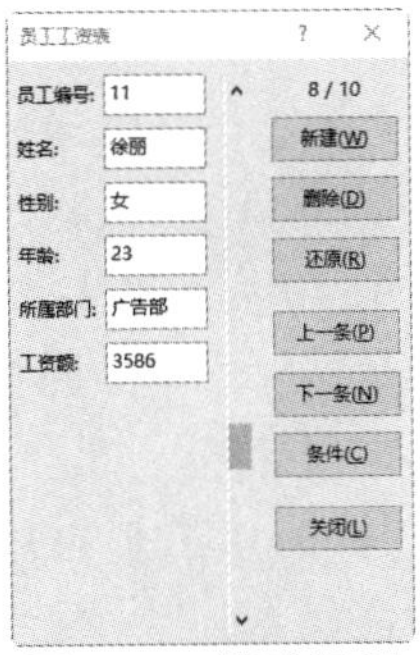

图 3-60　修改记录

	A	B	C	D	E	F
1	员工编号	姓名	性别	年龄	所属部门	工资额
2	1	李元梅	女	25	设计部	4000
3	2	陈红	女	30	销售部	4560
4	3	程广	男	27	设计部	4230
5	7	苏康	男	26	销售部	4420
6	8	王红	女	33	会计部	4678
7	9	张三	男	32	设计部	4780
8	10	李四	男	25	广告部	3880
9	11	徐丽	女	23	广告部	3586
10	12	王双	女	23	会计部	3456
11	13	田小亮	男	45	设计部	5892

图 3-61　更新后的工作表

任务 4 命名单元格区域

小明在制作表格时，经常要引用某些单元格区域的数据，但是在引用单元格区域的数据时，需要对单元格区域进行命名。那么，在 Excel 2021 中，如何给单元格区域命名？如何对单元格区域的名称进行管理？

如果需要经常引用某些单元格区域的数据，那么给单元格区域命名是一个高效、便捷的方法。

一、定义名称

（1）选定要命名的单元格或单元格区域。

（2）执行以下操作之一命名单元格区域：

① 在编辑栏左端的名称框中输入名称，如图 3-62 所示，然后按 "Enter" 键确认。

② 单击 "公式" 选项卡 "定义的名称" 组中的 "定义名称" 按钮，打开如图 3-63 所示的 "新建名称" 对话框，输入名称，然后单击 "确定" 按钮关闭对话框即可。

图 3-62 在编辑栏中定义名称

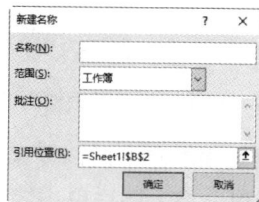

图 3-63 "新建名称" 对话框

注意

命名单元格区域应遵循以下规则：

➢ 名称的第一个字符必须是字母或下画线，其他字符可以是字母、数字、句号和下画线。

➢ 名称不能与单元格引用相同，如 A$10 或 R1C1。

➢ 名称中不能有空格，可以用下画线和句号作分隔符。

➢ 名称最多可以包含 255 个字符。

➢ 名称不区分大小写。例如，如果已经创建了名称 Sales，又在同一个工作簿中创建了名称 SALES，那么第二个名称将替换第一个。

如果要修改已命名的单元格或单元格区域，那么可在"引用位置"文本框中选择要修改的单元格或单元格区域，如图 3-64 所示。

二、删除名称

（1）单击"公式"选项卡"定义的名称"组中的"名称管理器"按钮，打开如图 3-65 所示的"名称管理器"对话框。

图 3-64　指定引用位置

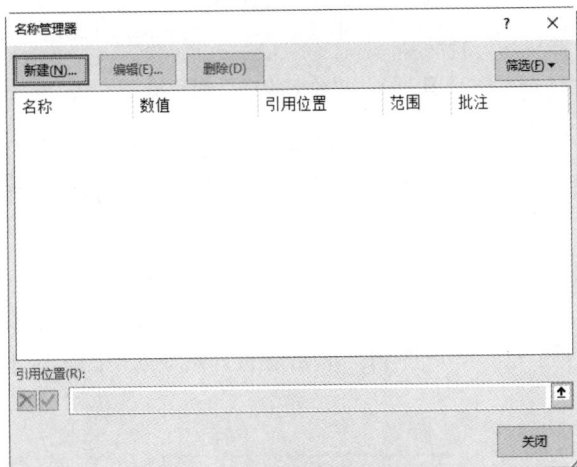

（2）选择要删除的名称，然后单击对话框顶部的"删除"按钮。

（3）在打开的确认删除对话框中单击"确定"按钮，然后单击"关闭"按钮关闭对话框。

图 3-65　"名称管理器"对话框

任务5　数据验证

任务引入

小明在制作表格时，发现有些数据内容固定、使用频率较多，他想为这些数据设置有效性，以便提高信息的录入效率。那么，在 Excel 2021 中，如何为内容固定、使用频率较多的数据设置有效性？

知识准备

在 Excel 2021 中，使用数据验证可以限制单元格中输入数据的类型及范围，以避免在参与运算的单元格中输入错误的数据。

一、限制数据类型及范围

（1）选择要限制数据类型及范围的单元格。

（2）单击"数据"选项卡"数据工具"组中的"数据验证"按钮，打开如图 3-66 所示的"数据验证"对话框。

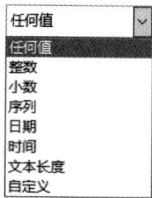

图 3-66 "数据验证"对话框

图 3-67 "允许"下拉列表

（3）在"设置"选项卡中设置单元格的数据类型及范围。

① 在"允许"下拉列表中选择允许输入的数据类型，如图 3-67 所示。

➤ 整数或小数：只允许输入数字。

➤ 日期或时间：只允许输入日期或时间。

➤ 序列：单元格的有效数据范围限定于指定的数据序列。

注意

如果限制输入的数据为序列，那么在"数据"下拉列表下方将显示"来源"文本框，如图 3-68 所示，用于输入或选择有效数据序列的引用。输入序列的各项内容必须用英文输入法状态下的逗号隔开。如果要在工作表中选择数据序列，单击"来源"文本框右侧的 ■ 按钮，就可以缩小对话框，以免对话框阻挡视线，缩小后的对话框如图 3-69 所示。

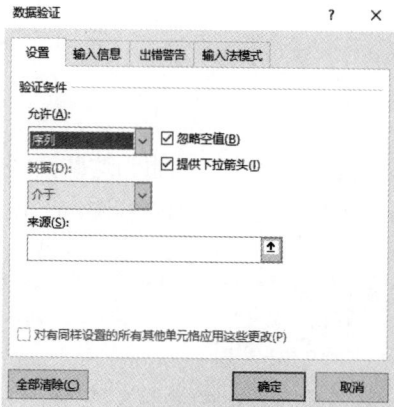

图 3-68 设置序列来源

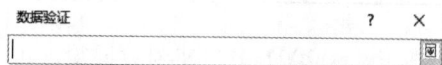

图 3-69 缩小后的对话框

➢ 文本长度：限制在单元格中输入字符的个数。

② 在"数据"下拉列表中选择允许输入数据的范围，如图 3-70 所示。选择不同的操作符可以限制输入数据的上限或下限（某些操作符只有一个操作数，如等于）。

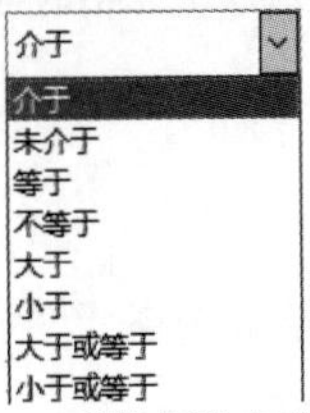

图 3-70 "数据"下拉列表

③ 若允许单元格中出现空值，则勾选"忽略空值"复选框。

④ 若需要从预先定义好的序列中选择数据，则勾选图 3-68 所示对话框中的"提供下拉箭头"复选框。

二、显示提示信息

在单元格中输入数据时，若能显示提示信息，则可以提醒用户为单元格建立有效性规则。相关设置如下。

（1）在"数据验证"对话框中选择"输入信息"选项卡，如图 3-71 所示。

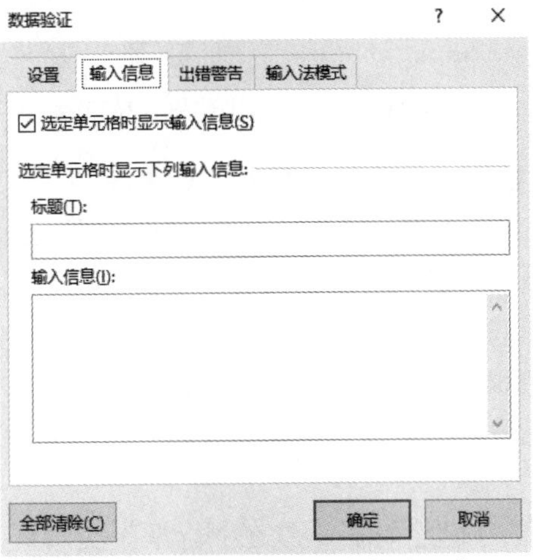

图 3-71 选择"输入信息"选项卡

（2）若勾选"选定单元格时显示输入信息"复选框，则选择单元格时将显示输入的信息。

（3）如果要在提示信息中显示黑体的标题，就在"标题"文本框中输入所需的文本。例如，2020 年平均工资。

（4）在"输入信息"文本框中输入要显示的提示信息。例如，仅限输入 2020 年的月工资。

（5）单击"确定"按钮关闭对话框完成设置。此时若选择单元格，则会显示如图 3-72 所示的提示信息，以提醒输入正确的数据。

图 3-72　在选择单元格时显示提示信息

三、显示出错警告

如果用户输入的数据不符合为该单元格设置的有效性规则，就会显示一条出错警告，并控制用户响应，相关设置如下。

（1）在"数据验证"对话框中选择"出错警告"选项卡，如图 3-73 所示。

图 3-73　选择"出错警告"选项卡

（2）勾选"输入无效数据时显示出错警告"复选框。

（3）在"样式"下拉列表中选择所需的信息类型："停止""警告"或"信息"。

① 停止：在输入值无效时显示提示信息，错误被更正或取消前禁止用户继续工作。

② 警告：在输入值无效时询问用户是确认有效并继续其他操作，还是取消操作或返回并更正数据。此时弹出如图 3-74 所示的对话框。

③ 信息：在输入值无效时显示提示信息，让用户选择是保留已经输入的数据还是取消操作。

（4）如果希望出错警告中包含标题，就在"标题"文本框中输入标题。

（5）如果希望在出错警告中显示特定的文本，就在"错误信息"文本框中输入所需的文本，然后按"Enter"键开始新的一行。

（6）单击"确定"按钮关闭对话框。

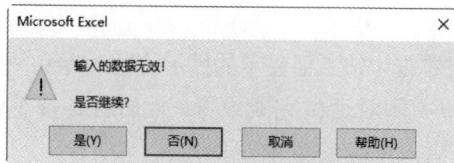

图 3-74　"警告"对话框

项目总结

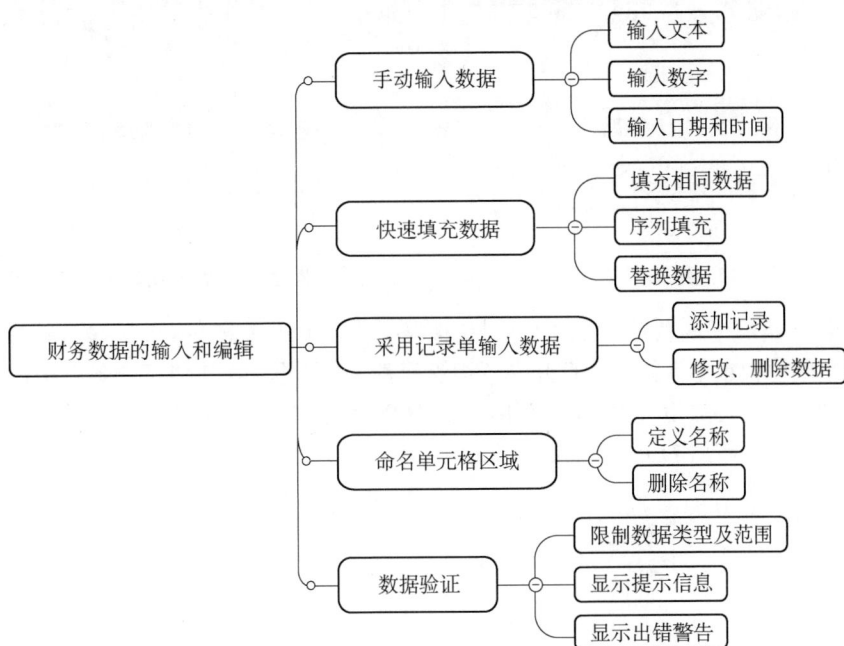

项目实战

实战 建立商品进货管理表

（1）新建一个空白工作簿，将工作表"Sheet1"重命名为"进货管理表"。然后在 A1:F1 单元格区域分别输入"订购号码""交货厂商""品名""单价""数量""费用"，如图 3-75 所示。

（2）选择 A1 单元格，单击快速访问工具栏中的"记录单"按钮。在打开的"进货管理表"对话框中从上至下分别输入"S001""天成沙发厂""沙发""1000""3""3000"，如图 3-76 所示。

（3）单击右侧的"新建"按钮，即可将输入的数据添加到工作表中，如图 3-77 所示，同时新建一条空白记录单。

（4）按照同样的方法，在空白记录单的各个文本框中依次输入数据，然后单击"新建"按钮，添加其他记录。添加完所有记录之后，单击"关闭"按钮，此时的工作表如图 3-78 所示。

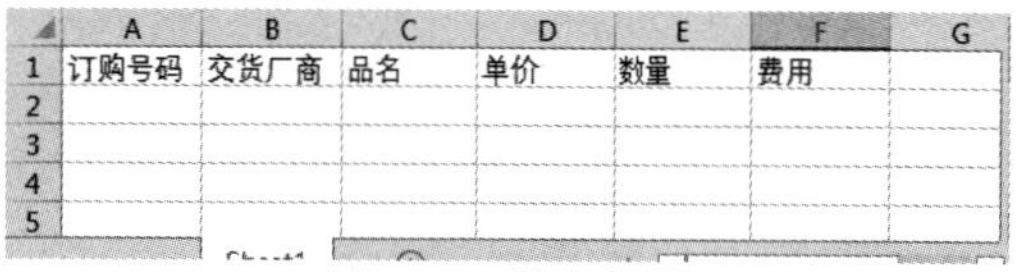

A	B	C	D	E	F
订购号码	交货厂商	品名	单价	数量	费用

图 3-75　输入标题

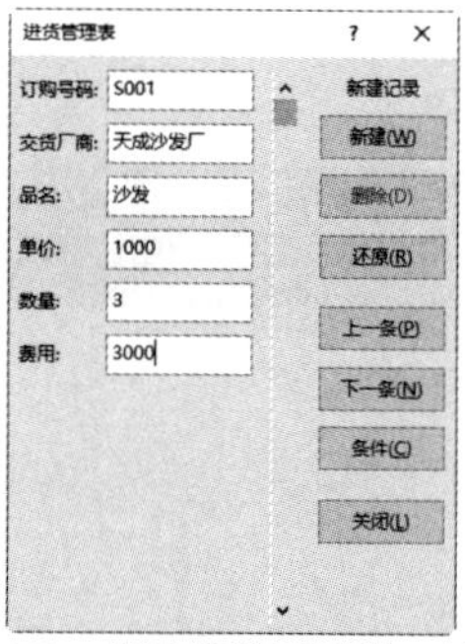

图 3-76　“进货管理表”对话框

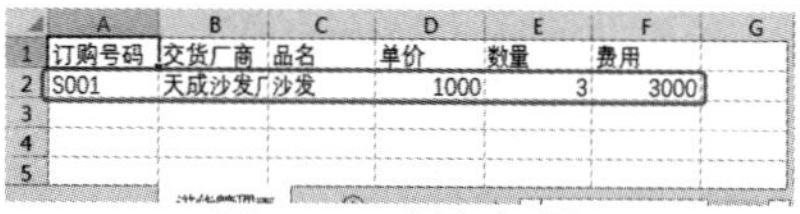

订购号码	交货厂商	品名	单价	数量	费用
S001	天成沙发厂	沙发	1000	3	3000

图 3-77　添加记录

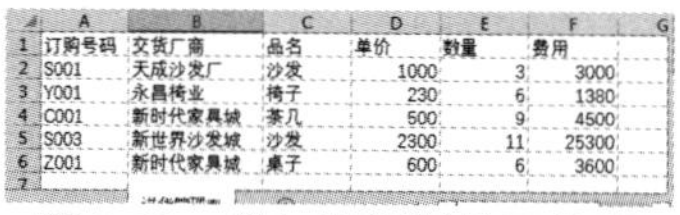

订购号码	交货厂商	品名	单价	数量	费用
S001	天成沙发厂	沙发	1000	3	3000
Y001	永昌椅业	椅子	230	6	1380
C001	新时代家具城	茶几	500	9	4500
S003	新世界沙发城	沙发	2300	11	25300
Z001	新时代家具城	桌子	600	6	3600

图 3-78　添加完记录的工作表

（5）若要将桌子的数量改为 10，则先选择工作表中的任意一个单元格，再单击快速访问工具栏中的“记录单”按钮，打开“进货管理表”对话框，单击“下一条”按钮，直到显示要修改的信息。将数量改为 10，费用改为 6000，设置如图 3-79 所示。然后单击“关闭”按钮完成修改，修改后的工作表如图 3-80 所示。

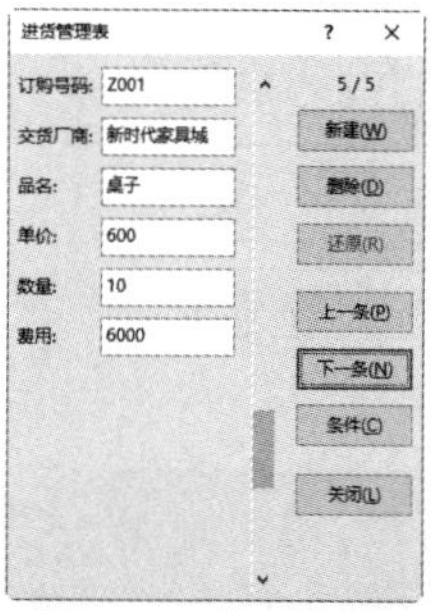

图 3-79　修改记录

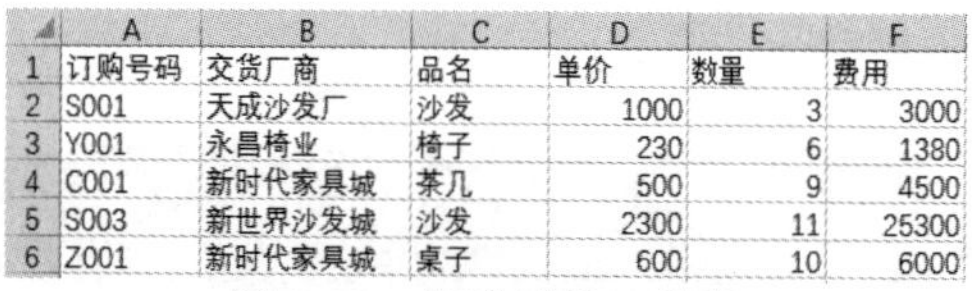

订购号码	交货厂商	品名	单价	数量	费用
S001	天成沙发厂	沙发	1000	3	3000
Y001	永昌椅业	椅子	230	6	1380
C001	新时代家具城	茶几	500	9	4500
S003	新世界沙发城	沙发	2300	11	25300
Z001	新时代家具城	桌子	600	10	6000

图 3-80　修改后的工作表

习题

1. 在 Excel 2021 中创建如图 3-81 所示的固定资产档案表。

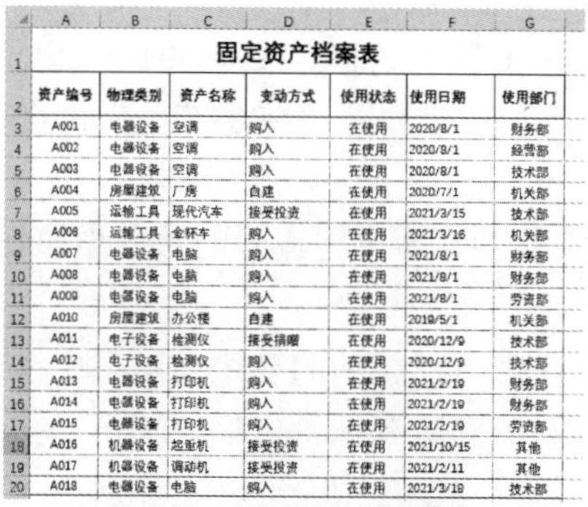

固定资产档案表

资产编号	物理类别	资产名称	变动方式	使用状态	使用日期	使用部门
A001	电器设备	空调	购入	在使用	2020/8/1	财务部
A002	电器设备	空调	购入	在使用	2020/8/1	经营部
A003	电器设备	空调	购入	在使用	2020/8/1	技术部
A004	房屋建筑	厂房	自建	在使用	2020/7/1	机关部
A005	运输工具	现代汽车	接受投资	在使用	2021/3/15	技术部
A006	运输工具	金杯车	购入	在使用	2021/3/16	机关部
A007	电器设备	电脑	购入	在使用	2021/8/1	财务部
A008	电器设备	电脑	购入	在使用	2021/8/1	财务部
A009	电器设备	电脑	购入	在使用	2021/8/1	劳资部
A010	房屋建筑	办公楼	自建	在使用	2019/5/1	机关部
A011	电子设备	检测仪	接受捐赠	在使用	2020/12/9	技术部
A012	电子设备	检测仪	购入	在使用	2020/12/9	技术部
A013	电器设备	打印机	购入	在使用	2021/2/19	财务部
A014	电器设备	打印机	购入	在使用	2021/2/19	财务部
A015	电器设备	打印机	购入	在使用	2021/2/19	劳资部
A016	机器设备	起重机	接受投资	在使用	2021/10/15	其他
A017	机器设备	调动机	接受投资	在使用	2021/2/11	其他
A018	电器设备	电脑	购入	在使用	2021/3/18	技术部

图 3-81　固定资产档案表

2. 在如图 3-82 所示的银行账户记录表中填入如图 3-83 所示的数据。

银行账户记录表

填报单位（章）

单位名称(全称)					法人代表		联系电话	
序号	姓名	性别	开户名	开户行	账号		账户核算内容	备注
1	朱华	男	朱小华					
2	杨林	男	杨林					
3	刘玲	女	刘玲					
4	王朝	男	王朝					
5	高尚	男	高尚					
6	李想	女	李想					
7	林龙	男	林珑					
8	云兰	女	云兰					
9	张扬	女	张扬					
10	周默	男	周默					
						总计:		

图 3-82　银行账户记录表

银行账户记录表

填报单位（章）

单位名称(全称)						法人代表		联系电话	
序号	姓名	性别	职务	开户名	开户行	账号		账户核算内容	备注
1	朱华	男	部门经理	朱小华	中国工商银行	6222 0312 0003 6809 290		6,400.00	工资
2	丁香	女	职员	丁香	邮政储蓄	6221 8709 1234 3456 789		5,100.00	工资
3	杨林	男	职员	杨林	中国农业银行	6228 4808 2099 1786 769		5,500.00	工资
4	刘玲	女	职员	刘玲	中国农业银行	6228 4819 2039 2585 234		5,500.00	工资
5	高尚	男	主管	高尚	中国建设银行	5264 1080 1879 5480		6,700.00	工资
6	李想	女	职员	李想	中国工商银行	6223 0812 0103 9809 256		5,500.00	工资
7	林龙	男	助理	林龙	中国银行	6013 8209 0012 4356 546		3,700.00	工资
8	云兰	女	职员	云兰	中国建设银行	6213 5667 7892 2340 123		5,500.00	工资
9	张扬	女	职员	张扬	中国工商银行	6222 0313 0403 6839 233		5,500.00	工资
10	周默	男	部门经理	周默	中国工商银行	6222 4312 0893 4509 280		6,400.00	工资
11	夏天	男	助理	夏天	中国银行	6013 8209 0012 4356 546		3,700.00	工资
							总计:		**59,500.00**

图 3-83　填入数据后的工作表

公式和函数在财务中的应用

素质目标

➢ 在掌握技能目标的同时，培养读者与时俱进、善于钻研的品质

➢ 培养探求新事物、活用知识的意识

学习目标

➢ 能够进行单元格之间的相互引用

➢ 能够使用公式和函数进行数据计算

➢ 能够使用数组公式进行快速的数据计算

➢ 能够追踪引用或从属的单元格

项目导读

Excel 2021 提供了非常强大的计算功能，其中，可以运用公式和函数对工作表中的数据进行计算与分析。

公式和函数是 Excel 2021 电子表格的核心部分，如果没有公式，电子表格在很大程度上就失去了意义。运用公式，Excel 2021 可以自动根据数据源更新计算结果。如果经常需要进行一些烦琐的计算，那么可以把数据直接代入函数中，Excel 2021 将自动返回计算结果。

任务 1　引用单元格

任务引入

小明在制作表格时，尤其是利用公式进行数据计算时，需要引用工作表中不同部分的数据或引用不同工作表中的单元格。那么，在 Excel 2021 中，利用公式计算时如何引用单元格？

知识准备

通过引用，可以标识工作表上的单元格或单元格区域，并指明公式中使用数据的位置。通过引用，可以在公式中使用工作表中不同部分的数据，或者在多个公式中使用同一个单元格中的数据。此外，还可以引用同一个工作簿中不同工作表中的单元格或其他工作簿中的数据。引用不同工作簿中的单元格称为链接。

一、引用类型

1. 相对引用

相对引用分别使用字母（从 A 到 IV，共 256 列）和数字（从 1 到 65536）标识单元格的列和行。例如，E2 为引用第 E 列和第 2 行交叉处的单元格。

如果公式所在单元格的位置改变，那么引用也随之改变。如果多行或多列地复制公式，那么引用会自动调整。例如，如果将单元格 C7 中的相对引用复制到单元格 D7，那么计算公式将自动从“=SUM(C3+C4+C5+C6)”调整为“=SUM(D3+D4+D5+D6)”，如图 4-1 所示。

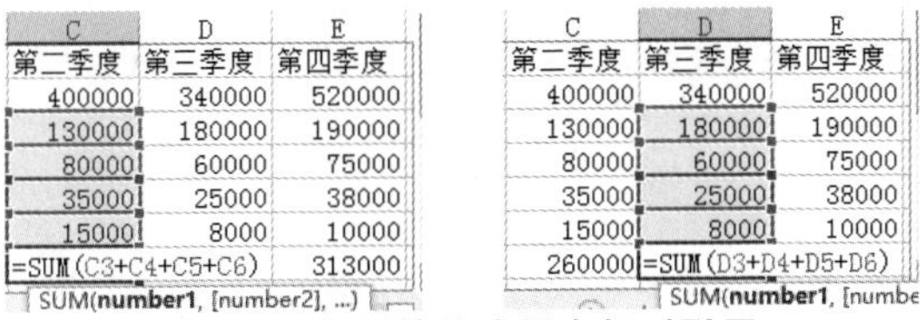

C	D	E
第二季度	第三季度	第四季度
400000	340000	520000
130000	180000	190000
80000	60000	75000
35000	25000	38000
15000	8000	10000
=SUM(C3+C4+C5+C6)		313000
SUM(number1, [number2], ...)		

C	D	E
第二季度	第三季度	第四季度
400000	340000	520000
130000	180000	190000
80000	60000	75000
35000	25000	38000
15000	8000	10000
260000	=SUM(D3+D4+D5+D6)	
	SUM(number1, [numbe	

图 4-1　复制的公式具有相对引用

2. 绝对引用

绝对引用（如$A$1）总是在指定位置引用单元格。如果公式所在单元格的位置改变，那么绝对引用保持不变。如果多行或多列地复制公式，那么绝对引用也保持不变。

例如，在如图 4-2 所示的工作表中的 F4 单元格中输入绝对公式“=$D$4*$E$4”后将 F4 单元格中的绝对公式复制到 F5 中，会发现 F5 单元格中的公式也是“=$D$4*$E$4”，如图 4-3 所示。也就是说，复制绝对公式后，公式中引用的仍然是原单元格中的数据。

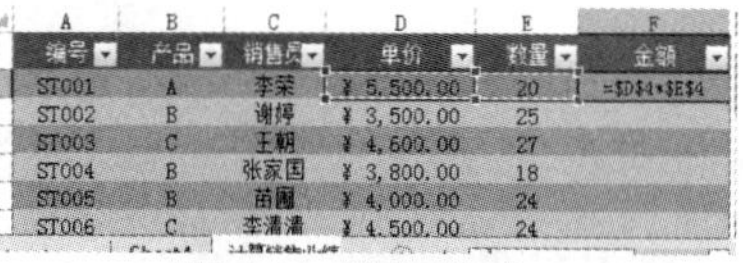

图 4-2　输入公式

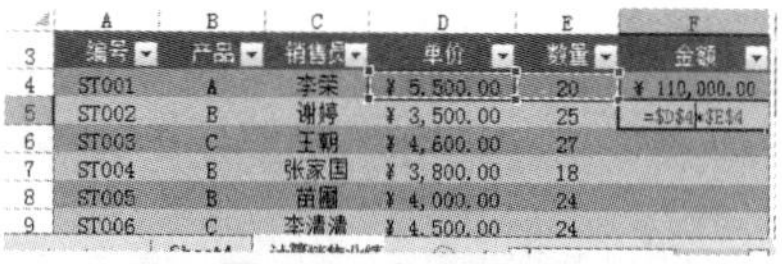

图 4-3　复制公式

3. 混合引用

混合引用具有绝对列和相对行，或者绝对行和相对列。绝对引用行采用 A$1、B$1 等形式；绝对引用列采用$A1、$B1 等形式。

如果公式所在单元格的位置改变，那么相对引用改变，绝对引用不变。如果多行或多列复制公式，那么相对引用将自动调整，而绝对引用不做调整。例如，如果将一个混合引用"=A$3"从 B3 复制到 C4，那么它将调整为"=B$3"。

二、引用单元格

1. 引用同一个工作簿中不同工作表中的单元格

若要在一个工作表中引用其他工作表中的单元格，则在引用的单元格名称前面应加上被引用的单元格区域所在的工作表名称和"!"。

例如，若使用 SUM 函数计算同一个工作簿中名为 new 的工作表中 B1:B10 区域的和，则应在单元格中输入"=SUM(new!B1:B10)"。

提示

工作表名称可以使用英文单引号引用，也可以省略。Excel 2021 默认都会加上英文单引号。

2. 引用其他工作簿中的单元格

如果要引用其他工作簿中的单元格，那么除了要在引用的单元格名称前面加上被引用的单元格区域所在的工作表名称和"!"，还要加上工作簿的名称，并且名称应使用英文的方括号引用。

例如，若要在当前工作表中计算工作簿"出纳.xlsx"中"银行日记账"工作表 C2:C9 单元格的总和，则应在单元格中输入"=SUM('[出纳.xlsx]银行日记账'!C2:C9)"。

提示

工作簿及工作表名称可以使用英文单引号引用，也可以省略。Excel 2021 默认都会加上英文单引号。

任务 2　使用公式和函数

任务引入

马上就到年末了，作为财务部主管的小明要对公司产品的销售情况做一个结算，看看这一年公司的利润到底为多少，这需要进行大量的数据计算。那么，如何利用 Excel 2021 公式和函数进行数据计算？

知识准备

公式是在工作表中对数据进行分析的等式，它可以对工作表中的数据进行加法、减法和乘法等运算，也可以使用各种函数。

公式可以引用同一个工作表中的其他单元格、同一个工作簿中不同工作表的单元格，或者其他工作簿的工作表中的单元格。

一、直接引用单元格进行数据计算

Excel 2021 中的公式有自己的语法规则，即以等号开头，后面紧跟操作数和运算符，其中操作数可以是常数、单元格名称或工作表函数。

如果要在公式中引用单元格，那么可以在输入公式时直接引用单元格，也可以在需要引用单元格时，单击该单元格。

操作演示

案例——制作财务费用支出预算表

（1）执行“文件”→“新建”→“空白工作簿”操作，新建一个空白的工作簿。

（2）在 A2:D10 单元格区域中输入文本，并设置对齐方式为居中，结果如图 4-4 所示。

（3）选择要进行数据计算的单元格，如图 4-5 所示的待计算的单元格 D3。

	A	B	C	D
1				
2	部门	支出金额/万	预算金额/万	支出百分比
3	行政人事部	62	100	
4	后勤部	105	200	
5	技术部	59	120	
6	采购部	360	310	
7	销售部	160	120	
8	财务部	42	60	
9	研发部	82	90	
10	合计			

图 4-4　输入文本

	A	B	C	D
1				
2	部门	支出金额/万	预算金额/万	支出百分比
3	行政人事部	62	100	
4	后勤部	105	200	
5	技术部	59	120	
6	采购部	360	310	
7	销售部	160	120	
8	财务部	42	60	
9	研发部	82	90	
10	合计			

图 4-5　待计算的单元格 D3

（4）在编辑栏中输入“=”，然后单击要引用的第一个单元格 B3，此时，编辑栏和 D3 单元格中会自动出现“=B3”，如图 4-6 所示。

B3　×　✓　fx　=B3

	A	B	C	D
1				
2	部门	支出金额/万	预算金额/万	支出百分比
3	行政人事部	62	100	=B3
4	后勤部	105	200	
5	技术部	59	120	
6	采购部	360	310	
7	销售部	160	120	
8	财务部	42	60	
9	研发部	82	90	
10	合计			

图 4-6　引用 B3 单元格

注意

输入公式时必须先输入“=”，否则会将输入的内容填入选定的单元格中。

（5）在编辑栏中输入运算符"/"，然后单击 C3 单元格，此时，在编辑栏和 D3 单元格中会显示自动生成的公式，如图 4-7 所示。

（6）在编辑栏中单击"输入"按钮，或者按"Enter"键得到计算结果，如图 4-8 所示。

	A	B	C	D
1				
2	部门	支出金额/万	预算金额/万	支出百分比
3	行政人事部	62	100	=B3/C3
4	后勤部	105	200	
5	技术部	59	120	
6	采购部	360	310	
7	销售部	160	120	
8	财务部	42	60	
9	研发部	82	90	
10	合计			

图 4-7　引用 C3 单元格

	A	B	C	D
1				
2	部门	支出金额/万	预算金额/万	支出百分比
3	行政人事部	62	100	0.62
4	后勤部	105	200	
5	技术部	59	120	
6	采购部	360	310	
7	销售部	160	120	
8	财务部	42	60	
9	研发部	82	90	
10	合计			

图 4-8　得到计算结果

（7）再次选定单元格 D3，并将鼠标指针移动到 D3 单元格的右下角，此时鼠标指针将变成十字形。

（8）按住鼠标左键将鼠标指针向下拖动到单元格 D9，然后释放鼠标左键，即可得到计算结果，如图 4-9 所示。

（9）选择单元格 D10，并在单元格中输入"=B3+B4+B5+B6+B7+B8"，系统将自动引用对应单元格中的数据，如图 4-10 所示。

	A	B	C	D
1				
2	部门	支出金额/万	预算金额/万	支出百分比
3	行政人事部	62	100	0.62
4	后勤部	105	200	0.525
5	技术部	59	120	0.491666667
6	采购部	360	310	1.161290323
7	销售部	160	120	1.333333333
8	财务部	42	60	0.7
9	研发部	82	90	0.911111111
10	合计			

图 4-9　计算结果 1

	A	B	C	D
1				
2	部门	支出金额/万	预算金额/万	支出百分比
3	行政人事部	62	100	0.62
4	后勤部	105	200	0.525
5	技术部	59	120	0.491666667
6	采购部	360	310	1.161290323
7	销售部	160	120	1.333333333
8	财务部	42	60	0.7
9	研发部	82	90	0.911111111
10		=B3+B4+B5+B6+B7+B8		

图 4-10　引用对应单元格中的数据

（10）在编辑栏单击"输入"按钮，或者按"Enter"键得到计算结果，如图 4-11 所示。

（11）采用相同的方法，计算单元格 C10 和 D10 的值，计算结果如图 4-12 所示。

	A	B	C	D
1				
2	部门	支出金额/万	预算金额/万	支出百分比
3	行政人事部	62	100	0.62
4	后勤部	105	200	0.525
5	技术部	59	120	0.491666667
6	采购部	360	310	1.161290323
7	销售部	160	120	1.333333333
8	财务部	42	60	0.7
9	研发部	82	90	0.911111111
10	合计	788		

图 4-11　计算结果 2

	A	B	C	D
1				
2	部门	支出金额/万	预算金额/万	支出百分比
3	行政人事部	62	100	0.62
4	后勤部	105	200	0.525
5	技术部	59	120	0.491666667
6	采购部	360	310	1.161290323
7	销售部	160	120	1.333333333
8	财务部	42	60	0.7
9	研发部	82	90	0.911111111
10	合计	788	910	0.865934066

图 4-12　计算结果 3

在 Excel 2021 中，单元格中的公式也可以像单元格中的其他数据一样进行编辑，如修改、复制和移动。操作方法与对单元格中数据的操作方法类似，本任务中将不再赘述。

🔍 注意

复制公式时，公式中的绝对引用不会改变，但相对引用会自动更新；移动公式时，公式中引用的单元格并不改变。

案例——计算公司日常费用表中的数据

操作演示

（1）单击“快速访问工具栏”中的“打开”按钮，打开“打开”对话框，选择项目三中创建的日常费用表。

（2）选择 E4 单元格，在单元格中输入数据“377185.81”。

（3）选择 E5 单元格，在单元格中输入“=E4−D5”，如图 4-13 所示。然后按“Enter”键，或者单击编辑栏上的“输入”按钮，即可在单元格中显示计算结果。

提示

“=E4−D5”是计算公式，表示 E4 单元格中的数值与 D5 单元格中的数值的差。读者要注意的是，键入公式时一定要在计算公式前加上等号。

（4）选择 E6 单元格，在单元格中输入“=E5−D6”，然后按“Enter”键。

（5）选择 E7 单元格，在单元格中输入“=E6−D7”，然后按“Enter”键。

（6）选择 E8 单元格，在单元格中输入“=E7−D8”，然后按“Enter”键。

（7）选择 E9 单元格，在单元格中输入“=E8+C9”，然后按“Enter”键。

（8）选择 E10 单元格，在单元格中输入“=E9−D10”，然后按“Enter”键。

（9）选择 E11 单元格，在单元格中输入“=E10−D11”，然后按“Enter”键。

（10）选择 E12 单元格，在单元格中输入“=E11−D12”，然后按“Enter”键。

（11）选择 B13 单元格，在单元格中输入“月结”，然后选择 E13 单元格，在单元格中输入“=E12−D13”，然后按“Enter”键。数据填充完毕的结果如图 4-14 所示。

AVERAGE　×　✓　fx　=E4-D5

	A	B	C	D	E	F
1	某公司日常费用表					
2	2020年1月					
3	日期	内容	收入金额	支出金额	余额	经办人
4	1月1日	期初余额	0	0	377185.8	
5	1月1日	转账	0	51.53	=E4-D5	
6	1月1日	转账	0	107.92		

图 4-13　输入计算公式

	A	B	C	D	E	F
1	某公司日常费用表					
2	2020年1月					
3	日期	内容	收入金额	支出金额	余额	经办人
4	1月1日	期初余额	0	0	377185.8	
5	1月1日	转账	0	51.53	377134.3	
6	1月1日	转账	0	107.92	377026.4	
7	1月8日	转账（包含	0	3805.5	373220.9	
8	1月8日	转账	0	396.12	372824.7	
9	1月20日	结息	496.09	0	373320.8	
10	1月30日	取现	0	5000	368320.8	
11	1月30日	收费	0	20	368300.8	
12	1月30日	转账	0	211300	157000.8	
13		月结			157000.8	

图 4-14　数据填充完毕的结果

二、使用名称进行数据计算

在公式中使用名称可以使读者更容易理解公式的含义。例如，公式“=SUM(交通费)”要比公式“=SUM(B2:B7)”更容易理解。

名称可用于所有的工作表。例如，如果名称“差旅费”引用了工作簿中第一个工作表的单元格区域 D2:D7，那么工作簿中的所有工作表都使用名称“差旅费”来引用第一个工作表中的单元格区域 D2:D7。

三、使用函数进行数据计算

在 Excel 2021 中，函数就是系统预定义的内置公式，其通过使用一些称为参数的特定数值，然后按照特定的顺序或结构执行简单或复杂的计算。参数是运用函数进行计算所必须的初始值，其可以是数字、文本、逻辑值或引用的单元格，也可以是常量公式或其他函数。

使用函数可以加快录入和计算的速度，并减少错误的发生。用户还可以通过自定义常用的函数来完成特定的数据计算。

如果要创建含有函数的公式，那么可以进行如下操作。

（1）选择要插入公式的单元格。

（2）单击"公式"选项卡"函数库"组中的"插入函数"按钮，打开如图 4-15 所示的"插入函数"对话框。

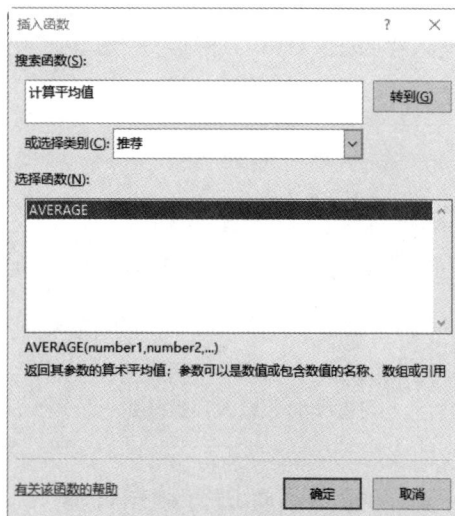

（3）在"或选择类别"下拉列表中选择需要的函数类别，然后在"选择函数"列表框中选择需要的函数，例如，选择"AVERAGE"选项后对话框底部将显示对应函数的语法和说明。

> 教你一招：如果对需要使用的函数不太了解或不会使用，那么可以在"插入函数"对话框顶部的"搜索函数"文本框中输入一条自然语言，例如，输入"计算平均值"，然后单击"转到"按钮，将出现一个用于完成该任务的推荐函数列表，如图 4-16 所示。

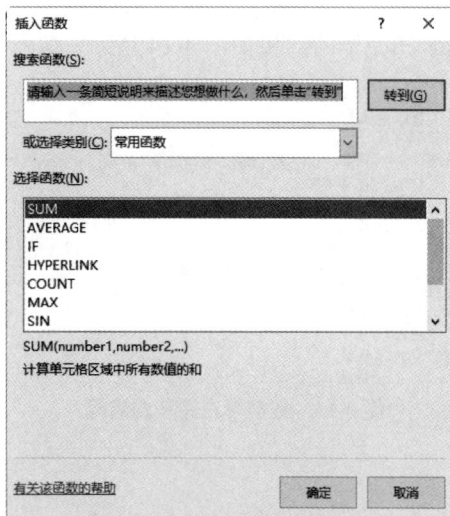

图 4-15 "插入函数"对话框	图 4-16 推荐函数列表

（4）单击"确定"按钮，打开如图 4-17 所示的"函数参数"对话框。输入要计算的单元格名称或单元格区域，或者单击参数文本框右侧的"▣"按钮，在工作表中选择要计算的数据区域，此时，"函数参数"对话框折叠到最小，单击对话框右侧的"▣"按钮，即可展开对话框。

（5）单击"确定"按钮，即可输入函数，并计算结果。

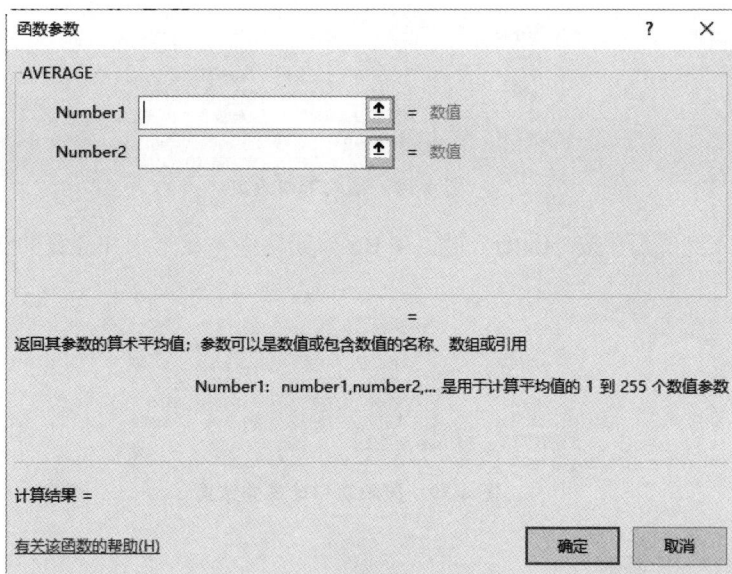

图 4-17　"函数参数"对话框

四、财务中常用的基本函数

在所有有关数据的计算中，都离不开函数的应用。从简单的求和、求平均值，到复杂的多条件计算、多条件筛选，使用 Excel 2021 中的函数都能轻松地解决。

1. SUM 函数

SUM 函数用于计算某个单元格区域中所有数字的和。

语法：SUM(number1,number2,…)。

其中，number1,number2,…为需要求和的参数，可以是数字、逻辑值及数字的文本表达式，参数个数不能超过 30 个。如果参数为数组或引用，就只计算其中的数字，数组或引用中的空白单元格、逻辑值、文本或错误值将被忽略；如果参数是错误值或是不能转换为数字的文本，就会导致错误。表 4-1 为 SUM 函数的使用及说明。

表 4-1　SUM 函数的使用及说明

公式	说明（结果）
=SUM(−10,20)	求−10 与 20 的和
=SUM("−10",20,TRUE)	求−10、20 及 1 的和，TRUE 被转换为数字 1
=SUM(A1:A3)	将 A1、A2 和 A3 3 个单元格中的数据相加
=SUM(A1:A4,15)	将 A1、A2、A3 和 A4 4 个单元格中的数据相加，再与 15 求和
=SUM(A4,A5,2)	将 A4 和 A5 单元格中的数据相加，再与 2 求和

下面通过一个简单的实例介绍 SUM 函数的具体应用，操作步骤如下。

（1）在 B6 单元格中输入求和函数"=SUM(B2:B5)"，如图 4-18 所示。

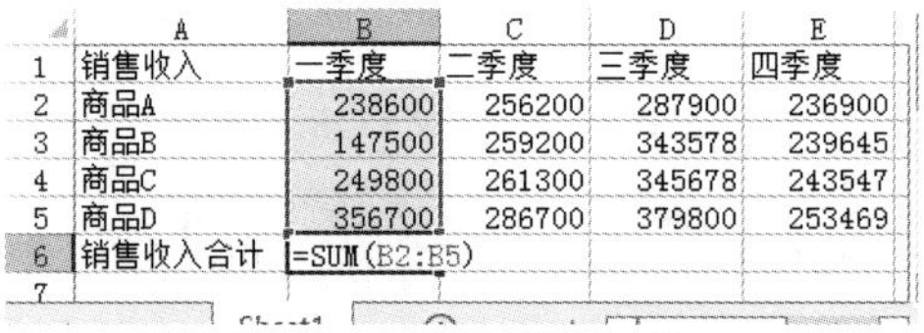

	A	B	C	D	E
1	销售收入	一季度	二季度	三季度	四季度
2	商品A	238600	256200	287900	236900
3	商品B	147500	259200	343578	239645
4	商品C	249800	261300	345678	243547
5	商品D	356700	286700	379800	253469
6	销售收入合计	=SUM(B2:B5)			
7					

图 4-18 输入求和函数

（2）输入完成后，按“Enter”键，在 B6 单元格中将显示求和计算的结果，如图 4-19 所示。

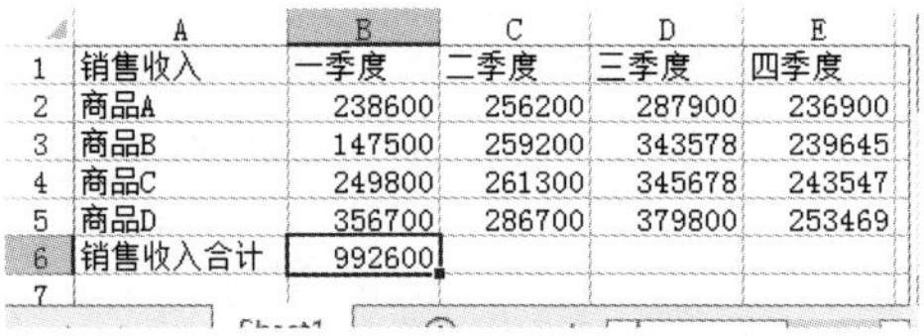

	A	B	C	D	E
1	销售收入	一季度	二季度	三季度	四季度
2	商品A	238600	256200	287900	236900
3	商品B	147500	259200	343578	239645
4	商品C	249800	261300	345678	243547
5	商品D	356700	286700	379800	253469
6	销售收入合计	992600			
7					

图 4-19 显示求和计算的结果

2. AVERAGE 函数

AVERAGE 函数属于统计函数，用于对所有参数计算算术平均值。

语法：AVERAGE(number1,number2,…)。

其中，number1,number2,…为需要计算算术平均值的参数。参数应该是数字或引用的包含数字的单元格、数组或名字，参数个数不能超过 30 个。表 4-2 为 AVERAGE 函数的使用及说明。

表 4-2 AVERAGE 函数的使用及说明

公式	说明（结果）
=AVERAGE(−10,20)	求−10 与 20 的平均值（5）
=AVERAGE(−10,20,TRUE)	求−10、20 及 1 的平均值，TRUE 被转换为数字 1（3.66667）
=AVERAGE(A1:A3)	求 A1、A2、A3 对前 3 个单元格中数据的算术平均值
=SUM(A1:A4,20)	求 A1、A2、A3 和 A4 4 个单元格中的数据与 20 的算术平均值

下面使用 AVERAGE 函数计算平均销售收入，操作步骤如下：

（1）在 B7 单元格中输入计算算术平均值的函数“=AVERAGE(B6,C6,D6,E6)”或“=AVERAGE (B6:E6)”，如图 4-20 所示。

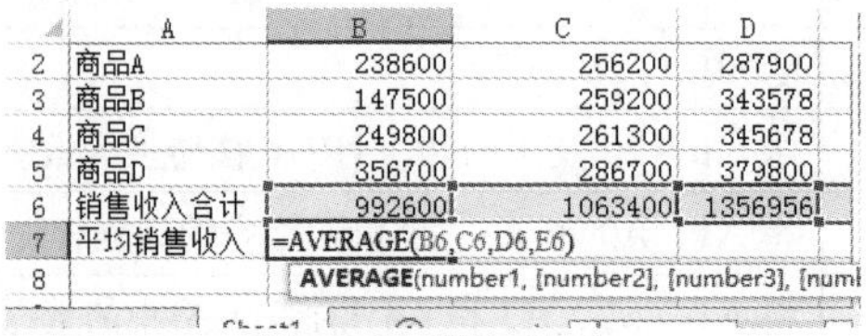

	A	B	C	D
2	商品A	238600	256200	287900
3	商品B	147500	259200	343578
4	商品C	249800	261300	345678
5	商品D	356700	286700	379800
6	销售收入合计	992600	1063400	1356956
7	平均销售收入	=AVERAGE(B6,C6,D6,E6)		
8		AVERAGE(number1, [number2], [number3], [numb		

图 4-20 输入公式

（2）输入完成后，单击编辑栏上的“输入”按钮，在 B7 单元格中会显示算术平均值的计算结果。

3. MAX 函数与 MIN 函数

MAX 函数属于统计函数，可求出参数列表中的最大值。

语法：MAX(number1,number2,…)。

其中，number1,number2,…为参数列表。如果参数中不包含数字，那么函数的返回值是 0。如果参数为错误值或不能转换为数字文本，就会产生错误。如果在计算中包含文本和逻辑值，那么可使用 MAX(A)函数来代替。表 4-3 为 MAX 函数的使用及说明。

表 4-3　MAX 函数的使用及说明

公式	说明（结果）
=MAX(10,20)	求 10 与 20 的较大的数（20）
=MAX(10,20,TRUE)	求 10、20 及 1 中的最大值，TRUE 被转换为数字 1（20）
=MAX(A1:A3)	求 A1、A2 和 A3 3 个单元格数据中的最大值
=MAX(A1:A4,45)	求 A1、A2、A3 和 A4 4 个单元格数据与 45 中的最大值

MIN 函数也属于统计函数，可求出参数列表中的最小值。

语法：MIN (number1,number2,…)。

其中，number1,number2,…为参数列表。如果参数中不包含数字，那么函数的返回值是 0。如果参数为错误值或不能转换为数字文本，就会产生错误。如果在计算中包含文本和逻辑值，那么可使用 MIN(A)函数来代替。表 4-4 为 MIN 函数的使用及说明。

表 4-4　MIN 函数的使用及说明

公式	说明（结果）
=MIN (−1,1)	求−1 与 1 中的较小值（−1）
=MIN (3,2,TRUE)	求 3、2 及 1 中的最小值，TRUE 被转换为数字 1（1）
=MIN (A1:A3)	求 A1、A2 和 A3 3 个单元格数据中的最小值
=MIN (A1:A4,−2)	求 A1、A2、A3 和 A4 4 个单元格数据与−2 中的最小值

下面使用 MAX 函数和 MIN 函数计算每种商品的最高销量和最低销量，操作步骤如下：

（1）选择 F2 单元格，单击"开始"选项卡"编辑"组中的"求和"按钮，在弹出的下拉菜单中单击"最大值"命令，F2 单元格中将自动填充求最大值函数"=MAX(B2:E2)"，如图 4-21 所示。

图 4-21　自动填充求最大值函数

（2）单击编辑栏上的"输入"按钮，在 F2 单元格中将显示计算结果。

（3）选择 F2 单元格，将鼠标指针移动到单元格右下方，当鼠标指针变为十字形时，按下鼠标左键，并向下拖动，填充 F3:F5 单元格。

（4）在 G2 单元格中输入求最小值函数"=MIN(B2:E2)"，如图 4-22 所示。

	A	B	C	D	E	F	G
1	销售收入	一季度	二季度	三季度	四季度	最高销量	最低销量
2	商品A	238600	256200	287900	236900	287900	=MIN(B2:E2)
3	商品B	147500	259200	343578	239645	343578	MIN(number1
4	商品C	249800	261300	345678	243547	345678	
5	商品D	356700	286700	379800	253469	379800	
6	销售收入合计	992600	1063400	1356956	973561		
7	平均销售收入	1096629.25					

图 4-22　输入求最小值函数

（5）按"Enter"键，在 G2 单元格中显示计算结果。

（6）选择 G2 单元格，将鼠标指针移动到单元格右下方，当鼠标指针变为十字形时，按下鼠标左键，并向下拖动，填充 G3:G5 单元格。

4. RANK 函数

RANK 函数用于返回一个数字在数字列表中的排位。

语法：RANK(number,ref,order)。

其中，number 为需要找到排位的数字；ref 为数字列表数组或对数字列表的引用；order 为数字，指明排位的方式，若 order 为 0 或省略，则按降序排列，若 order 不为 0，则按升序排列。

下面使用 RANK 函数计算某商品销量的排名，操作步骤如下。

（1）在 E2 单元格中输入函数"=RANK(D2，$D$2:$D$5,0)"，如图 4-23 所示。

A	B	C	D	E
销售收入	一季度		二季度	排名
商品A	238600	24.03788031	256200	=RANK(D2,$D$2:
商品B	147500	14.85996373	259200	$D$5,0)
商品C	249800	25.1662301	261300	
商品D	356700	35.93592585	286700	RANK(number, re
销售收入合计	992600		1063400	

图 4-23　计算二季度商品销量的排名

（2）按"Enter"键，在 E2 单元格中显示计算结果。

（3）选择 E2 单元格，将鼠标指针移动到单元格右下方，当鼠标指针变为十字形时，按下鼠标左键，并向下拖动，填充 E3:E5 单元格，如图 4-24 所示。

	A	B	C	D	E
1	销售收入	一季度		二季度	排名
2	商品A	238600	24.03788031	256200	4
3	商品B	147500	14.85996373	259200	3
4	商品C	249800	25.1662301	261300	2
5	商品D	356700	35.93592585	286700	1
6	销售收入合计	992600		1063400	

图 4-24　复制公式填充 E3:E5 单元格

上述步骤是对二季度的销量进行排位，即对一列中的数据进行排序，接下来的步骤是对全年的销量进行排序，涉及多列数据。

（4）在 C2 单元格中输入函数"=RANK(B2，($B$2:$B$5，$D$2:$D$5，$F$2:$F$5，$H$2:$H$5)"，如图 4-25 所示。

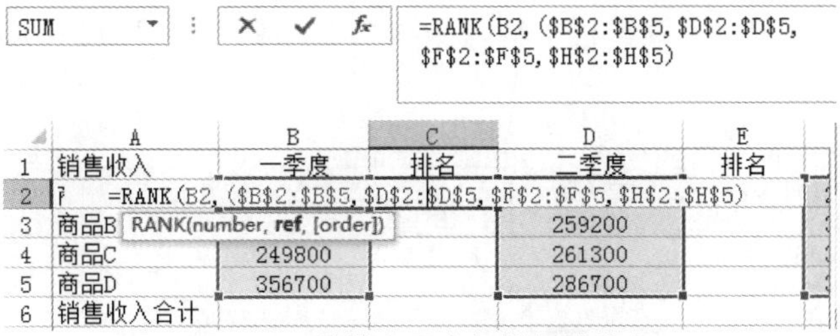

图 4-25　计算商品全年销量的排名

（5）按“Enter”键，在 C2 单元格中显示计算结果。

（6）选择 C2 单元格，将鼠标指针移动到单元格右下方，当鼠标指针变为十字形时，按下鼠标左键，并向下拖动，填充 C3:C5 单元格。

（7）继续计算各商品在全年销量中的排名，在 E2 单元格中输入函数“=RANK(D2,($B$2:$B$5, $D$2:$D$5, $F$2:$F$5, $H$2:$H$5)”，在 G2 单元格中输入“=RANK(F2,($B$2:$B$5, $D$2:$D$5, $F$2:$F$5, $H$2:$H$5)”，在 I2 单元格中输入“=RANK(H2,($B$2:$B$5, $D$2:$D$5, $F$2:$F$5, $H$2:$H$5)”，然后填充整个工作表，最终各商品的销量排名如图 4-26 所示。

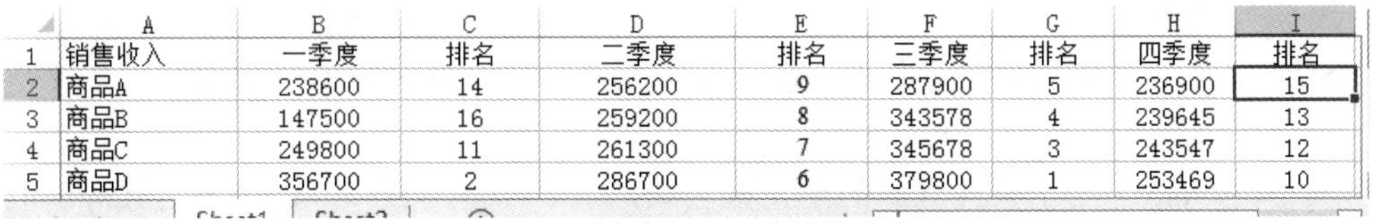

	A	B	C	D	E	F	G	H	I
1	销售收入	一季度	排名	二季度	排名	三季度	排名	四季度	排名
2	商品A	238600	14	256200	9	287900	5	236900	15
3	商品B	147500	16	259200	8	343578	4	239645	13
4	商品C	249800	11	261300	7	345678	3	243547	12
5	商品D	356700	2	286700	6	379800	1	253469	10

图 4-26　最终各商品的销量排名

5. IF 函数

IF 函数执行真假值的判断操作，根据逻辑计算的真假值，返回不同结果。使用 IF 函数可以对数值和公式进行条件检测。

语法：IF(logical_test,value_if_true,value_if_false)。

其中，logical_test 为逻辑判断表达式，可以使用任意一个比较运算符；value_if_true 是表达式为真时返回的值；value_if_false 是表达式为假时返回的值。

若 logical_test 为 TRUE 而 value_if_true 为空，则 value_if_true 的返回值是 0。如果要显示 TRUE，那么请为本参数使用逻辑值 TRUE。value_if_true 也可以是其他公式。

若 logical_test 为 FALSE 且忽略了 value_if_false（value_if_true 后没有逗号），则会返回逻辑值 FALSE。如果 logical_test 为 FALSE 且 value_if_false 为空（value_if _true 后有逗号，并紧跟着右括号），那么 value_if_false 的返回值是 0。

提示

IF 函数可以嵌套 7 层，用 value_if_false 及 value_if_true 参数可以构造复杂的检测条件。在计算参数 value_if_true 和 value_if_false 后，IF 函数返回相应语句执行后的返回值。若 IF 函数的参数包含数组，则在执行 IF 语句时，数组中的每个元素都将计算。

下面使用 IF 函数计算某种商品的销售收入占总收入的百分比。具体操作步骤如下：

Excel 财务应用

（1）选择 C2 单元格，在编辑栏中输入函数"=IF(B\$6=0, "−",B2*100/B\$6)"，如图 4-27 所示。

	A	B	C	D	E
1	销售收入	一季度		二季度	
2	商品A	238600	=IF(B\$6=0,"−",B2*100/B\$6)		
3	商品B	147500		259200	
4	商品C	249800		261300	
5	商品D	356700		286700	
6	销售收入合计	992600		1063400	
7	平均销售收入	1096629.25			
8					

图 4-27　输入 IF 函数

（2）按"Enter"键，在 C2 单元格中显示计算结果。

（3）选择 C2 单元格，将鼠标指针移动到单元格右下角，当鼠标指针变为十字形时，按下鼠标左键并向下拖动，填充 C3:C5 单元格。

（4）用同样的方法填充其余列。例如，E2 单元格的函数公式为"=IF(D\$6=0, "−", D2*100/ D\$6)"。

6. SUMIF 函数

SUMIF 函数可以根据指定条件对若干个单元格、单元格区域或引用求和。

语法：SUMIF(range，criteria，sum_range)。

其中，range 为用于条件判断的单元格区域；criteria 是由数字、逻辑表达式等组成的判断条件；sum_range 为需要求和的单元格、单元格区域或引用。

下面使用 SUMIF 函数计算 1 组的销售数量，操作步骤如下：

（1）在 H2 单元格中输入 SUMIF 函数"=SUMIF(A2:A7,G2,F2:F7)"或"=SUMIF(A2:A7, "1 组",F2:F7)"，如图 4-28 所示。

	A	B	C	D	E	F	G	H	I
1	组别	姓名	商品A的销售数量	商品B的销售数量	商品C的销售数量	合计	组别	销售数量	
2	1组	林双	85	96	120	301	1组	=SUMIF(A2:A7,G2,F2:F7)	
3	2组	刘红	87	86	110	283			
4	3组	江小美	74	110	89	273			
5	1组	赵武	45	150	78	273			
6	2组	李权	120	86	78	284			
7	1组	胡佳	84	92	83	259			

图 4-28　输入 SUMIF 函数

（2）输入完成后，单击编辑栏上的"输入"按钮，在 H2 单元格会显示 1 组的销售数量，结果如图 4-29 所示。

	A	B	C	D	E	F	G	H
1	组别	姓名	商品A的销售数量	商品B的销售数量	商品C的销售数量	合计	组别	销售数量
2	1组	林双	85	96	120	301	1组	833
3	2组	刘红	87	86	110	283		
4	3组	江小美	74	110	89	273		
5	1组	赵武	45	150	78	273		
6	2组	李权	120	86	78	284		
7	1组	胡佳	84	92	83	259		

图 4-29　1 组的销售数量

7. VLOOKUP 函数

VLOOKUP 函数用于在表格或数组中查找指定的数值，并由此返回表格或数组中当前行中指定列处的数值。

语法：VLOOKUP(lookup_value，table_array，col_index_num，range_lookup)。

其中，lookup_value 为需要在数据表第一列中查找的数值。

table_array 为需要在其中查找数据的数据表。

col_index_num 为 table_array 中待返回的匹配值的列序号。

range_lookup 是一个逻辑值，若为 TRUE 或省略，则返回近似匹配值；若为 FALSE 或 0，则返回精确匹配值；若找不到，则返回错误值。

下面使用 VLOOKUP 函数查找刘红的销售数量，操作步骤如下：

（1）在 H5 单元格中输入 VLOOKUP 函数 "=VLOOKUP(G5,B2:F7,5,0)"，如图 4-30 所示。

图 4-30　输入 VLOOKUP 函数

（2）输入完成后，单击编辑栏上的"输入"按钮，在 H5 单元格中将显示刘红的销售数量，如图 4-31 所示。

图 4-31　显示刘红的销售数量

8. XLOOKUP 函数

XLOOKUP 函数是 Excel 2021 版本中新增的函数，它与 VLOOKUP 函数一样都是用于查找数值，但是它比 VLOOKUP 函数更强大。VLOOKUP 函数在查找时的查找方向只能是从左往右，但在 XLOOKUP 函数中，不存在任何方向性问题。

XLOOKUP 函数用于搜索单元格区域或数组，然后返回对应于它找到的第一个匹配项的值。

语法：XLOOKUP(lookup_value, lookup_array, return_array, [if_not_found], [match_mode], [search_mode])。

其中，lookup_value 为要搜索的值。若省略，则 XLOOKUP 将返回它在 lookup_array 中查找的空白 lookup_array。

lookup_array 为要搜索的数组或单元格区域。

return_array 为要返回的数组或单元格区域。

[if_not_found]为可选项，若没有找到有效的匹配项，则返回[if_not_found]文本。

[match_mode]为可选项，用于指定匹配类型。0 为完全匹配时，若没有找到，则返回 #N/A，是默认选项；−1 为完全匹配时，若没有找到，则返回下一个较小的项；1 为完全匹配时，若没有找到，则返回下一个较大的项。

[search_mode]为可选项，用于指定要使用的搜索模式。1 为从第一项开始执行搜索；−1 为从最后一项开始执行反向搜索；2 为执行依赖 lookup_array 按升序排列的二进制搜索，若未排序，则返回无效结果；−2 为执行依赖 lookup_array 按降序排列的二进制搜索，若未排序，则返回无效结果。

下面使用 XLOOKUP 函数查找销售数量为 284 的销售人员的姓名，操作步骤如下：

（1）在 H5 单元格中输入 XLOOKUP 函数"=XLOOKUP(H5,F2:F7,B2:B7,0,1,1)"，如图 4-32 所示。

	A	B	C	D	E	F	G	H	I	J	K
1		姓名	商品A的销售数量	商品B的销售数量	商品C的销售数量	合计					
2		林双	85	96	120	301					
3		刘红	87	86	110	283					
4		江小美	74	110	89	273			销售数量	姓名	
5		赵武	45	150	78	273			284	=XLOOKUP(H5,F2:F7,B2:B7,0,1,1)	
6		李权	120	86	78	284					
7		胡佳	84	92	83	259					

图 4-32　输入 XLOOKUP 函数

（2）输入完成后，单击编辑栏上的"输入"按钮，在 I5 单元格中将显示销售数量对应的销售人员的姓名，如图 4-33 所示。

	A	B	C	D	E	F	G	H	I
1		姓名	商品A的销售数量	商品B的销售数量	商品C的销售数量	合计			
2		林双	85	96	120	301			
3		刘红	87	86	110	283			
4		江小美	74	110	89	273		销售数量	姓名
5		赵武	45	150	78	273		284	李权
6		李权	120	86	78	284			
7		胡佳	84	92	83	259			

图 4-33　查找销售数量为 284 对应的销售人员的姓名

9. COUNTIF 函数

COUNTIF 函数用于统计某个单元格区域中符合条件的单元格数目。

语法：COUNTIF (range，criteria)。

其中，range 为需要统计的符合条件的单元格区域。

criteria 为参与计算的单元格条件，其形式可以是数字、表达式或文本，其中数字可以直接写入，表达式和文本必须加英文引号。

下面使用 COUNTIF 函数统计销售数量大于 280 的人数，操作步骤如下：

（1）在 I5 单元格中输入 COUNTIF 函数"=COUNTIF(F2:F7,">"&H5)"，如图 4-34 所示。

	A	B	C	D	E	F	G	H	I	J
1		姓名	商品A的销售数量	商品B的销售数量	商品C的销售数量	合计				
2		林双	85	96	120	301				
3		刘红	87	86	110	283				
4		江小美	74	110	89	273			销售数量	人数
5		赵武	45	150	78	273			280	=COUNTIF(F2:F7,">"&H5)
6		李权	120	86	78	284				
7		胡佳	84	92	83	259				

图 4-34　输入 COUNTIF 函数

（2）输入完成后，单击编辑栏上的"输入"按钮，在I5单元格中将显示销售数量大于280的人数，如图4-35所示。

	A	B	C	D	E	F	G	H	I
1		姓名	商品A的销售数量	商品B的销售数量	商品C的销售数量	合计			
2		林双	85	96	120	301			
3		刘红	87	86	110	283			
4		江小美	74	110	89	273		销售数量	人数
5		赵武	45	150	78	273		280	3
6		李权	120	86	78	284			
7		胡佳	84	92	83	259			

图 4-35　销售数量大于 280 的人数

10. FREQUENCY 函数

FREQUENCY 函数以一列垂直数组的方式返回某个单元格区域中以分段点为间隔，数据源值在各段出现的频数。例如，使用 FREQUENCY 函数可以计算在给定的单价范围内不同单价的个数。

语法：FREQUENCY(data_array,bins_array)。

其中，data_array 为一个数组或对一组数值的引用，用来计算频率。如果 data_array 中不包含任何数值，那么 FREQUENCY 函数返回零数组。

bins_array 为间隔的数组或对间隔的引用，该间隔用于对 data_array 中的数值进行分组。如果 bins_array 中不包含任何数值，那么 FREQUENCY 函数返回 data_array 中元素的个数。

由于 FREQUENCY 函数返回一个数组，因此必须以数组公式的形式输入，且必须是纵向数组。所选单元格数应比分段点数多 1，以统计数据源中大于分段点最大值的频数。

下面计算单价列表中 3 个价格分段点的频数。

（1）选择 D2:D5 单元格区域，在编辑栏中输入 FREQUENCY 函数"=FREQUENCY (B2:B13,C2:C4)"，如图 4-36 所示。

| AVERAGE | ▼ | ：| ✕ ✔ *fx* | =FREQUENCY(B2:B13,C2:C4) |

	A	B	C	D
1	产品	单价	分段点	频数
2	A	¥ 5,500.00	4000	B2:B13,C2:C4)
3	B	¥ 3,500.00	4500	
4	C	¥ 4,600.00	5000	
5	B	¥ 3,800.00		
6	B	¥ 4,000.00		
7	C	¥ 4,500.00		
8	A	¥ 5,300.00		
9	B	¥ 3,600.00		
10	C	¥ 4,800.00		
11	C	¥ 4,850.00		
12	A	¥ 5,400.00		
13	C	¥ 4,900.00		

图 4-36　输入 FREQUENCY 函数

🔍 提示

本例中的分段点有 3 个，划分了单价在 4000 以下、4000~4500、4501~5000、5000 以上 4 个分段区域，因此在目标区要选择 D2:D5 4 个单元格。

（2）按"Ctrl+Shift+Enter"键，得到的统计结果如图 4-37 所示。若公式未以数组公式的形式输入，则返回的结果为 1。

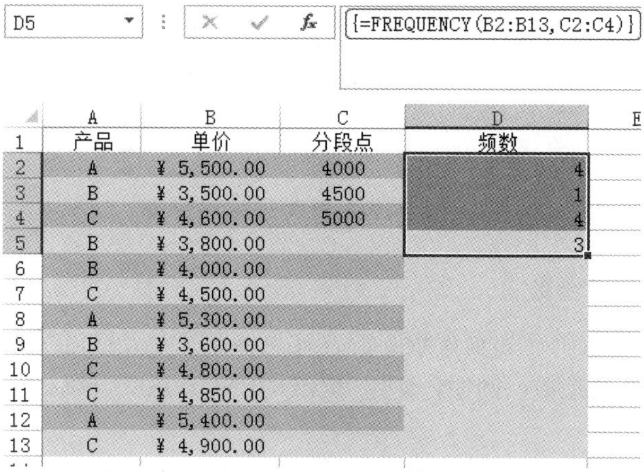

图 4-37　统计结果

该结果表示，单价在 4000 以下的记录有 4 个；单价在 4000～4500 的记录有 1 个；单价在 4501～5000 的记录有 4 个，5000 以上的记录有 3 个。

细心的读者会发现，此时编辑栏中的公式前后各多了一个花括号，变成了{=FREQUENCY (B2:B13,C2:C4)}，如图 4-37 所示。

11. AND 函数

在 AND 函数中，只有当所有参数的逻辑值均为真时，才返回 TRUE；只要有一个参数的逻辑值为假，就返回 FALSE。

语法：AND(logical1,logical2,…)。

其中，logical1, logical2,…表示待检测的 1 到 30 个条件，各条件的逻辑值必须是 TRUE 或 FALSE，或者是包含逻辑值的数组或引用。若数组或引用的参数中包含文本或空白单元格，这些值则被忽略。若指定的单元格区域内包括非逻辑值，则返回错误值#VALUE!。

下面对销售人员的业绩进行评定，若 3 种产品的销量均大于或等于 30 件，则在评定栏中以 TRUE 标记；若 3 种产品的销量中有一种小于 30 件，则在评定栏中以 FALSE 标记。操作步骤如下：

（1）选择 E3 单元格，在编辑栏中输入 AND 函数"=AND(B3>=30,C3>=30, D3>=30)"，如图 4-38 所示。

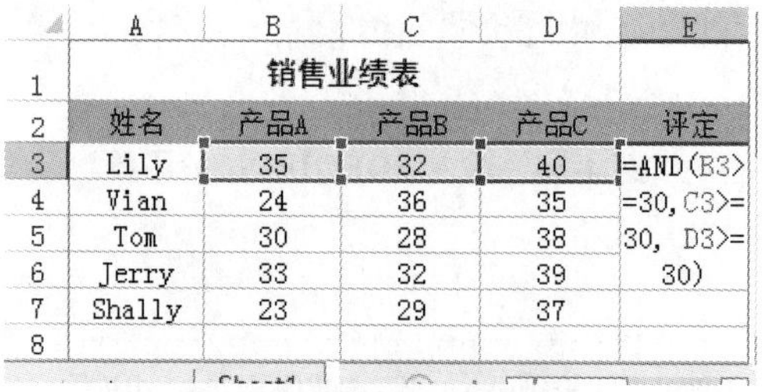

图 4-38　输入 AND 函数

（2）按"Enter"键，在 E3 单元格中将显示计算结果。

（3）选择 E3 单元格，将鼠标指针移动到单元格右下角，当鼠标指针变为十字形时，按下鼠标左键并向下拖动，填充 E4:E7 单元格，结果如图 4-39 所示。

	A	B	C	D	E
1		销售业绩表			
2	姓名	产品A	产品B	产品C	评定
3	Lily	35	32	40	TRUE
4	Vian	24	36	35	FALSE
5	Tom	30	28	38	FALSE
6	Jerry	33	32	39	TRUE
7	Shally	23	29	3	FALSE
8					

图 4-39　显示结果

🔍 提示

如果不希望在评定栏中填充默认的 TRUE 或 FALSE，而是填充自定义的评定等级，如"通过""未通过"，那么单元格中的公式应为"=AND(B3>=30,C3>=30, D3>=30), "通过","未通过""。

12. ROUND 函数

ROUND 函数用于对数字（小数）进行四舍五入。

语法：ROUND(number, num_digits)。

其中，number 为要进行四舍五入的数据源；num_digits 为要指定的小数位数。

例如，在单元格 A2 中输入数据"8.4568"，如果在单元格 A3 中输入 ROUND 函数"=ROUND(A2,0)"，那么结果为 8，如果在 A3 中输入 ROUND 函数"=ROUND(A2,1)"，那么结果为 8.5。

13. TODAY 函数

TODAY 函数属于日期与时间函数，用于返回当前日期的序列号。

序列号是 Excel 2021 中计算日期和时间使用的日期—时间代码。默认情况下，1900 年 1 月 1 日的序列号是 1，2008 年 1 月 1 日的序列号是 39448，这是因为它距 1900 年 1 月 1 日有 39448 天。若在输入函数前，单元格的格式为"常规"，则结果将为日期格式。

语法：TODAY( )。

其中，函数不连续更新，仅在工作表中包含这些函数的宏时才更改。所使用的日期和时间为计算机的系统时钟。

使用 TODAY 函数可以在填表日期中自动填上系统的当前日期，操作步骤如下：

（1）在选定的单元格 E9 中，直接输入"=TODAY( )"。

（2）按"Enter"键，在单元格 E9 中自动填入当前日期，TODAY 函数的输出结果如图 4-40 所示。

图 4-40 TODAY 函数的输出结果

案例——制作某公司的年度利润报表

（1）执行"文件"→"新建"→"空白工作簿"操作，新建一个空白的工作簿。

操作演示

（2）选择 A1:F1 单元格区域，单击"开始"选项卡"对齐方向"组中的"合并并居中"按钮，合并所选单元格区域，并输入"2020 年公司利润报表"。

（3）采用相同的方法，在其他单元格中输入文本，结果如图 4-41 所示。

图 4-41 输入文本

（4）选择 B3:F8 单元格区域，单击鼠标右键，在打开的快捷菜单中单击"设置单元格格式"命令，打开"设置单元格格式"对话框，打开"数字"选项卡，在"分类"列表框中选择"会计专用"选项，并设置小数位数为"0"，货币符号（国家/地区）为"无"，如图 4-42 所示，然后单击"确定"按钮，完成单元格格式的设置，结果如图 4-43 所示。

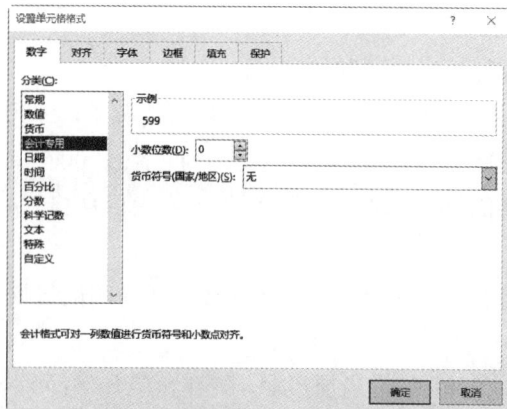

图 4-42 "设置单元格格式"对话框

图 4-43 单元格格式设置结果

（5）选择 F3 单元格，在编辑栏中输入公式"=B3+C3+D3+E3"，如图 4-44 所示。单击编辑栏上的"输入"按钮，或者直接按"Enter"键，在 F3 单元格中将显示计算结果，如图 4-45 所示。

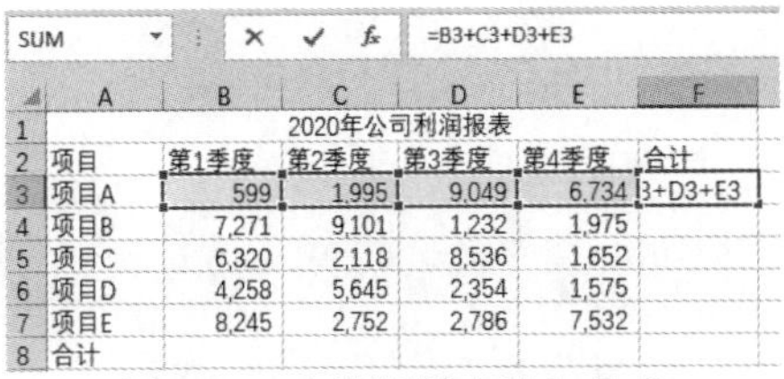

SUM | =B3+C3+D3+E3

	A	B	C	D	E	F
1	2020年公司利润报表					
2	项目	第1季度	第2季度	第3季度	第4季度	合计
3	项目A	599	1,995	9,049	6,734	3+D3+E3
4	项目B	7,271	9,101	1,232	1,975	
5	项目C	6,320	2,118	8,536	1,652	
6	项目D	4,258	5,645	2,354	1,575	
7	项目E	8,245	2,752	2,786	7,532	
8	合计					

图 4-44　在编辑栏中输入公式

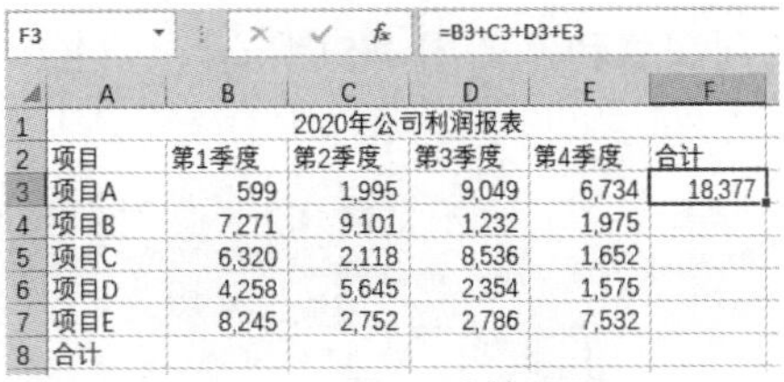

F3 | =B3+C3+D3+E3

	A	B	C	D	E	F
1	2020年公司利润报表					
2	项目	第1季度	第2季度	第3季度	第4季度	合计
3	项目A	599	1,995	9,049	6,734	18,377
4	项目B	7,271	9,101	1,232	1,975	
5	项目C	6,320	2,118	8,536	1,652	
6	项目D	4,258	5,645	2,354	1,575	
7	项目E	8,245	2,752	2,786	7,532	
8	合计					

图 4-45　显示计算结果

（6）选择 F3 单元格，将鼠标指针移动到单元格右下角，当鼠标指针变为十字形时，按下鼠标左键向下拖动至 F7 单元格，然后释放鼠标左键，即可将 F3 单元格中的公式复制到下方的单元格区域，并显示计算结果，如图 4-46 所示。

（7）选择 B3:B7 单元格区域，单击“公式”选项卡“定义的名称”组中的“定义名称”按钮，打开如图 4-47 所示的“新建名称”对话框，在“名称”文本框中输入“第 1 季度”，其他采用默认设置，单击“确定”按钮，即可完成单元格名称的设置。

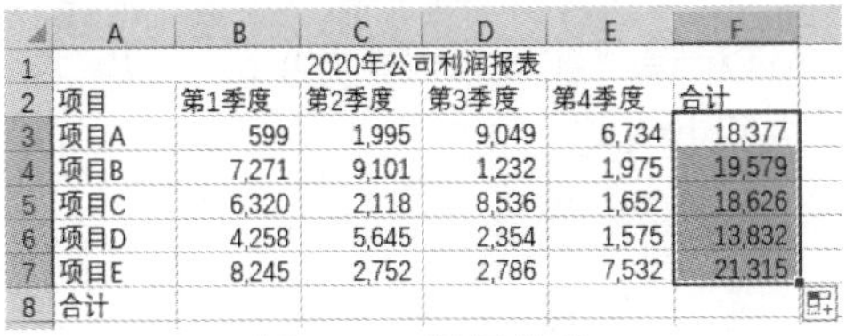

	A	B	C	D	E	F
1	2020年公司利润报表					
2	项目	第1季度	第2季度	第3季度	第4季度	合计
3	项目A	599	1,995	9,049	6,734	18,377
4	项目B	7,271	9,101	1,232	1,975	19,579
5	项目C	6,320	2,118	8,536	1,652	18,626
6	项目D	4,258	5,645	2,354	1,575	13,832
7	项目E	8,245	2,752	2,786	7,532	21,315
8	合计					

图 4-46　复制公式

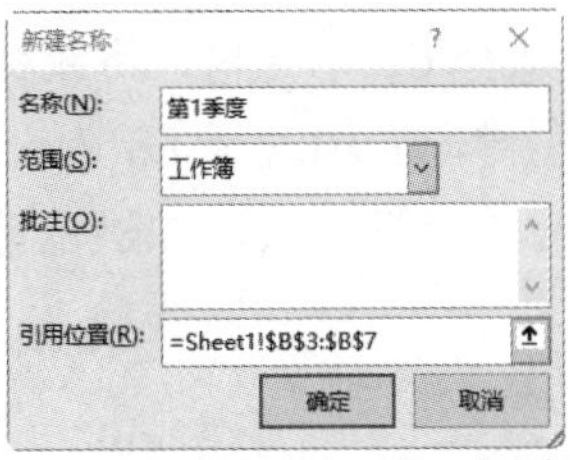

图 4-47　“新建名称”对话框

（8）选择 B8 单元格，在单元格中输入“=SUM(第 1 季度)”，按“Enter”键，得到第 1 季度的利润总和，如图 4-48 所示。

（9）选择 C8 单元格，单击“公式”选项卡“函数库”组中的“插入函数”按钮，打开“插入函数”对话框，选择“SUM”选项，如图 4-49 所示，然后单击“确定”按钮，打开如图 4-50 所示的“函数参数”对话框。

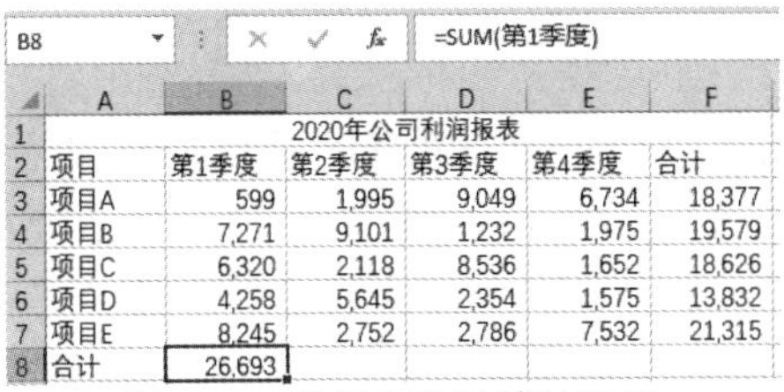

B8 | =SUM(第1季度)

	A	B	C	D	E	F
1	2020年公司利润报表					
2	项目	第1季度	第2季度	第3季度	第4季度	合计
3	项目A	599	1,995	9,049	6,734	18,377
4	项目B	7,271	9,101	1,232	1,975	19,579
5	项目C	6,320	2,118	8,536	1,652	18,626
6	项目D	4,258	5,645	2,354	1,575	13,832
7	项目E	8,245	2,752	2,786	7,532	21,315
8	合计	26,693				

图 4-48　使用名称计算的结果

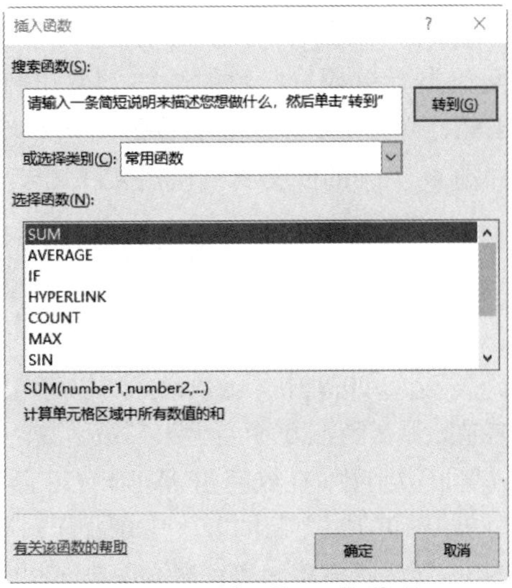

图 4-49　选择“SUM”选项

（10）在“Number1”文本框中输入“C3:C7”，然后单击“确定”按钮，得到第 2 季度的利润总和，如图 4-51 所示。

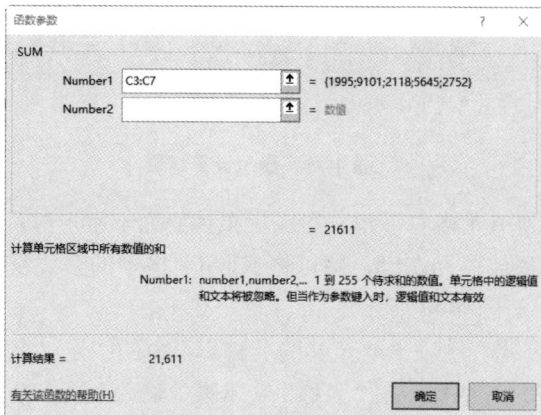

图 4-50 "函数参数"对话框

图 4-51 使用函数计算的结果

（11）选择 C8 单元格，将鼠标指针移动到单元格右下角，当鼠标指针变为十字形时，按下鼠标左键向右拖动至 F8 单元格，然后释放鼠标左键，即可将 C8 单元格中的公式复制到右侧的单元格区域，并显示计算结果，如图 4-52 所示。

图 4-52 复制公式并显示计算结果

五、嵌套函数

在 Excel 2021 中，函数还可以用作其他函数的参数，构成嵌套函数。嵌套函数返回的数值类型必须与参数的数值类型相同。例如，如果参数返回一个布尔值 TRUE 或 FALSE，那么嵌套函数也必须返回一个布尔值。否则，将显示#VALUE!错误。

图 4-53 中的嵌套函数包括 AVERAGE 函数和 SUM 函数。

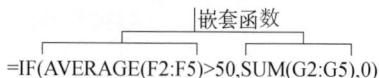

图 4-53 嵌套函数示例

在 Excel 2021 中，函数最多可以包含 7 层嵌套。如果将一个函数 B 用作另一个函数 A 的参数，那么函数 B 相当于第二级函数。例如，图 4-53 中的 AVERAGE 函数和 SUM 函数都是第二级函数。在嵌套的 AVERAGE 函数中若还包含函数，则为第三级函数，依次类推。

Excel 2019 之后的版本中增加了一些功能强大的多条件判断函数 IFS、MAXIFS、MINIFS，它们不需要层层嵌套，就可以很直观地表示多达 127 个不同的条件和结果。此外，还增加了多列合并函数 CONCAT、多区域合并函数 TEXTJOIN 等，对经常处理庞大数据的用户来说，这些新功能极大地提高了办公效率。

下面以 IF 嵌套函数为例，介绍嵌套函数的用法。

IF 嵌套函数和 IF 函数的用法基本相同，只是 IF 函数中的第三个参数被替换为了另外一个 IF 函数。

下面使用 IF 嵌套函数评定销售人员的等级。具体操作步骤如下：

（1）选择 G2 单元格，在编辑栏中输入 IF 函数“=IF(F2>=300,"优秀",IF(F2>=250,"良好",IF(F2>=200,"可以","差")))”，如图 4-54 所示。

SUM　=IF(F2>=300,"优秀",IF(F2>=250,"良好",IF(F2>=200,"可以","差")))

	A	B	C	D	E	F	G	H	I
1		姓名	商品A的销售数量	商品B的销售数量	商品C的销售数量	合计	等级		
2		林双	85	96	=IF(F2>=300,"优秀",IF(F2>=250,"良好",IF(F2>=200,"可以","差")))				
3		刘红	87	86	110	283			
4		江小美	74	110	89	273			
5		赵武	45	150	78	273			
6		李权	120	86	78	284			
7		胡佳	84	92	83	259			

图 4-54　输入 IF 函数

（2）按“Enter”键，在 G2 单元格中将显示计算结果。

（3）选择 G2 单元格，将鼠标指针移动到单元格右下角，当鼠标指针变为十字形时，按下鼠标左键并向下拖动，填充 G3:G7 单元格，得到的评定结果如图 4-55 所示。

	A	B	C	D	E	F	G
1		姓名	商品A的销售数量	商品B的销售数量	商品C的销售数量	合计	等级
2		林双	85	96	120	301	优秀
3		刘红	87	86	110	283	良好
4		江小美	74	110	89	273	良好
5		赵武	45	150	78	273	良好
6		李权	120	86	78	284	良好
7		胡佳	84	92	83	259	良好

图 4-55　评定结果

如果使用 IFS 函数，那么输入为“=IFS(F2>=300,"优秀", F2>=250,"良好",F2>=200,"可以", F2<200,"差")”。可以看出，对于 IFS 函数来说，条件更加明了、简洁，更易于阅读和维护。

任务 3　使用数组公式

任务引入

小明已经学会用函数和公式统计数据，但是他觉得计算同一个单元格区域内的数据还是比较慢，经过咨询，他的同事告诉他可以利用数组公式快速地对同一个单元格区域内的数据进行计算。那么，如何使用数组公式对数据进行快速统计呢？

知识准备

Excel 2021 中的数组公式分为两类：区域数组是一个矩形的单元格区域，该区域中的单元格共用一个公式；常量数组则是将一组给定的常量用作某个公式中的参数。

一、创建区域数组

若希望数组公式返回一个结果，则选定需要输入数组公式的单元格；若希望数组公式返回多个结果，则选定需要输入数组公式的单元格区域。

案例——制作销售业绩表

（1）单击"快速访问工具栏"中的"打开"按钮，在弹出的"打开"对话框中打开销售业绩表，如图 4-56 所示。

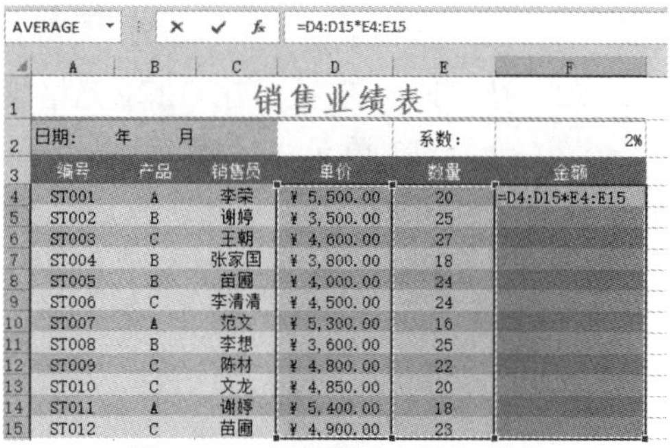

操作演示

（2）选择 F4:F15 单元格区域，在编辑栏中输入公式"=D4:D15*E4:E15"，如图 4-57 所示。

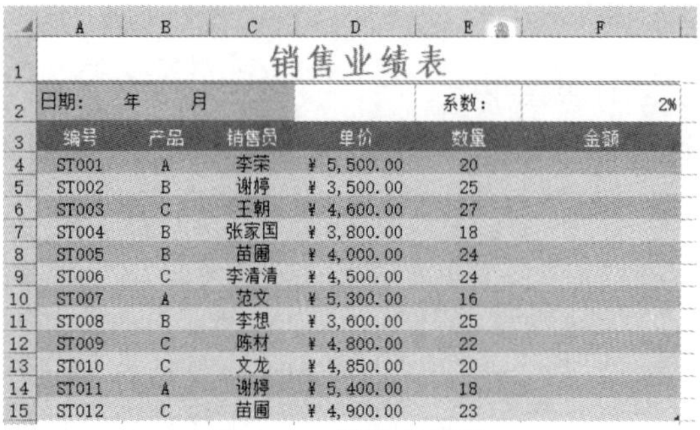

图 4-56　销售业绩表

图 4-57　在编辑栏中输入公式

注意

数组公式中每个数组的参数必须有相同数量的行和列。

（3）按"Ctrl+ Shift+ Enter"键，即可得到计算结果，如图 4-58 所示。

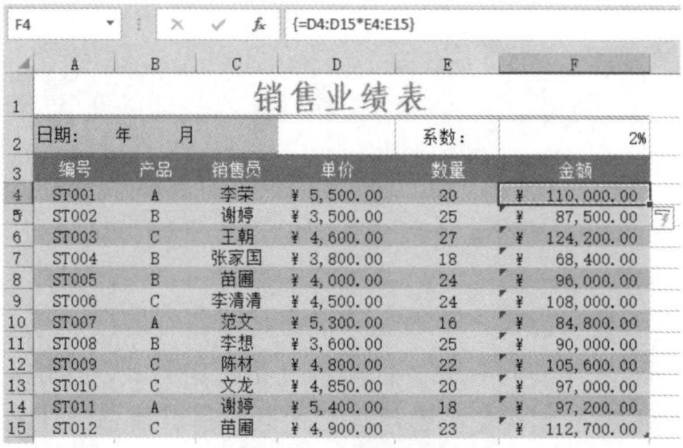

图 4-58　计算结果

提示

输入数组公式后，公式两侧会自动插入大括号"{}"。

如果数组公式返回多个结果，那么若要删除该数组公式，则必须删除整个数组公式。

二、创建常量数组

在数组公式中，既可以引用某个单元格区域，也可以直接键入数值数组。将直接键入的数值数组称为常量数组，其可包含不同类型的数值。

数组公式可以按与非数组公式相同的方式使用常量，但是必须按以下特定格式输入常量数组：

（1）直接在公式中输入数值，并且用大括号括起来。

（2）不同列的数值用逗号分开。

（3）不同行的数值用分号分开。

常量数组中的数字可以使用整数、小数或科学记数格式；文本必须包含在英文状态下的双引号内，如"Tomas"。

常量数组不能引用单元格，不能包含长度不等的行或列、公式或特殊字符（美元符号）、括弧或百分号。

任务4 审核公式

▶ **任务引入**

公司产品的销售情况将为公司决策层的企业投资、筹资和经营活动方针提供依据，所以小明在制作表格的过程中不能有任何的差错，其需要通过检查公式与单元格之间的相互关系来追踪含有错误值的单元格。那么，在 Excel 2021 中，如何进行错误检查呢？

⏱ **知识准备**

使用"公式审核"组中的工具可以检查公式与单元格之间的相互关系，并指出错误。在使用审核工具时，追踪箭头将指明哪些单元格为公式提供了数据，哪些单元格包含相关的公式。

如图 4-59 所示是"公式审核"组，其包括以下功能：追踪对活动单元格进行引用的公式、追踪为公式提供数据的单元格、显示当前工作表中的所有公式、错误检查、追踪含有错误值的单元格等。

Excel 财务应用

一、追踪引用单元格工具

使用追踪引用单元格工具可以查看所选的单元格中引用了哪些单元格中的数据；操作步骤如下。

（1）选择需要追踪数据的单元格。

（2）单击"公式"选项卡"公式审核"组中的"追踪引用单元格"按钮后，将显示由直接为其提供数据的单元格指向所选单元格的追踪线和追踪箭头，如图 4-60 所示。

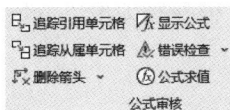

图 4-59　"公式审核"组

图 4-60　追踪引用单元格图示

单击"公式"选项卡"公式审核"组中的"删除箭头"按钮，可以隐藏追踪箭头。

二、追踪从属单元格工具

追踪从属单元格工具用于追踪受所选单元格中数据影响的单元格；操作步骤如下。

（1）选择要追踪数据的单元格。

（2）单击"公式"选项卡"公式审核"组中的"追踪从属单元格"按钮，显示由所选单元格指向受其影响的单元格的追踪箭头，如图 4-61 所示。

> 教你一招：双击追踪箭头可以选定该箭头另一端的单元格。

图 4-61　追踪从属单元格图示

三、公式求值工具

公式求值工具用于调试复杂的公式，分步计算公式的各个部分，帮助用户验证计算是否正确。

（1）选择要调试的公式所在的单元格。

（2）单击"公式"选项卡"公式审核"组中的"公式求值"按钮，打开如图 4-62 所示的"公式求值"对话框。

（3）单击"求值"按钮，可以计算"求值"文本框中带下画线的单元格的值。

80

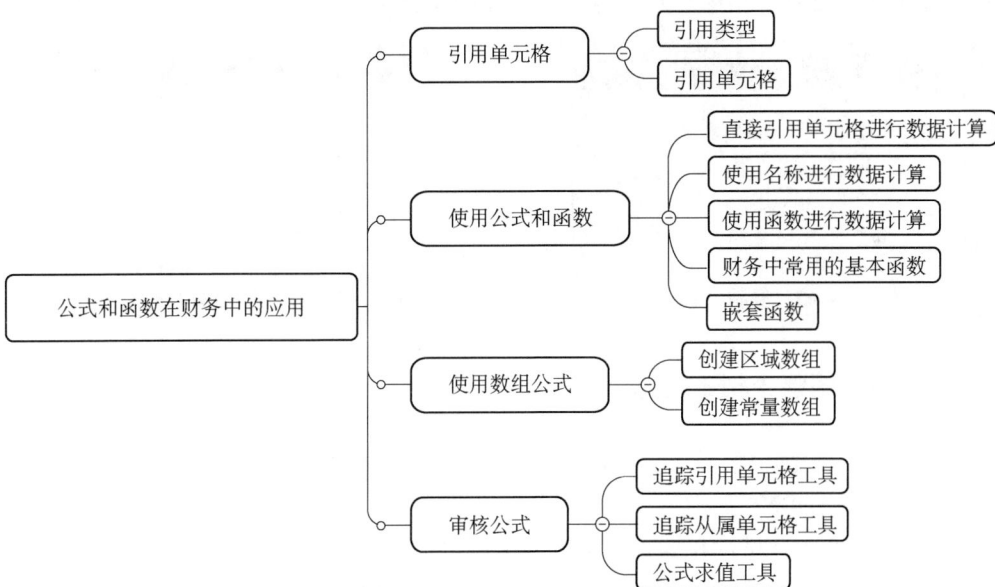

图 4-62 "公式求值"对话框

（4）求值完成后，单击"关闭"按钮关闭对话框。

项目总结

```
                                                引用类型
                          引用单元格
                                                引用单元格

                                                直接引用单元格进行数据计算
                                                使用名称进行数据计算
                          使用公式和函数          使用函数进行数据计算
                                                财务中常用的基本函数
公式和函数在财务中的应用                          嵌套函数

                                                创建区域数组
                          使用数组公式
                                                创建常量数组

                                                追踪引用单元格工具
                          审核公式                追踪从属单元格工具
                                                公式求值工具
```

项目实战

实战一　设计销售工作表

（1）新建一个空白的 Excel 2021 工作簿，并保存为"销售工作表.xlsx"，然后在工作表中输入数据，如图 4-63 所示。

（2）选择 E2 单元格，在编辑栏中输入公式"=C2*D2"，然后按"Enter"键，在 E2

单元格中将显示计算结果，如图 4-64 所示。

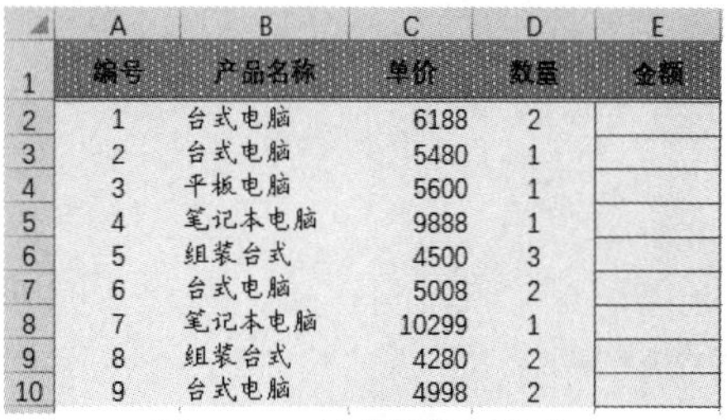

编号	产品名称	单价	数量	金额
1	台式电脑	6188	2	
2	台式电脑	5480	1	
3	平板电脑	5600	1	
4	笔记本电脑	9888	1	
5	组装台式	4500	3	
6	台式电脑	5008	2	
7	笔记本电脑	10299	1	
8	组装台式	4280	2	
9	台式电脑	4998	2	

图 4-63　创建销售工作表

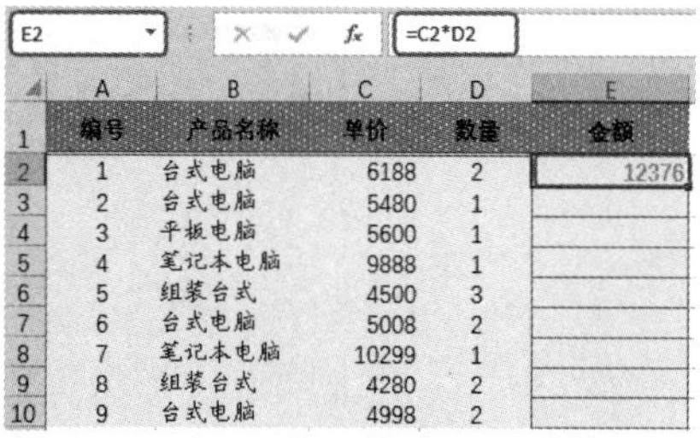

编号	产品名称	单价	数量	金额
1	台式电脑	6188	2	12376
2	台式电脑	5480	1	
3	平板电脑	5600	1	
4	笔记本电脑	9888	1	
5	组装台式	4500	3	
6	台式电脑	5008	2	
7	笔记本电脑	10299	1	
8	组装台式	4280	2	
9	台式电脑	4998	2	

图 4-64　在 E2 单元格中显示计算结果

（3）选择 E2 单元格，然后将鼠标指针移到单元格的右下角，当鼠标指针变为十字形时，按下鼠标左键向下拖动至 E10 单元格，即可将 E2 单元格中的公式复制到下方的单元格区域，并显示计算结果，如图 4-65 所示。

（4）选择 D12 单元格，在单元格中输入“总金额:”。选择 E12 单元格，在单元格中输入“=”后，单击 E2 单元格，然后输入“+”，单击 E3 单元格，依次类推，直到 E10 单元格。此时 E12 单元格中显示公式“=E2+E3+E4+E5+E6+E7+E8+E9+E10”，按“Enter”键后，即可在 E12 单元格中显示计算结果，如图 4-66 所示。

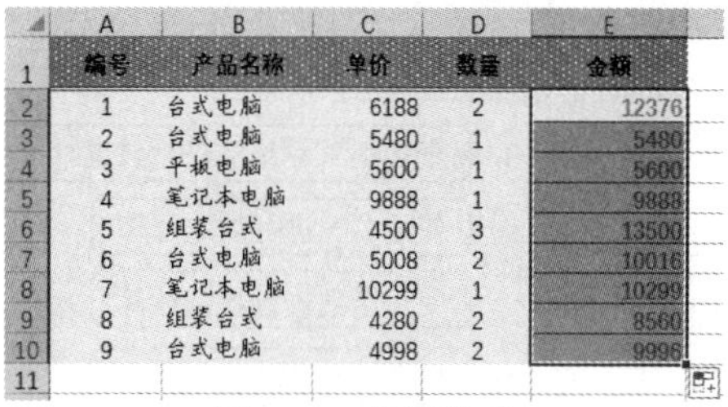

编号	产品名称	单价	数量	金额
1	台式电脑	6188	2	12376
2	台式电脑	5480	1	5480
3	平板电脑	5600	1	5600
4	笔记本电脑	9888	1	9888
5	组装台式	4500	3	13500
6	台式电脑	5008	2	10016
7	笔记本电脑	10299	1	10299
8	组装台式	4280	2	8560
9	台式电脑	4998	2	9996

图 4-65　复制公式

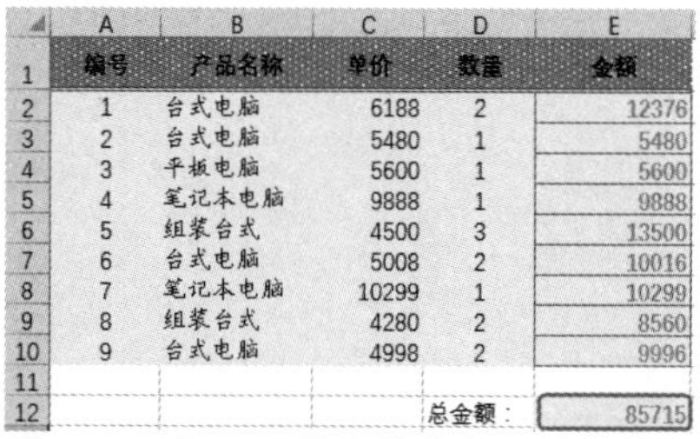

编号	产品名称	单价	数量	金额
1	台式电脑	6188	2	12376
2	台式电脑	5480	1	5480
3	平板电脑	5600	1	5600
4	笔记本电脑	9888	1	9888
5	组装台式	4500	3	13500
6	台式电脑	5008	2	10016
7	笔记本电脑	10299	1	10299
8	组装台式	4280	2	8560
9	台式电脑	4998	2	9996
			总金额：	85715

图 4-66　在 E12 单元格中显示计算结果

实战二　评定销售人员的业绩

（1）新建一个空白的 Excel 2021 工作簿，保存为“销售业绩表.xlsx”，然后在工作表中输入数据，如图 4-67 所示。

（2）选择 E3 单元格，在编辑栏中输入函数“=AND(B3>=30,C3>=30, D3>=30)”，然后单击编辑栏上的“输入”按钮，即可在 E3 单元格中显示计算结果，如图 4-68 所示。

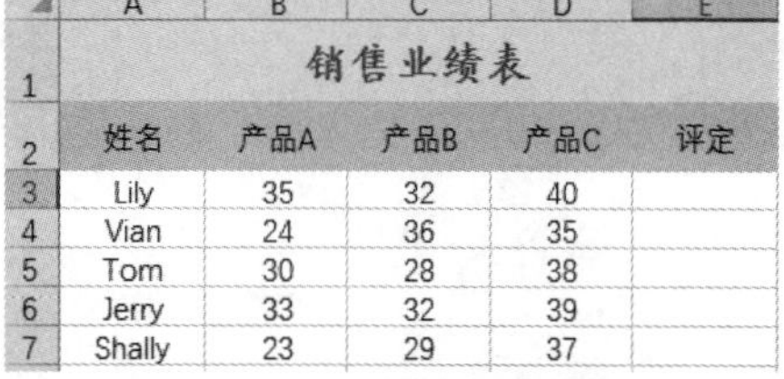

销售业绩表

姓名	产品A	产品B	产品C	评定
Lily	35	32	40	
Vian	24	36	35	
Tom	30	28	38	
Jerry	33	32	39	
Shally	23	29	37	

图 4-67　创建销售业绩表

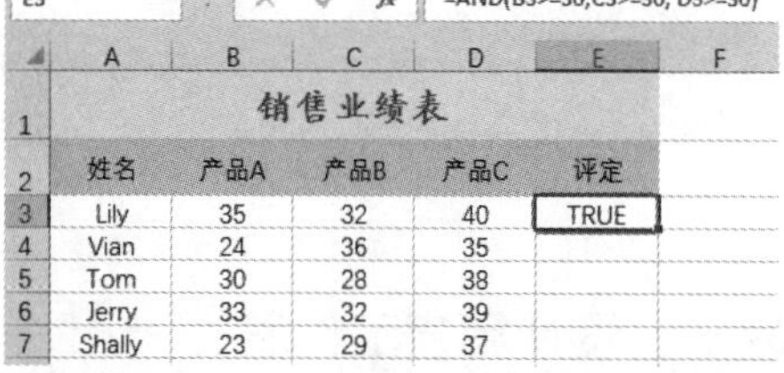

销售业绩表

姓名	产品A	产品B	产品C	评定
Lily	35	32	40	TRUE
Vian	24	36	35	
Tom	30	28	38	
Jerry	33	32	39	
Shally	23	29	37	

图 4-68　在 E3 单元格中显示计算结果

（3）选择 E3 单元格，将鼠标指针移动到单元格的右下角，当鼠标指针变为十字形时，按下鼠标左键向下拖动至 E7，填充 E4:E7 单元格，结果如图 4-69 所示。

图 4-69 制作完成的销售业绩表

习题

1. 使用 Excel 2021 制作如图 4-70 所示的销售业绩分析表。

	A	B	C	D	E	F	G	H
1	销售业绩分析表							
2	日期: 年 月							
3	员工编号	姓名	基本工资	收入提成	住房补助	应扣请假费	加班费	实发工资
4	ST001	李荣	¥2,400.00	¥1,400.00	¥120.00	¥60.00	¥100.00	¥3,960.00
5	ST002	谢婷	¥2,800.00	¥1,325.00	¥120.00	¥0.00	¥100.00	¥4,345.00
6	ST003	王朝	¥2,400.00	¥1,475.00	¥120.00	¥0.00	¥0.00	¥3,995.00
7	ST004	张家国	¥3,200.00	¥1,425.00	¥120.00	¥200.00	¥200.00	¥4,745.00
8	ST005	苗圃	¥1,600.00	¥1,380.00	¥120.00	¥50.00	¥200.00	¥3,250.00
9	ST006	李清清	¥2,000.00	¥1,470.00	¥120.00	¥100.00	¥200.00	¥3,690.00
10	ST007	范文	¥2,400.00	¥1,495.00	¥120.00	¥0.00	¥0.00	¥4,015.00
11	ST008	李想	¥2,800.00	¥1,300.00	¥120.00	¥0.00	¥100.00	¥4,320.00
12	ST009	陈材	¥3,200.00	¥1,425.00	¥120.00	¥240.00	¥200.00	¥4,680.00
13	ST010	文龙	¥2,000.00	¥1,355.00	¥120.00	¥100.00	¥0.00	¥3,375.00

图 4-70 销售业绩分析表

2. 使用 Excel 2021 制作如图 4-71 所示的员工工资表。

图 4-71 员工工资表

格式化财务工作表

素质目标

➤ 培养读者感受美、鉴赏美及创造美的能力
➤ 引导读者养成制订计划、树立目标的习惯

学习目标

➤ 能够熟练设置单元格的数据格式、字体格式、边框及行高和列宽
➤ 能够套用表格格式和单元格格式
➤ 能够根据需要给工作表创建新样式

项目导读

　　建立了工作表，并不等于完成了所有的制表工作。一个优秀的工作表不仅要求数据处理得合理准确，而且要求工作表的格式清晰、内容整齐、样式美观，便于理解和查看。因此，格式化工作表是制表工作中不可或缺的步骤。

任务 1 设置单元格格式

任务引入

小明将做好的公司日常费用表提交给领导，领导把小明狠狠地批评了一顿，领导认为小明只是将数据输入表格中，并没有对数据格式进行定义，不符合财务格式，要求小明对费用表重新处理，那么如何设置单元格格式才能将费用表做得美观、符合领导的要求呢？

知识准备

设置单元格的格式可以增强电子表格的可读性，设置的格式并不会影响单元格中的实际数值。

一、设置数字格式

在"开始"选项卡的"数字"组中可以非常方便、快捷地对数字进行格式化，如图 5-1 所示。

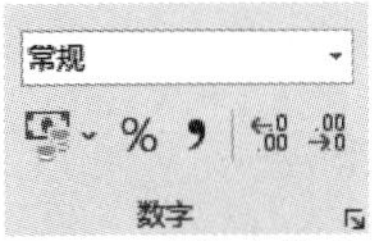

图 5-1 "数字"组

（1）常规 数字格式：在下拉列表中选择数字类型。

（2）会计数字格式：用货币符号和数字共同表示金额。

（3）% 百分比样式：用百分数表示数字。

（4）千位分隔样式：以逗号分隔千分位数字。

（5）增加小数位数：增加小数点后的位数。

（6）减少小数位数：减少小数点后的位数。

如果需要对数据格式进行更详细的设置，那么可以单击"数字"组右下角的"数字格式"按钮，打开如图 5-2 所示的"设置单元格格式"对话框。其中，"分类"列表框中列出了多种数据类型，选择不同的数据类型，列表框右侧会显示相应的数据格式的设置项。

注意

在"设置单元格格式"对话框中，会计专用格式与货币格式都可以用货币符号和数字共同表示金额。它们的区别在于，会计专用格式中的货币符号右对齐，而数字符号左对齐，这样在同一列中的货币符号和数字符号均垂直对齐；但是货币格式中的货币符号与数字符号是一体的，统一右对齐。

二、自定义数字格式

如果 Excel 2021 中的预置格式不能满足制表的需要，用户还可以按照下列步骤自定义数字格式。

（1）选择要设置格式的单元格。

（2）单击"开始"选项卡"数字"组右下角的"数字格式"按钮，打开"设置单元格格式"对话框。

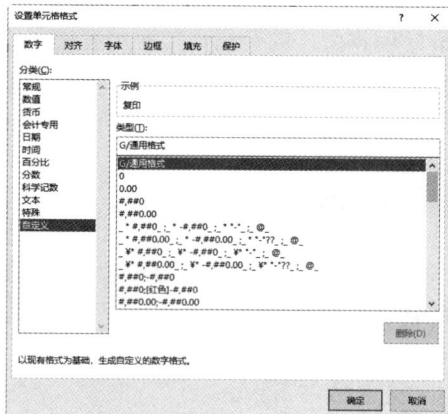

（3）在"分类"列表框中选择"自定义"选项，如图 5-3 所示。

（4）在"类型"列表框中编辑数字格式代码，以创建所需格式。

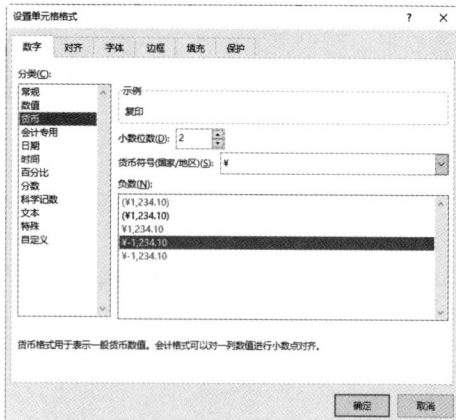

图 5-2　"设置单元格格式"对话框　　　　图 5-3　选择"自定义"选项

1. 数字格式代码

部分数字格式代码的含义如下：

#：只显示有意义的数字。

0：显示数字，如果数字位数少于格式中零的个数，那么显示无意义的零。

?：在小数点两边为无意义的零添加空格，以便使小数点对齐。

,：作为千位分隔符或将数字以千倍显示。

2. 设置百分比、货币和科学记数法格式

（1）设置百分比格式。

在数字格式代码中加入百分号（%），在单元格中将以百分数显示数字。

例如，在单元格中输入数字"0.07"，在"设置单元格格式"对话框中选择"自定义"选项，然后选择"#%"，此时数字"0.07"显示为"7%"。

（2）指定货币符号。

在数字键盘有效（NumLock 灯亮状态）的情况下，按住"Alt"键，然后从数字键盘上输入货币符号的 ANSI 码即可生成货币符号。例如，按住"Alt"键输入 0162 生成货币符号¢；按住"Alt"键输入 0163 生成货币符号£；按住"Alt"键输入 0165 生成货币符号¥，等等。

🔍 注意

有些输入法不支持这种快捷输入方式。

（3）设置科学记数法（指数记数法）格式。

使用数字格式代码"E+"和"e+"，将在单元格中以科学记数法显示数字。

如果"E+"和"e+"的右侧含有"0"或"#"，那么"0"或"#"的个数决定指数的位数。

例如，在单元格中输入数字"1234567"，在"设置单元格格式"对话框中选择"自定义"选项，然后选择"#E+0"，此时数字"1234567"显示为"1E+6"；如果选择"#E+000"，此时数字"1234567"显示为"1E+006"。

3. 设置时间和日期的格式

如果要显示年、月、日，那么应使用表 5-1 中的格式代码；如果要显示时、分、秒，那么应使用表 5-2 中的格式代码。

🔍 注意

如果"m"紧跟在"h"或"hh"之后，或者紧接在"ss"之前，那么显示的是分钟而不是月份。

表 5-1　用于显示年、月、日的格式代码

格式代码	显示
m	月份（1～12）
mm	月份（01～12）
mmm	月份（Jan～Dec）
mmmm	月份（January～December）
mmmmm	月份（英语中各月单词的首字母）
d	日（1～31）
dd	日（01～31）
ddd	日（Sun～Sat）
dddd	日（Sunday～Saturday）
yy	年（00～99）
yyyy	年（1900～9999）

🔍 注意

"m"或"mm"必须紧跟在"h"或"hh"之后，或者紧接在"ss"之前，否则，将显示月份而不显示分钟。

表 5-2　用于显示时、分、秒的格式代码

格式代码	显示	格式代码	显示
h	时（0～23）	h:mm am/pm	时间（如 5:26pm）
hh	时（00～23）	h:mm:ss a/p	时间（如 5:26:03p）
m	分（0～59）	[h]:mm	以小时计算的一段时间
mm	分（00～59）	[mm]:ss	以分钟计算的一段时间
s	秒（0～59）	[ss]	以秒计算的一段时间
ss	秒（00～59）	h:mm:ss.00	百分之几秒
h AM/PM	时（如 5 AM）		

三、设置字体格式

在"开始"选项卡的"字体"组中可以非常方便、快捷地设置字体、字号、加粗、倾斜、下画线、颜色等字体格式，如图 5-4 所示。

如果要对字体进行更多的设置，如设置下画线的样式、添加删除线、设置上标或下标等，那么可以使用"设置单元格格式"对话框中的"字体"选项卡。

（1）选择要进行格式化的单元格或单元格中的部分文本。

（2）单击"字体"组右下角的"字体设置"按钮，打开如图 5-5 所示的"设置单元格格式"对话框。

（3）在"字体"选项卡中可以根据需要选择相应的选项，在对话框右下角的预览区域中将显示字体效果。

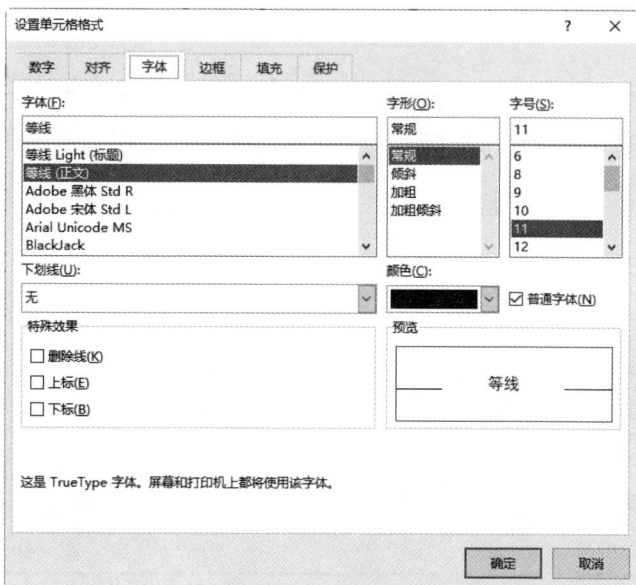

图 5-4 "字体"组

图 5-5 "设置单元格格式"对话框[①]

四、设置对齐方式

在 Excel 2021 中新建一个工作簿时，单元格的格式默认为文本自动左对齐，数字自动右对齐。在实际工作中，用户可以根据需要设置单元格中文本和数字的格式。

最简单的方法是使用"开始"选项卡"对齐方式"组中的按钮，如图 5-6 所示。选择要设置格式的单元格，然后选择相应的格式按钮，即可应用格式。

如果要设置更多的对齐方式，那么单击"对齐方式"组右下角的"对齐设置"按钮，打开"设置单元格格式"对话框中，在"对齐"选项卡中可以进行设置，如图 5-7 所示。

1. 文本对齐方式

单击"水平对齐"文本框右侧的下拉按钮，打开如图 5-8 所示的下拉列表，共

---

① "下划线"应为"下画线"，为保证软件的真实性，图中不对其进行修改。

有 8 种对齐方式。其中，带有缩进字样的选项，还可以设定要缩进的数值。"垂直对齐"下拉列表如图 5-9 所示。

图 5-6 "对齐方式"组

图 5-7 "对齐"选项卡

图 5-8 "水平对齐"下拉列表

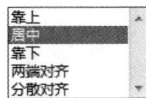

图 5-9 "垂直对齐"下拉列表

2. 文本控制

（1）自动换行。

默认情况下，在单元格中输入的文本显示为一行，如果文本超出了单元格的长度，那么超出的部分可能显示在右侧的单元格中，也可能不显示，除非手动使用 "Alt+Enter" 键换行。如果希望输入文本时自动换行，那么可在如图 5-7 所示的 "文本控制" 选区中勾选 "自动换行" 复选框，效果如图 5-10 所示。

（2）缩小字体填充。

如果希望输入的文本全都显示在单元格中，且行距保持不变，那么可以勾选 "缩小字体填充" 复选框，效果如图 5-11 所示。

图 5-10 "自动换行"效果

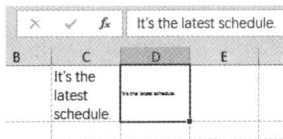

图 5-11 "缩小字体填充"效果

🔍 注意

如果先选择自动换行，那么就不能选择缩小字体填充。使用缩小字体填充容易破坏工作表的整体风格，所以一般情况下不采用这种办法。

（3）合并单元格。

选择要合并的两个或多个单元格，单击"开始"选项卡"对齐方式"组中的"合并单元格"按钮；或者在"设置单元格格式"对话框的"对齐"选项卡中勾选"合并单元格"复选框，在打开的如图 5-12 所示的提示对话框中单击"确定"按钮即可。

合并后的单元格中只保存左上角单元格中的内容，放弃其他单元格中的内容。合并单元格前后的效果如图 5-13 所示。

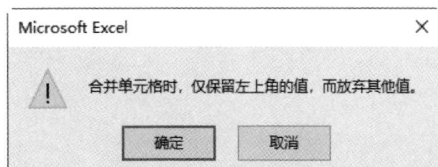

图 5-12　提示对话框

图 5-13　合并单元格前后的效果

如果希望把其他单元格中的内容也保存在合并后的单元格中，那么可以先将它们复制到左上角的单元格中，再执行"合并单元格"操作。

3. 文本方向

在 Excel 2021 中，用户可以很方便地设置文本的方向。方法很简单，只需要用鼠标拖动"设置单元格格式"对话框"对齐"选项卡"方向"框中的文本指针，或在"度"文本框中输入数值（如图 5-7 所示），即可得到想要的效果。

此外，在"设置单元格格式"对话框"对齐"选项卡的"从右到左"选区中还可以很方便地设置文本从右到左排列时的文字方向，如图 5-14 所示。

五、设置边框

在 Excel 2021 中，每个单元格都由围绕单元格的灰色网格线标识，但是在打印的时候，这些网格线是不显示的。如果希望打印的时候也能显示网格线，那么可以为单元格或单元格区域设置边框。

（1）选择所有要添加边框的单元格或单元格区域。

（2）单击"开始"选项卡"对齐方式"组右下角的"对齐设置"按钮，或者选择"开始"选项卡"单元格"组"格式"下拉列表中的"设置单元格格式"选项，打开如图 5-15 所示的"设置单元格格式"对话框中的"边框"选项卡。

（3）在"直线"选区中设置边框线的样式和颜色。

（4）在"预置"选区中设置边框线显示的位置；也可以直接在"边框"选区的预览图中单击要添加的边框线。

（5）单击"确定"按钮，完成操作。

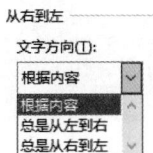

图 5-14　"文字方向"下拉列表

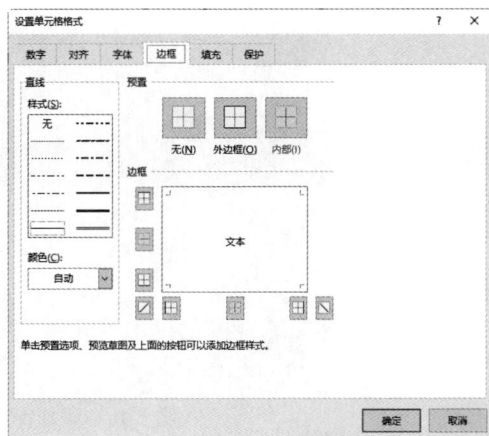

图 5-15　打开"边框"选项卡

六、添加背景

在 Excel 2021 中，工作表的背景颜色默认为白色，如果要使工作表更美观，或者希望不同类型数据所在的单元格显示为不同的颜色，那么可以设置单元格的背景颜色或图案。

（1）选择要添加背景颜色或图案的单元格或单元格区域。

（2）选择"开始"选项卡"单元格"组"格式"下拉列表中的"设置单元格格式"选项，打开"设置单元格格式"对话框，然后选择"填充"选项卡，如图 5-16 所示。

（3）在"背景色"选区中设置单元格的背景色和填充效果；单击"图案样式"文本框右侧的下拉按钮设置单元格的图案样式，如图 5-17 所示是"图案样式"下拉列表。

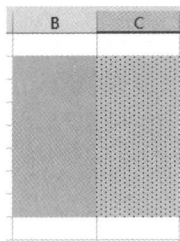

（4）设置完毕，单击"确定"按钮关闭对话框。设置完背景颜色和背景图案的单元格效果如图 5-18 所示。

图 5-16　选择"填充"选项卡

图 5-17　"图案样式"下拉列表

图 5-18　设置完背景颜色和背景图案的单元格效果

教你一招：如果要将一幅图片设置为工作表的背景，那么可以先选择要添加背景的工作表，然后单击"页面布局"选项卡"页面设置"组中的"背景"按钮，打开"插入图片"对话框，单击"浏览"按钮选择需要的背景图片，添加背景图片后的工作表如图 5-19所示；如果要删除背景图片，那么在"页面布局"选项卡的"页面设置"组中单击"删除背景"按钮。

图 5-19　添加背景图片后的工作表

七、调整行高和列宽

1. 手动调整

对精确度要求不高的工作表，可以用鼠标拖曳的方法来调整行高和列宽。

（1）将鼠标指针移到要调整行高或列宽的单元格的行号或列号的分界处，此时鼠标指针变为"╋"或"╈"，如图 5-20 所示。

（2）按下鼠标左键拖曳列的边界，拖到合适的位置释放鼠标左键，可以改变列的宽度；拖曳行的边界可以改变行高。改变行高和列宽后的效果如图 5-21 所示。

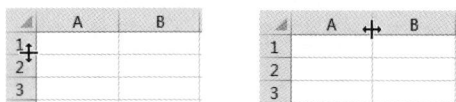

图 5-20　鼠标指针形状图示

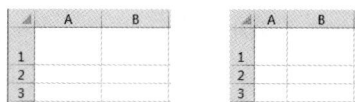

图 5-21　改变行高和列宽后的效果

如果要一次改变多行或多列的高度和宽度，那么只需要一次把它们都选中，然后用鼠标拖曳其中任何一行或一列的边界即可。

> 教你一招：双击某一列的右边界，可使该列的宽度自动适应单元格中内容的宽度。

2. 精确调整

Excel 2021 中还提供了精确设置行高和列宽的方法。

（1）单击"开始"选项卡"单元格"组中的"格式"按钮，在打开的下拉列表中选择"列宽"选项，打开如图 5-22 所示的"列宽"对话框。

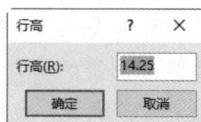

（2）在"列宽"文本框中输入数值，单击"确定"按钮关闭对话框。

（3）使用同样的方法，可以在如图 5-23 所示的"行高"对话框中指定行高。

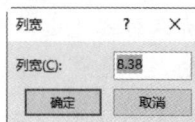

图 5-22　"列宽"对话框

图 5-23　"行高"对话框

教你一招：在"格式"下拉列表中选择"自动调整行高"选项或"自动调整列宽"选项，可以根据键入的内容自动调整行高和列宽。

案例——设计公司日常费用表格式

操作演示

（1）单击"快速访问工具栏"菜单中的"打开"命令，打开"打开"对话框，选择项目四中制作的日常费用表。

（2）选择 A1:F1 单元格区域，单击"开始"选项卡"对齐方式"组中的"合并后居中"按钮，合并单元格并使文本居中显示，如图 5-24 所示。

图 5-24　合并单元格并居中显示文本

（3）选中上一步设置的文本，单击"开始"选项卡"字体"组中的"字体颜色"按钮，将字体颜色设置为"蓝色"，字体设置为"幼圆"，大小设置为"22"，并且加粗，效果如图 5-25 所示。

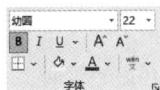

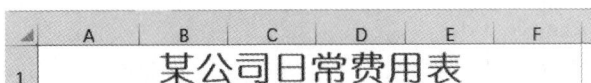

图 5-25　设置文本格式

（4）选择 A1 单元格，选择"开始"选项卡"单元格"组"格式"下拉列表中的"行高"选项，打开"行高"对话框。在"行高"文本框中输入"45"，如图 5-26 所示。

（5）选择 A2:B2 单元格区域，选择"开始"选项卡"对齐方式"组"合并后居中"下拉列表中的"合并单元格"选项，合并单元格，然后单击"左对齐"按钮，效果如图 5-27所示。

图 5-26　"行高"对话框

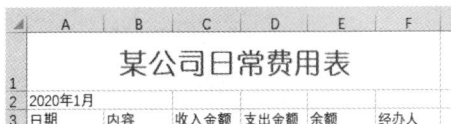

图 5-27　设置对齐方式

（6）选择 B 列或 B 列中的任意单元格，然后将鼠标指针移到 B 列和 C 列的分隔处，当鼠标指针变为左右双向箭头时，按下鼠标左键向右拖曳，调整 B 列单元格的宽度，以完全显示文本；或者选择"开始"选项卡"单元格"组"格式"下拉列表中的"列宽"选项，通过"列宽"对话框来调整单元格的宽度。然后采用相同的方法，调整 E 列的列宽，调整完成的效果如图 5-28 所示。

（7）选择 A3:F3 单元格区域，单击"开始"选项卡"对齐方式"组中的"居中对齐"按钮，文本居中显示的效果如图 5-29 所示。

（8）选择 A3:F3 单元格区域，单击"开始"选项卡"字体"组中的"填充颜色"按钮，打开如图 5-30 所示的"填充颜色"下拉列表，单击"浅绿"按钮，将选择的单元格区域填充为绿色，添加填充色后的效果如图 5-31 所示。

图 5-28　调整 E 列的列宽

图 5-29　文本居中显示

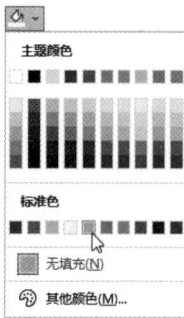

图 5-30　"填充颜色"下拉列表

图 5-31　添加填充色后的效果

（9）选择 B4:E13 单元格区域，单击"开始"选项卡"字体"组右下角的级联按钮，在打开的如图 5-32 所示的"设置单元格格式"对话框中选择"数字"选项卡，在"分类"列表框中选择"会计专用"选项，然后将小数位数设置为"2"，且无货币符号，最后单击"确定"按钮，设置数字格式后的效果如图 5-33 所示。

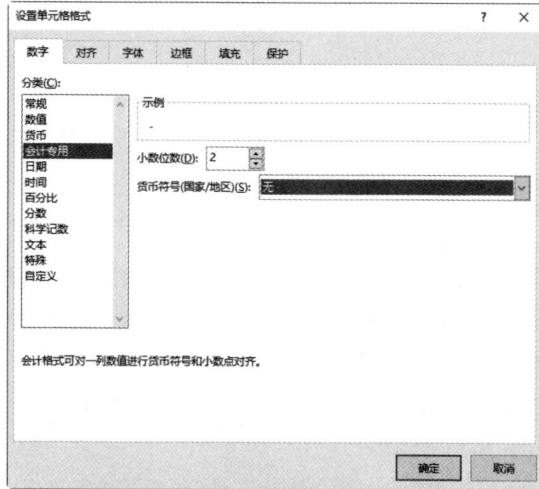

图 5-32　"设置单元格格式"对话框

（10）选择 A2:F13 单元格区域，单击鼠标右键，在弹出的快捷菜单中单击"设置单元格格式"命令，打开"设置单元格格式"对话框。选择"边框"选项卡，在"样式"列表框中选择"双线"，将颜色设置为"蓝色"，并单击"外边框"按钮，如图 5-34 所示；然后在"样式"列表框中选择"细实线"，将颜色设置为"蓝色"，并单击"内部"按钮。

单击"确定"按钮，设置边框后的工作表效果如图 5-35 所示。

图 5-33　设置数字格式后的效果

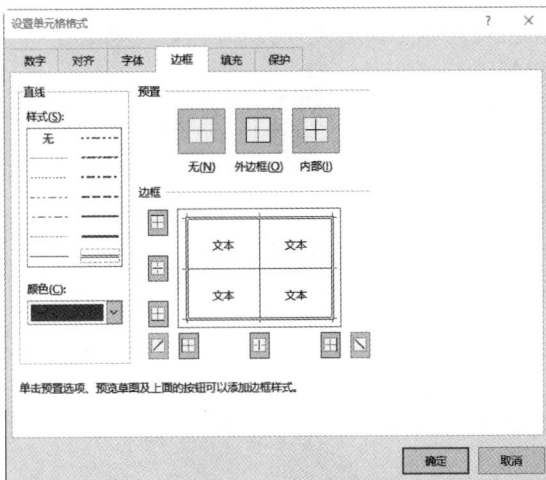

图 5-34　设置边框

图 5-35　设置边框后的工作表效果

任务 2　设置工作表样式

任务引入

　　小明将做好的年度利润报表提交给领导，但是领导对报表中的字体大小、对齐方式及表格样式都不是很满意,要求小明重新设置表格样式。那么,在 Excel 2021 中,如何根据需要为表格创建新样式?如何套用表格样式?

知识准备

表格样式实际上是一些特定属性的集合,如字体大小、背景图案、对齐方式等。在 Excel 2021 中,可以一次性在表格的不同区域应用不同的样式,并能保证单元格的格式一致。

一、套用表格格式

Excel 2021 中内置了一些表格方案,在方案中对表格的各组成部分定义了一些特定的格式。套用内置的表格格式可以快速设置单元格区域的格式。

(1)选择要格式化的单元格区域。

(2)单击"开始"选项卡"样式"组中的"套用表格格式"按钮,打开如图 5-36 所示的"套用表格格式"下拉列表。

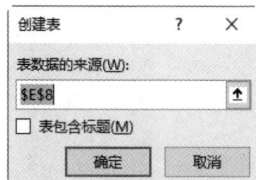

(3)单击需要的样式图标,打开如图 5-37 所示的"创建表"对话框。确认表数据的来源之后,单击"确定"按钮,即可应用表格格式。

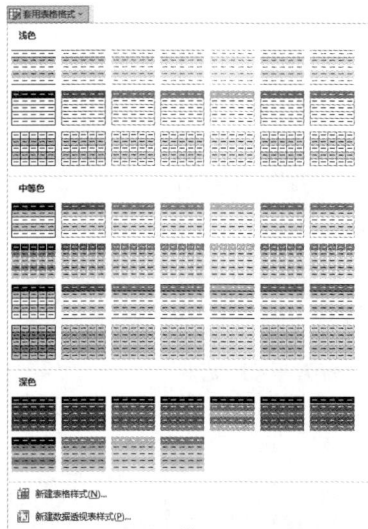

图 5-36 "套用表格格式"下拉列表

图 5-37 "创建表"对话框

如果要删除套用的表格格式,那么可以先选择含有自动套用格式的区域,然后选择"开始"选项卡"编辑"组"清除"下拉列表中的"清除格式"选项。

二、套用单元格样式

Excel 2021 中还内置了一些单元格样式,使用内置的单元格样式可以快速设置单元格的样式。

(1)选择要格式化的单元格。

(2)单击"开始"选项卡"样式"组中的"单元格样式"按钮,打开如图 5-38 所示的"单元格样式"下拉列表。

（3）单击需要的样式图标，即可在选择的单元格中应用指定的样式。

三、创建新样式

Excel 2021 支持自定义表格样式和单元格样式，以创建独具特色的表格外观。自定义表格样式的步骤如下：

（1）选择"开始"选项卡"样式"组中"套用表格格式"下拉列表中的"新建表格样式"选项，打开如图 5-39 所示的"新建表样式"对话框。

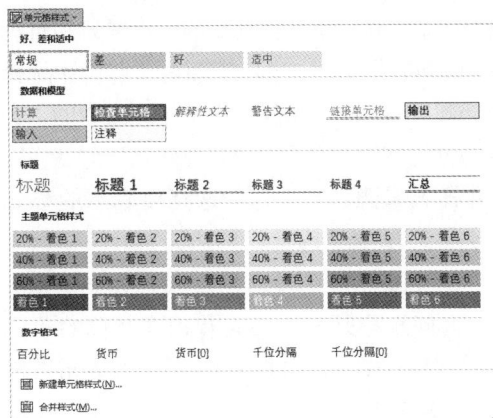

图 5-38 "单元格样式"下拉列表

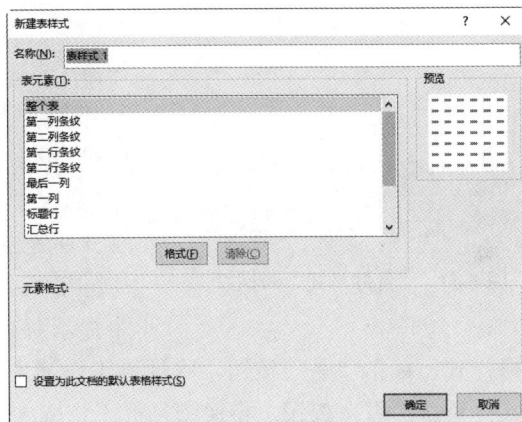

图 5-39 "新建表样式"对话框

（2）在"名称"文本框中输入样式的名称。

（3）在"表元素"列表框中选择要定义格式的表元素，然后单击"格式"按钮，打开如图 5-40 所示的"设置单元格格式"对话框。

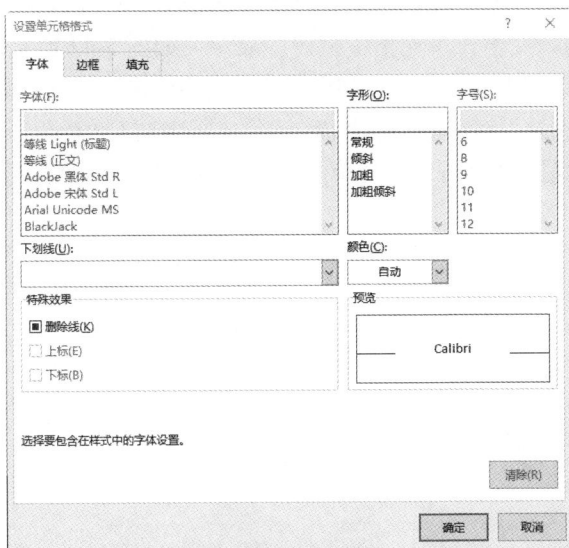

图 5-40 "设置单元格格式"对话框

（4）在"设置单元格格式"对话框中设置表元素的字体、边框和填充样式后，单击

"确定"按钮即可完成设置。

（5）如果希望将自定义的样式设置为当前工作簿默认的表格格式，那么勾选"新建表样式"对话框底部的"设置为此文档的默认表格样式"复选框即可。

（6）单击"确定"按钮，即可在样式列表中看到自定义的样式。

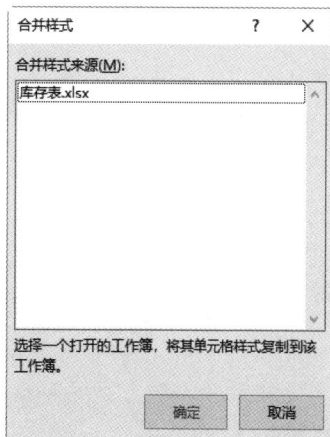

图 5-41　"合并样式"对话框

四、合并样式

在工作簿中创建单元格样式之后，如果希望在其他工作簿中也使用同样的样式，那么可以合并样式，不用重复定义。

（1）打开源工作簿（包含单元格样式的工作簿）和目标工作簿（要套用单元格样式的工作簿），在目标工作簿中选择"开始"选项卡"样式"组"单元格样式"下拉列表中的"合并样式"选项，打开如图 5-41 所示的"合并样式"对话框。

（2）在"合并样式来源"列表框中选择要套用的单元格样式所在的源文件，单击"确定"按钮即可。

如果两个工作簿中有相同的单元格样式，那么会弹出一个提示对话框，询问用户是否合并具有相同名称的单元格样式。单击"是"按钮，将用源工作簿中的单元格样式替换目标工作簿中的单元格样式；单击"否"按钮，将保留目标工作簿中的单元格样式。

● 案例——设计某公司年度利润报表的格式

操作演示

（1）单击"快速访问工具栏"中的"打开"按钮，打开"打开"对话框，选择项目四中制作的"2020 年公司利润报表"文件。

（2）选择 A2:F8 单元格区域，单击"开始"选项卡"对齐方式"组中的"居中对齐"按钮，文本在单元格中将居中显示，如图 5-42 所示。

（3）选择"开始"选项卡"样式"组中"套用表格格式"下拉列表中的"新建表样式"选项，打开"新建表样式"对话框，在"名称"文本框中输入"蓝色"，在"表元素"列表框中选择"标题行"，如图 5-43 所示，然后单击"格式"按钮，打开"设置单元格格式"对话框。

图 5-42　文本在单元格中居中显示

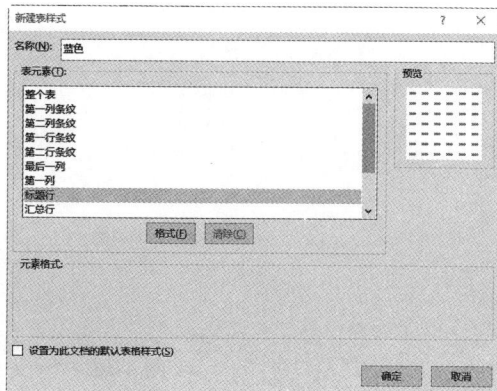

图 5-43　"新建表样式"对话框

（4）在"字体"选项卡中设置字形为"加粗"，颜色为"白色"，如图 5-44 所示；在"边框"选项卡中设置样式为"细实线"，颜色为"蓝色"，预置为"内部"，如图 5-45 所示；在"填充"选项卡中设置背景色为"浅蓝色"，如图 5-46 所示。

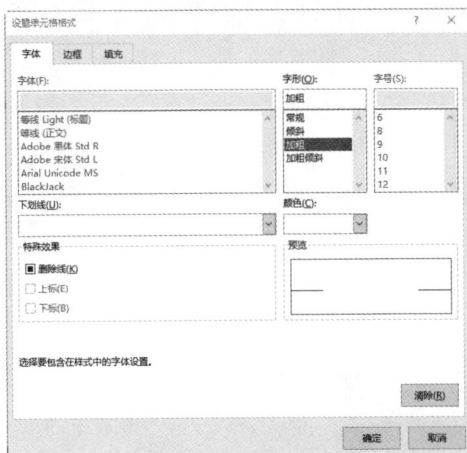

图 5-44　设置字体样式

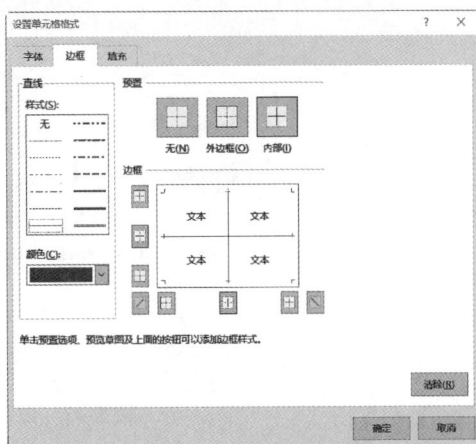

图 5-45　设置边框样式

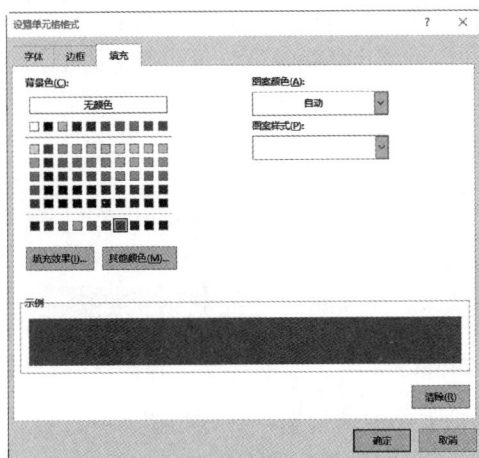

图 5-46　设置背景色填充样式

（5）单击"确定"按钮，返回"新建表样式"对话框，在"表元素"列表框中选择"第一列"选项，然后单击"格式"按钮，采用与标题行相同的参数，设置第一列单元格的格式。

（6）将第一列单元格的格式设置完成后，在"表元素"列表框中选择"整个表"选项，然后单击"格式"按钮，打开"设置单元格格式"对话框。设置外边框线的颜色为"紫色"，样式为"实线"；设置内边线的样式为"单实线"，颜色为"蓝色"，设置完成的边框样式如图 5-47 所示。

（7）单击"确定"按钮，返回"新建表样式"对话框，在"表元素"列表框中选择"第一行条纹"选项，然后单击"格式"按钮，打开"设置单元格格式"对话框，在"填充"选项卡中设置背景色为"淡蓝色"；在"边框"选项卡中设置样式为"细实线"，颜色为"蓝色"，预置为"内部"，然后连续单击"确定"按钮，完成表样式的创建。

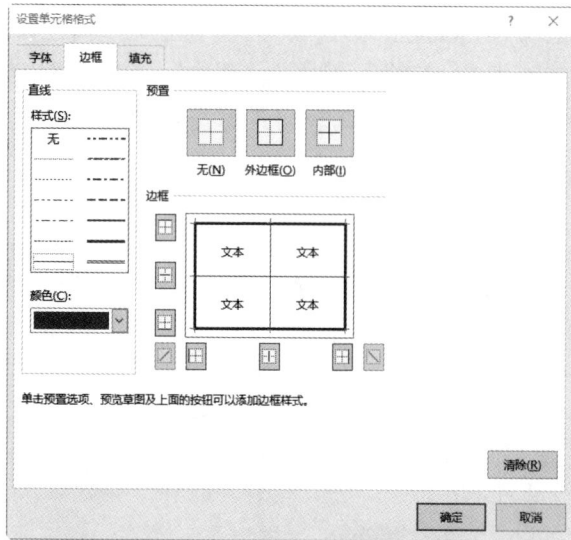

图 5-47　设置完成的边框样式

（8）选择 A2:F8 单元格区域，然后选择"开始"选项卡"样式"组"套用表格格式"下拉列表中的"自定义表格格式"选项，打开"创建表"对话框，勾选"表包含标题"复选框，如图 5-48 所示。然后单击"确定"按钮，所选的单元格区域将应用表格样式，效果如图 5-49 所示。

图 5-48　"创建表"对话框

图 5-49　应用表格样式的效果

（9）在"表设计"选项卡中取消勾选"筛选按钮"复选框，然后勾选"第一列"复选框，如图 5-50 所示，得到的表格效果如图 5-51 所示。

图 5-50　"表设计"选项卡

（10）选择 A1 单元格，选择"开始"选项卡"单元格"组"格式"下拉列表中的"行高"选项，打开"行高"对话框，在"行高"文本框中输入"30"，如图 5-52 所示，然后单击"确定"按钮，调整行高。

（11）接下来设计表头样式，选择"开始"选项卡"样式"组中"单元格样式"下拉列表中的"单元格样式"选项，打开"样式"对话框，在"样式名"文本框中输入"蓝色表头"，其他采用默认设置，如图 5-53 所示，然后单击"格式"按钮，打开"设置单元格格式"对话框。

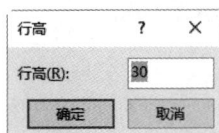

图 5-51　表格效果　　　　图 5-52　"行高"对话框　　　图 5-53　"样式"对话框

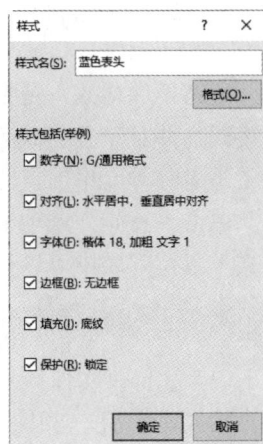

（12）在"对齐"选项卡中设置水平对齐和垂直对齐都为"居中"，如图 5-54 所示；在"字体"选项卡中设置字体为"楷体"，字形为"加粗"，字号为"18"；在"填充"选项卡中单击"填充效果"按钮，打开"填充效果"对话框，然后设置颜色为"双色"，颜色 1 为"蓝色"，颜色 2 为"白色"，底纹样式为"水平"，变形为"从中间向两边"，如图 5-55 所示，然后连续单击"确定"按钮，完成单元格样式的创建。

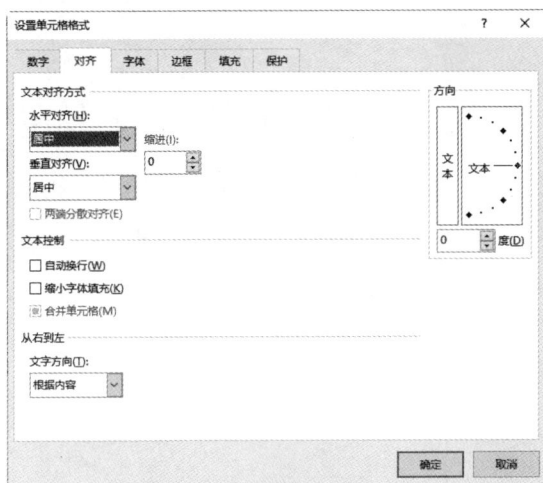

图 5-54　"对齐"选项卡　　　　　　图 5-55　"填充效果"对话框

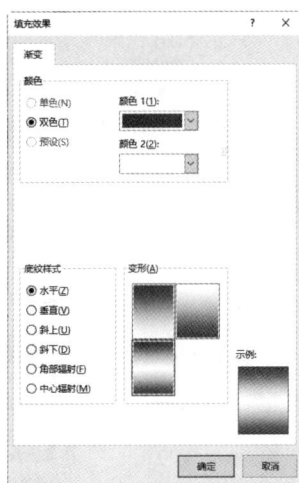

（13）选择 A1 单元格，单击"开始"选项卡"样式"组"单元格样式"下拉列表"自定义"中的"蓝色表头"按钮，即可应用创建的单元格样木，效果如图 5-56 所示。

图 5-56　应用单元格样式的效果

五、使用条件格式

所谓条件格式,是指 Excel 2021 自动在满足条件的单元格上应用底纹、字体、颜色等格式,并且这些格式可以随着数据的变化而更新。在需要突出显示公式的计算结果,或者是追踪单元格的值时,使用条件格式可以极大地增强数据表的可读性。

单击"开始"选项卡"样式"组中的"条件格式"按钮,在如图 5-57 所示的"条件格式"下拉列表中可以设置条件格式。

案例——根据条件突出显示单元格

操作演示

(1) 执行"文件"→"新建"→"空白工作簿",新建一个空白的工作簿。输入文本后,选中"年龄"所在列的单元格区域,如图 5-58 所示。

图 5-57 "条件格式"下拉列表

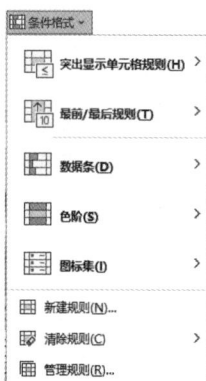

图 5-58 选中"年龄"所在列的单元格区域

(2) 单击"开始"选项卡"样式"组中的"条件格式"按钮,在打开的下拉列表中选择"突出显示单元格规则"→"大于"选项,如图 5-59 所示,打开如图 5-60 所示的"大于"对话框。

图 5-59 选择"大于"选项

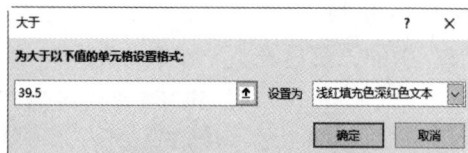

图 5-60 "大于"对话框

(3) 在"为大于以下值的单元格设置格式"文本框中输入"50",在右侧的"设置为"下拉列表中选择"浅红填充色深红色文本",然后单击"确定"按钮,即可看到符合条件的单元格以指定的样式显示,效果如图 5-61 所示。

图 5-61　应用条件格式的单元格

🔍 **提示**

在应用条件格式的数值框中既可以输入常数，也可以输入公式，但公式前要加"="。

（4）选中"职称"所在列的单元格区域。

（5）单击"开始"→"样式"→"条件格式"→"突出显示单元格规则"→"重复值"按钮，打开"重复值"对话框，如图 5-62 所示。

（6）在左侧的下拉列表中选择条件，在右侧的"设置为"下拉列表中选择预置的格式。例如，在左侧的下拉列表中选择"唯一"选项，在"设置为"下拉列表中选择"绿填充色深绿色文本"选项。

（7）单击"确定"按钮，完成所有设置。应用条件格式后的工作表如图 5-63 所示。

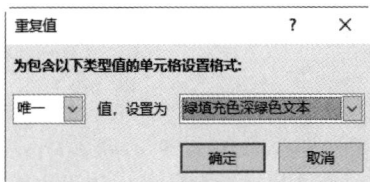

图 5-62　"重复值"对话框

图 5-63　应用条件格式后的工作表

"年龄"大于 50 的单元格显示为"浅红色填充色深红色文本"；"职称"唯一的单元格显示为"绿填充色深绿色文本"。

🔍 **注意**

如果同时设置了多个条件且不止一个为真时，那么在 Excel 2021 中，会自动应用其中第一个为真的条件。例如，条件 1 为实发工资大于 8000，用绿色背景显示；条件 2 为实发工资大于 8500，用蓝色背景显示；那么对于实发工资为 8700 的单元格将应用条件 1 的设定，即显示为绿色背景。

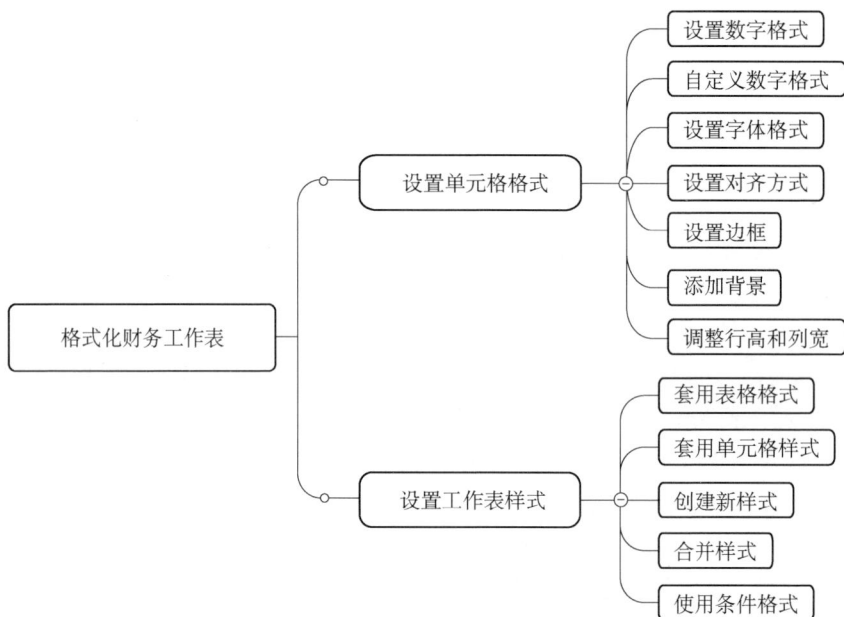

项目总结

格式化财务工作表
- 设置单元格格式
  - 设置数字格式
  - 自定义数字格式
  - 设置字体格式
  - 设置对齐方式
  - 设置边框
  - 添加背景
  - 调整行高和列宽
- 设置工作表样式
  - 套用表格格式
  - 套用单元格样式
  - 创建新样式
  - 合并样式
  - 使用条件格式

项目实战

实战一　制作部门费用统计表

（1）在 Excel 2021 中新建一个空白的工作簿，输入如图 5-64 所示的内容。

（2）选择 B3:E6 单元格区域，单击鼠标右键，在打开的快捷菜单中单击"设置单元格格式"命令，打开"设置单元格格式"对话框。在"货币"选项卡的"货币符号"下拉列表中选择"￥"，单击"确定"按钮后，所选单元格区域中的数字将以货币格式显示，如图 5-65 所示。

	A	B	C	D	E
1			部门费用统计表		
2	部门	每月费用标准	4月费用	5月费用	6月费用
3	研发部	8000	11000	9000	7550
4	市场部	10000	9800	10000	9780
5	财务部	6000	5500	5900	6500
6	销售部	12000	11500	12000	13000

图 5-64　输入工作表的内容

	A	B	C	D	E
1			部门费用统计表		
2	部门	每月费用标准	4月费用	5月费用	6月费用
3	研发部	¥8,000.00	¥11,000.00	¥9,000.00	¥7,550.00
4	市场部	¥10,000.00	¥9,800.00	¥10,000.00	¥9,780.00
5	财务部	¥6,000.00	¥5,500.00	¥5,900.00	¥6,500.00
6	销售部	¥12,000.00	¥11,500.00	¥12,000.00	¥13,000.00

图 5-65　以货币格式显示数字

（3）选择 A2:E2 单元格区域，单击"开始"选项卡"对齐方式"组中的"居中对齐"按钮，文本即可在单元格中居中显示，如图 5-66 所示。

（4）选择 A3:A6 单元格区域，单击"开始"选项卡"字体"组右下角的级联按钮，在打开的"设置单元格格式"对话框中设置字体为"楷体"，字形为"倾斜"，下画线为"单下画线"，颜色为"深蓝"；使用相同的方法选择 B3:E6 单元格区域，设置字体为"宋体"，字号为"10"；选择 A1 单元格，设置字体为"楷体"，字号为"18"，颜色为"深蓝色"，设置字体后的效果如图 5-67 所示。

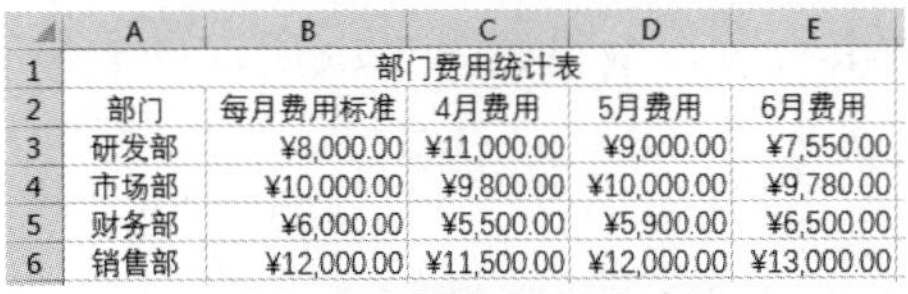

图 5-66　居中显示文本

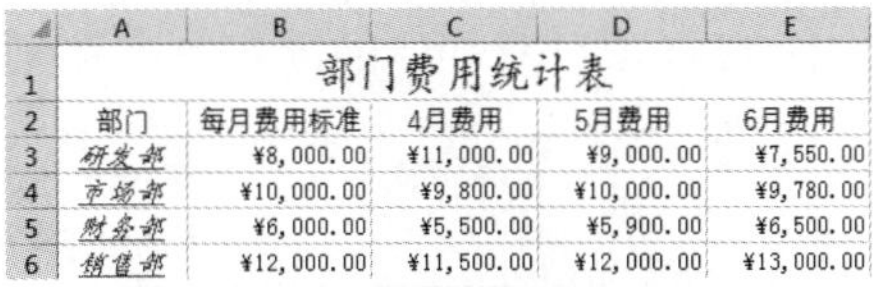

图 5-67　设置字体后的效果

（5）选择 A1:E6 单元格区域，单击鼠标右键，在弹出的快捷菜单中单击"设置单元格格式"命令，打开"设置单元格格式"对话框，选择"边框"选项卡，设置外边框样式为"双线"，颜色为"绿色，深色 50%"；设置内边框样式为"细实线"，效果如图 5-68 所示。

（6）使用相同的方法，选择 A2:E2 单元格区域，在"设置单元格格式"对话框中设置背景色为"浅黄色"，图案颜色为"白色"，图案样式为"6.25%灰色"；选择 A1 单元格，设置背景色为"绿色"，图案颜色为"白色"，图案样式为"细 对角线 条纹"，填充效果如图 5-69 所示。

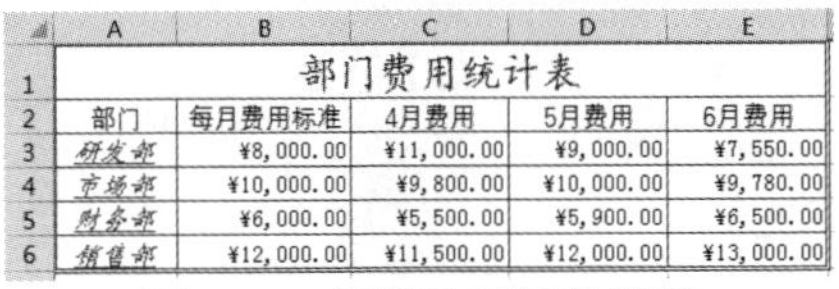

图 5-68　设置边框后的效果

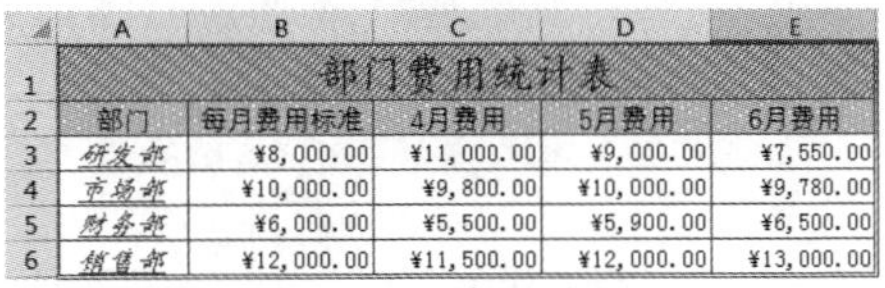

图 5-69　填充效果

实战二　制作报价单

（1）在 Excel 2021 中新建一个空白表格并输入所需文本，如图 5-70 所示。

（2）选择 A2:F8 单元格区域，在"开始"选项卡"样式"组的"套用表格格式"下拉列表中选择"橙色 表样式深色 9"选项，打开"套用表格格式"对话框，勾选"表包含标题"复选框，其他采用默认设置，然后单击"确定"按钮，效果如图 5-71 所示。

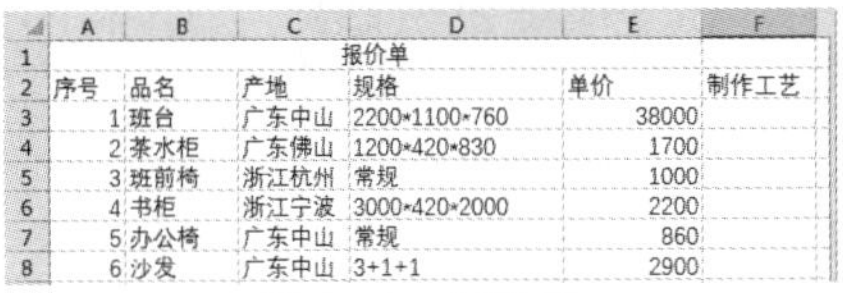

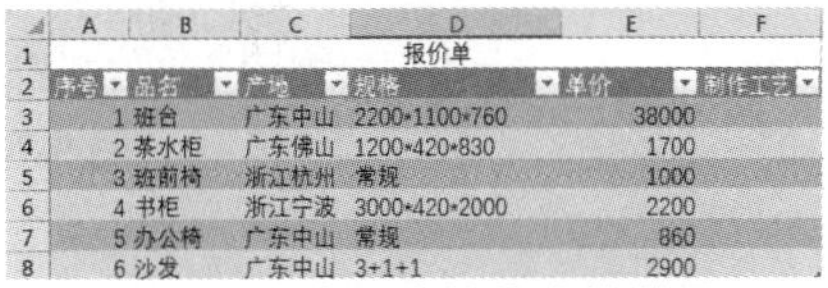

图 5-70　报价单

图 5-71　套用表格格式的效果

（3）选择 A1 单元格，在"开始"选项卡"样式"组"单元格样式"下拉列表中选择样式"好"，即可应用选择的样式，效果如图 5-72 所示。

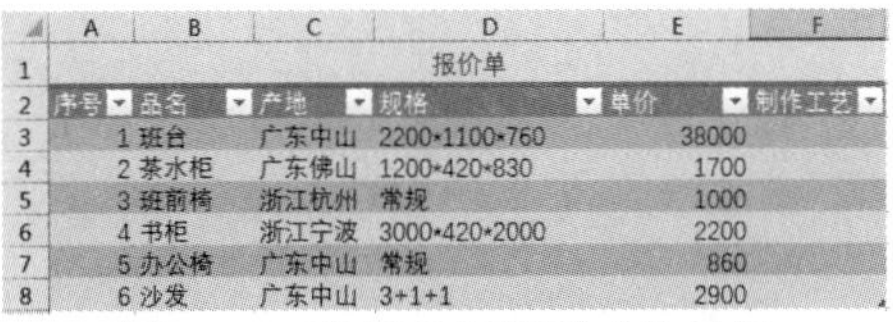

图 5-72　套用单元格样式的效果

习题

1. 打开项目三创建的固定资产档案表，设置其样式，效果如图 5-73 所示。

固定资产档案表						
资产编号	物理类别	资产名称	变动方式	使用状态	使用日期	使用部门
A001	电器设备	空调	购入	在使用	2020/8/1	财务部
A002	电器设备	空调	购入	在使用	2020/8/1	经营部
A003	电器设备	空调	购入	在使用	2020/8/1	技术部
A004	房屋建筑	厂房	自建	在使用	2020/7/1	机关部
A005	运输工具	现代汽车	接受投资	在使用	2021/3/15	技术部
A006	运输工具	金杯车	购入	在使用	2021/3/16	机关部
A007	电器设备	电脑	购入	在使用	2021/8/1	财务部
A008	电器设备	电脑	购入	在使用	2021/8/1	财务部
A009	电器设备	电脑	购入	在使用	2021/8/1	劳资部
A010	房屋建筑	办公楼	自建	在使用	2019/5/1	机关部
A011	电子设备	检测仪	接受捐赠	在使用	2020/12/9	技术部
A012	电子设备	检测仪	购入	在使用	2020/12/9	技术部
A013	电器设备	打印机	购入	在使用	2021/2/19	财务部
A014	电器设备	打印机	购入	在使用	2021/2/19	财务部
A015	电器设备	打印机	购入	在使用	2021/2/19	劳资部
A016	机器设备	起重机	接受投资	在使用	2021/10/15	其他
A017	机器设备	调动机	接受投资	在使用	2021/2/11	其他
A018	电器设备	电脑	购入	在使用	2021/3/18	技术部

图 5-73 固定资产档案表

2. 打开项目四创建的销售业绩分析表，设置其样式，效果如图 5-74 所示。

销售业绩分析表							
日期： 年 月							
员工编号	姓名	基本工资	收入提成	住房补助	应扣请假费	加班费	实发工资
ST001	李荣	¥2,400.00	¥1,400.00	¥120.00	¥60.00	¥100.00	¥3,960.00
ST002	谢婷	¥2,800.00	¥1,325.00	¥120.00	¥0.00	¥100.00	¥4,345.00
ST003	王朝	¥2,400.00	¥1,475.00	¥120.00	¥0.00	¥0.00	¥3,995.00
ST004	张家国	¥3,200.00	¥1,425.00	¥120.00	¥200.00	¥200.00	¥4,745.00
ST005	苗圃	¥1,600.00	¥1,380.00	¥120.00	¥50.00	¥200.00	¥3,250.00
ST006	李清清	¥2,000.00	¥1,470.00	¥120.00	¥100.00	¥200.00	¥3,690.00
ST007	范文	¥2,400.00	¥1,495.00	¥120.00	¥0.00	¥0.00	¥4,015.00
ST008	李想	¥2,800.00	¥1,300.00	¥120.00	¥0.00	¥100.00	¥4,320.00
ST009	陈材	¥3,200.00	¥1,400.00	¥120.00	¥240.00	¥200.00	¥4,680.00
ST010	文龙	¥2,000.00	¥1,355.00	¥120.00	¥100.00	¥0.00	¥3,375.00

图 5-74 销售业绩分析表

财务应用中的图形对象

素质目标

➤ 培养读者的审美情趣和审美能力，树立文化自觉和文化自信
➤ 充分发挥创造力，主动拓宽自己的视野，避免思维的局限性

学习目标

➤ 掌握形状的添加，形状样式和外观的修改方法
➤ 能够插入艺术字、在线图标、SmartArt 图形及 3D 模型
➤ 能够组合、对齐和叠放图形

项目导读

在 Excel 2021 中使用图形对象不仅可以美化工作表，还能更清晰、形象地说明要阐述的问题，使工作表中的数据一目了然。本项目将着重介绍图片、形状和 SmartArt 图形在 Excel 2021 中的应用。

任务 1　形状的绘制和编辑

任务引入

小明制作了本公司上半年的财务报表提交给领导，但是，领导觉得该财务报表的标题和表头不够醒目。那么，如何利用 Excel 2021 中的形状命令绘制出符合要求的标题和表头呢？

知识准备

在 Excel 2021 中，可以很方便地绘制形状，如线条、箭头、矩形、公式形状、流程图、标注等，还可以根据需要添加形状、修改形状样式、在形状中添加文本、修改形状外观。

一、添加形状

（1）单击"插入"选项卡"插图"组中的"形状"按钮，打开如图 6-1 所示的形状下拉列表。

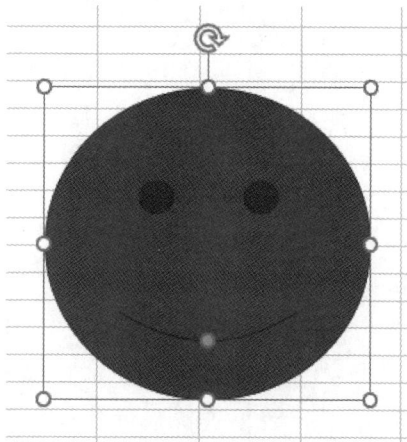

（2）单击要选择的形状，此时鼠标指针变为十字形。

（3）将十字形指针移到要绘制形状的起点处，拖动鼠标左键到终点时释放，即可绘制所选的形状，如图 6-2 所示。

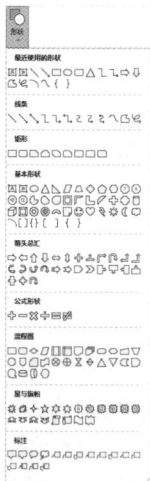

图 6-1　"形状"下拉列表　　　　图 6-2　绘制形状

> 教你一招：拖动鼠标左键的同时按住"Shift"键，可以限制形状的尺寸，若所选的形状为正方形或圆形，则可以创建规范的正方形或圆形。如果要反复添加同一个形状，那么可以在形状列表中右键单击需要的形状，然后在打开的快捷菜单中单击"锁定绘图模式"命令（如图 6-3 所示），设置完成后在工作区单击鼠标左键即可多次绘制同一个形状，而不必每次都选择形状。按"Esc"键可以取消锁定。

图 6-3　锁定绘图模式

二、修改形状样式

选中绘制的形状，然后选择"形状格式"选项卡，如图 6-4 所示。

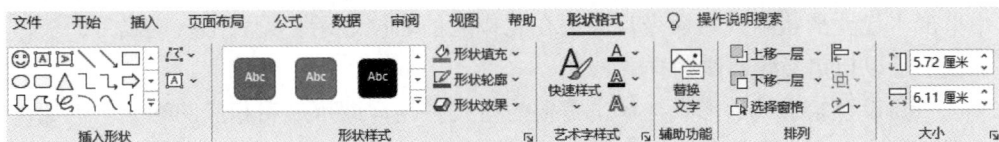

图 6-4　"形状格式"选项卡

1. 设置形状填充

（1）选中要填充的形状，单击"形状格式"选项卡"形状样式"组中的"形状填充"按钮，打开如图 6-5 所示的"形状填充"下拉列表，设置要填充的颜色、图片、渐变和纹理。

（2）单击需要的填充颜色或效果，即可在打开的下拉列表或对话框中设置填充效果。如果对内置的填充效果不满意，那么还可以自定义填充效果。

用鼠标右键单击要填充的形状，打开如图 6-6 所示的快捷菜单，单击"设置形状格式"命令，在工作区右侧将显示如图 6-7 所示的"设置形状格式"面板。在该面板中可以给形状设置不同的填充效果。

2. 设置形状轮廓

选中要设置轮廓线的形状，单击"形状格式"选项卡"形状样式"组中的"形状填充"按钮，打开如图 6-8 所示的"形状轮廓"下拉列表。

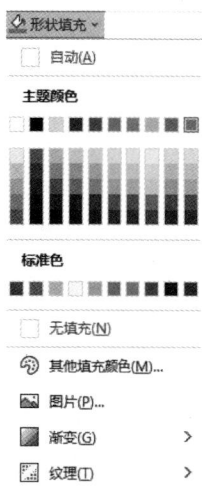

图 6-5　"形状填充"下拉列表　　图 6-6　快捷菜单　　图 6-7　"设置形状格式"面板

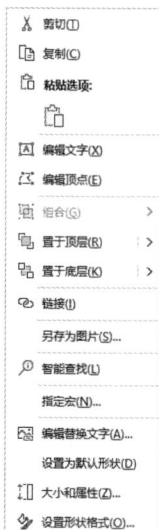

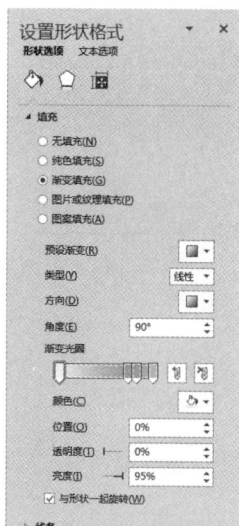

在"形状轮廓"下拉列表中可以根据需要设置轮廓线的颜色、粗细、样式，以及箭头样式。

此外，还可以自定义轮廓线的样式。用鼠标右键单击所选的形状，在打开的快捷菜单中单击"设置形状格式"命令，即可在工作区的右侧显示"设置形状格式"面板，在该面板中可以自定义轮廓线的样式。

选中要设置轮廓线的形状，单击需要的格式按钮，即可应用相应的格式。例如，选择"形状样式"组"形状轮廓"下拉列表"粗细"中的"6 磅"，应用形状样式后的效果如图 6-9 所示。

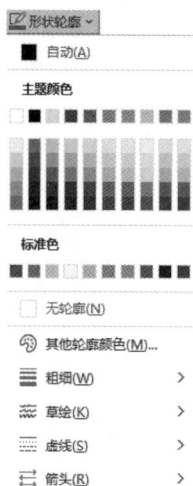

图 6-8　"形状轮廓"下拉列表　　图 6-9　应用形状样式后的效果

三、在形状中添加文本

绘制形状之后，通常还需要在形状中添加文本。

（1）在工作表中绘制一个形状，或者选中现有形状。

（2）在形状上单击鼠标右键，在打开的快捷菜单中单击"编辑文字"命令。此时，光标将显示在形状中。

（3）输入文本，如图 6-10 所示。

（4）选中文本，在"开始"选项卡中设置字体、段落或对齐方式。设置文本格式后的效果如图 6-11 所示。

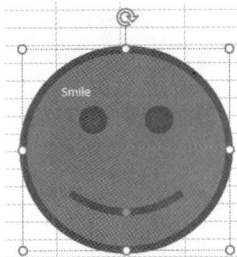

图 6-10　输入文本

图 6-11　设置文本格式后的效果

🔍 注意

添加的文字将与形状组成一个整体，如果旋转或翻转形状，那么文字也会随之旋转或翻转。

四、修改形状

在 Excel 2021 中，不仅可以修饰形状，还可以改变形状、创建新的形状。

（1）单击要修改的形状，如果要同时修改多个形状，那么按住"Ctrl"键的同时单击其他要修改的形状即可。

（2）在形状上单击鼠标右键，在打开的快捷菜单中单击"编辑顶点"命令，此时，在形状的各个顶点上将显示控制手柄，如图 6-12 所示。

（3）将鼠标指针移到控制手柄上，鼠标指针变为"✛"时，拖动鼠标左键。拖动过程中，形状的轮廓线上会显示白色的方形控制手柄，拖动白色的方形控制手柄可以调整轮廓线的弯曲度。释放鼠标左键，即可完成形状的调整，如图 6-13 所示。

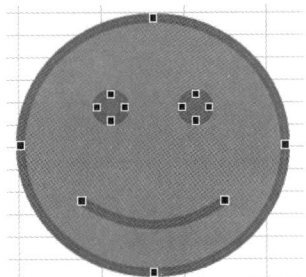

（a）拖动控制手柄　　　　　　　（b）调整形状

图 6-12　顶点上显示控制手柄

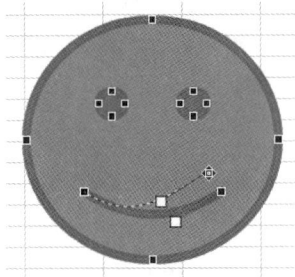

图 6-13　调整顶点位置

（4）按照与上一步同样的方法，编辑形状的其他顶点。

操作演示

案例——制作收款凭证单据

1. 制作收款凭证项目

（1）创建一个工作表，并将工作表重命名为"收款凭证"。

（2）选择 B1:N1 单元格区域，单击"开始"选项卡"对齐方式"组中的"合并后居中"按钮，然后输入"收款凭证"。选中输入的文本，设置字体为"隶书"，字号为"18"，颜色为"绿色"。选择"单元格"组"格式"下拉列表中的"行高"选项，在打开的"行高"对话框中设置行高为"33"，然后单击"确定"按钮，调整行高。

（3）合并 E2:G2 单元格区域，然后单击鼠标右键，在弹出的快捷菜单中单击"设置单元格格式"命令，打开"设置单元格格式"对话框。选择"边框"选项卡，在"样式"列表框中选择"双横线"，设置颜色为"绿色"，然后单击"上边框"按钮，如图 6-14 所示。单击"确定"按钮关闭对话框，并调整行高。

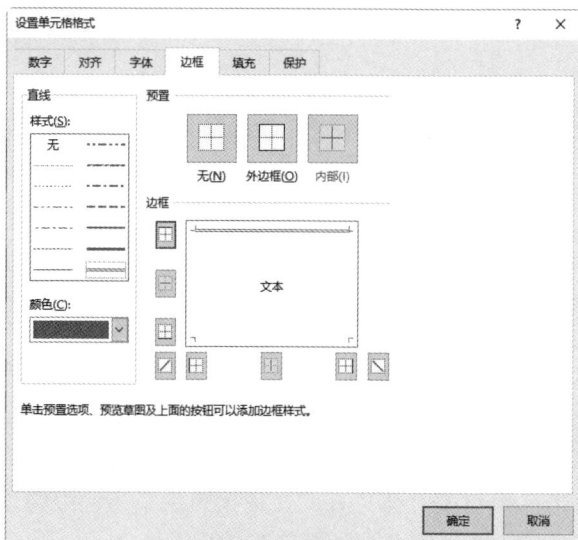

图 6-14　设置边框样式

（4）选择 B3:N13 单元格区域，设置单元格文字颜色为"绿色"。在 B3 单元格中输入"借方科目"，然后选择 B3:C3 单元格区域，打开"设置单元格格式"对话框，设置内、外边框样式为"单直线"，颜色为"绿色"。

（5）合并 E4:H4 单元格区域，输入"年　月　日"。合并 K4:N4 单元格区域，输入"字第　号"。输入文本后的工作表如图 6-15 所示。

图 6-15　输入文本后的工作表

（6）合并 B5:B6 单元格区域，输入"摘要"。合并 C5:D5 单元格区域，输入"贷方科目"。合并 E5:M5 单元格区域，输入"金额"。

（7）在 C6:M6 单元格区域中分别输入"总账科目""明细科目""千""百""十""万""千""百""十""元""角"。

（8）合并 N5:N6 单元格区域，输入"记账"，然后选中输入的文本，选择"开始"选项卡"对齐方式"组"方向"下拉列表中的"竖排文字"选项。使用同样的方法，合并 O5:O12 单元格区域，并输入竖排文字"附单据　张"。

（9）合并单元格 C12:D12，输入"合计金额"。使用同样的方法，在 B13:J13 区域分别输入"会计主管（盖章）""记账（盖章）""出纳（盖章）""制单（盖章）"。

（10）选择单元格区域 B5:N12，单击鼠标右键，在弹出的快捷菜单中单击"设置单元格格式"命令，打开"设置单元格格式"对话框。选择"边框"选项卡，在"样式"列表框中选择"粗直线"，在"颜色"下拉列表中选择"绿色"，然后单击"外边框"按钮；在"样式"列表框中选择"细直线"，在"颜色"下拉列表中选择"绿色"，然后单击"内部"按钮。最后单击"确定"按钮，制作完成的收款凭证项目如图 6-16 所示。

图 6-16　制作完成的收款凭证项目

2. 填写收款凭证项目

假设 2014 年 6 月 15 日，A 公司收回 B 公司应付货款 30 000 元，以银行存款方式收讫。操作步骤如下：

（1）在借贷记账法下，收款凭证左上方的借方科目中应填写银行存款或现金。选择 C3 单元格，输入文本"银行存款"，并设置文本颜色为"黑色，加粗"。

（2）凭证上方的"年月日"处应填写财会部门受理经济业务事项制证的日期。选择 E4 单元格，输入"2014 年 6 月 15 日"。

（3）凭证右上角填写凭证编号。收款凭证的编号一般按现收×号和银收×号分类，业务量少的单位也可不分现收和银收，按收款业务发生的先后顺序统一编号，如收字×号。

此处单击 K4 单元格，输入"银收字第 25 号"，如图 6-16 所示。

🔍 **注意**

记账凭证应连续编号。一笔经济业务需要填制两张以上记账凭证的，可以采用分数编号法编号。

（4）摘要栏填写能反映经济业务性质和特征的简要说明。选择 B7:N11 单元格区域，设置字体为"加粗"，颜色为"黑色"，然后在 B7 单元格中输入"收回货款"。

（5）在凭证内所反映的贷方科目，应填写与现金或银行存款相对应的科目。总账科目和明细科目栏应填写与银行存款或现金收入相对应的总账科目及其明细科目。

选择 C7 单元格，输入"应收账款"；选择 D7 单元格，输入"B 公司"。

（6）金额栏填写经济业务实际发生的数额。在 H7:M7 单元格区域输入"300 000"。在 G12:M12 单元格区域输入"¥300 000"，如图 6-17 所示。

🔍 注意

收款凭证填制完经济业务事项后，若有空行，则应当自金额栏最后一笔金额数字下的空行处至合计数上的空行处划线注销。

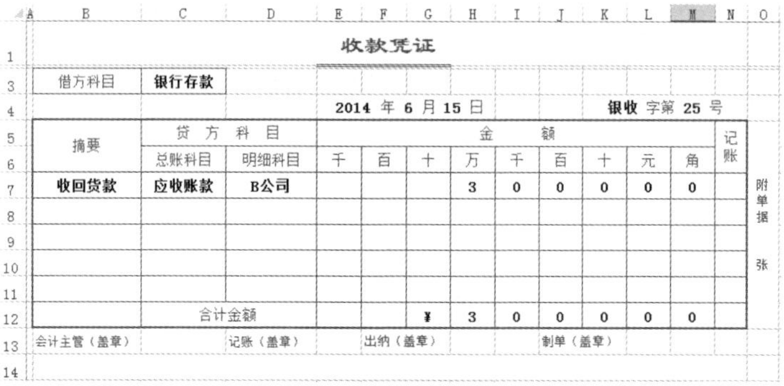

图 6-17　填写金额

（7）选择"插入"选项卡"插入"组"形状"下拉列表中的"线"选项，按下鼠标左键从 M8:E11 区域的右上角拖曳至左下角，然后释放鼠标左键，绘制完成的效果如图 6-18 所示。

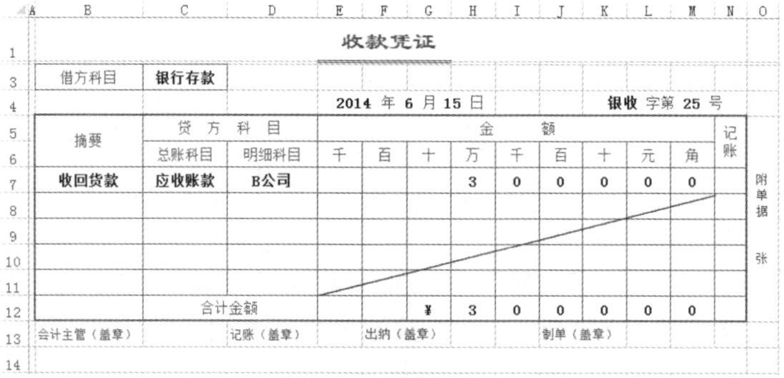

图 6-18　绘制线条

（8）记账栏供记账员根据收款凭证登记有关账簿以后做记号用，应在已经登记账簿的条目后标记"√"，表示已经入账，以免发生漏记或重记。选择 N7 单元格，单击"插入"选项卡"符号"组中的"符号"按钮，打开"符号"对话框，如图 6-19 所示。在"子集"下拉列表中选择"数学运算符"选项，然后单击"√"按钮。单击"插入"按钮后即可在 N7 单元格中插入"√"，效果如图 6-20 所示。

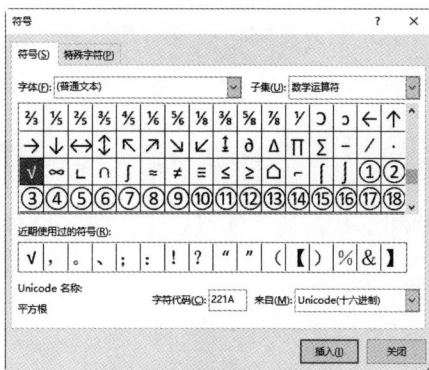

图 6-19　"符号"对话框

图 6-20　填写记账栏

（9）在收款凭证的右侧填写所附原始凭证的张数。选择 O5 单元格，输入附件数量。本例输入"壹"，并设置字体颜色为"黑色，加粗"。

（10）在收款凭证下方分别由相关人员签字或盖章后即可完成收款凭证项目的填写，填写完成的收款凭证如图 6-21 所示。

图 6-21　填写完成的收款凭证

任务 2　插入图形

任务引入

财务部最近需要做一个财务审计报表，部长要求小明制作审计业务的流程图分发给财务部的同事，让他们熟悉审计业务流程，以便开展工作。那么，在 Excel 2021 中，如何制作审计业务的流程图呢？

知识准备

在工作表中，除了图片和形状，通常还可以插入艺术字和 SmartArt 图形来美化工作表，使表格数据一目了然。

一、插入艺术字

艺术字是一种通过特殊效果使文字突出显示的快捷方法。在 Excel 2021 中，可以在内置的艺术字库中选择艺术字样式，也可以自定义艺术字样式。

（1）单击"插入"选项卡"文本"组中的"艺术字"按钮，打开如图 6-22 所示的"艺术字"下拉列表。

（2）选择一种艺术字样式后，即可在工作区中添加一个文本框，如图 6-23 所示。

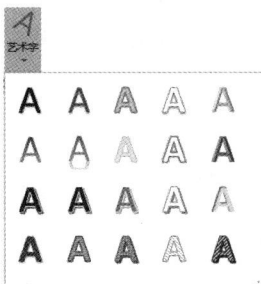

图 6-22　"艺术字"下拉列表

图 6-23　艺术字文本框

（3）在文本框中输入文字，并在"开始"选项卡中调整字体和字号，效果如图 6-24 所示。

（4）选中艺术字，打开"形状格式"选项卡，在"艺术字样式"组中可以对艺术字进行更多的样式设置，"艺术字样式"组如图 6-25 所示。

图 6-24　插入艺术字

图 6-25　"艺术字样式"组

① 文本填充：设置艺术字的填充颜色和效果，与设置形状填充的方法相同。
② 文本轮廓：设置艺术字的轮廓颜色和线条效果，与设置形状轮廓的方法相同。
③ 文本效果：为文本添加阴影、发光、映射、三维等视觉效果及创建曲线文字。
设置文本填充和文本轮廓的效果如图 6-26 所示。

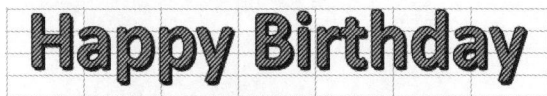

图 6-26　设置文本填充和文本轮廓的效果

● **案例——制作财务印章**

（1）执行"文件"→"新建"→"空白工作簿"操作，新建一个空白的工作簿。在"视图"选项卡"显示"组中取消勾选"网格线"复选框，工作表中不再显示浅灰色的网格线。

（2）单击"插入"选项卡"插图"组中的"形状" 按钮，在打开的下拉列表中的"基本形状"选区中单击"椭圆"按钮○，此时鼠标指针变为十字形。将鼠标指针移到要绘制形状的起点处，按住"Shift"键的同时按下鼠标左键拖动，拖动到终点时释放鼠标左键，即可在工作区绘制一个圆形，如图6-27所示。

（3）在"形状格式"选项卡的"形状样式"组中，设置形状填充为"无填充"，形状轮廓颜色为"红色"，轮廓粗细为"4.5磅"；在"大小"组中更改高和宽为"5厘米"，修改形状后的圆形如图6-28所示。

（4）单击"插入"选项卡"文本"组中"艺术字" 下拉列表中的"填充：黑色，文本色1；阴影"按钮。然后添加一个文本框，输入"某某市某某有限公司"，并在"开始"选项卡的"字体"组中设置字体为"黑体"，字号为"18"，在"形状格式"选项卡"艺术字样式"组中设置文本填充颜色为"红色"，效果如图6-29所示。

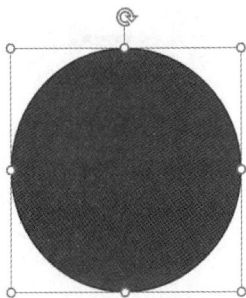

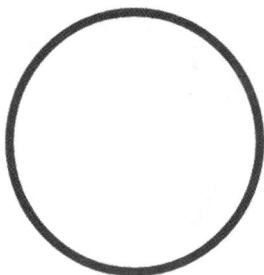

图 6-27　绘制圆形　　　图 6-28　修改形状后的圆形　　　图 6-29　创建艺术字

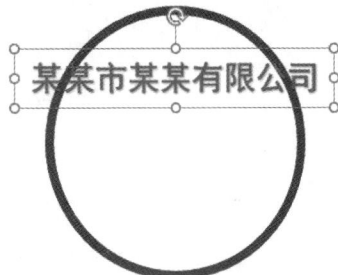

（5）然后单击"形状格式"选项卡"艺术字样式"组中的"文字效果"按钮，打开"文字效果"下拉列表，单击"棱台"级联菜单"棱台"选区中的"圆形"按钮，效果如图6-30所示。

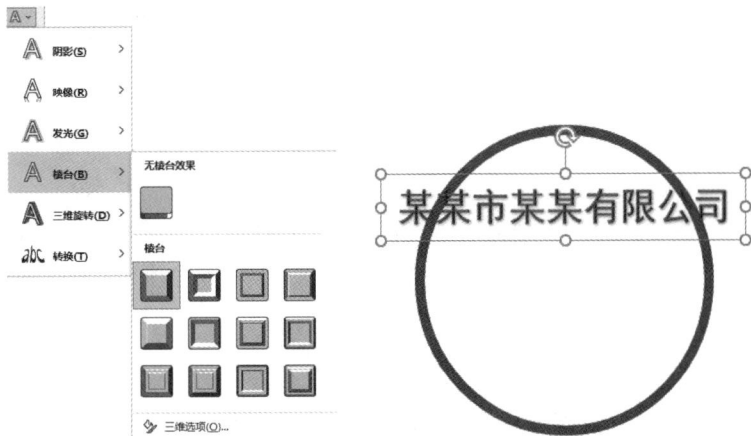

图 6-30　给文字设置棱台效果

（6）继续单击"形状格式"选项卡"艺术字样式"组中的"文字效果"按钮，打开"文字效果"下拉列表，单击"转换"级联菜单"跟随路径"选区中的第一个图标，如图 6-31 所示。

（7）然后拉动文本框上的控制点，调整文字的弧度，使文字弧度和圆形弧度相近，如图 6-32 所示。

（8）单击"插入"选项卡"插图"组"形状"下拉列表"星与旗帜"选区中的"五角星"按钮，此时鼠标指针变为十字形。将鼠标指针移到形状绘制的起点处，按住"Shift"键的同时按下鼠标左键拖动，拖动到终点时释放鼠标左键，即可在工作区绘制一个五角星，如图 6-33 所示。

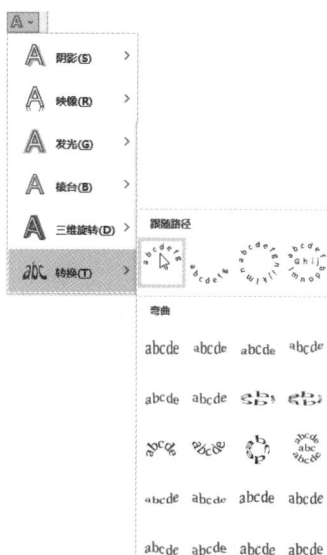

图 6-31　设置"转换"效果

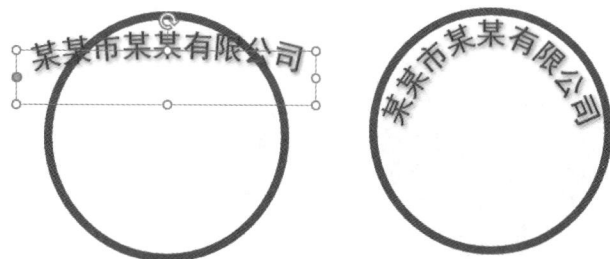

图 6-32　调整文字弧度

（9）在"形状格式"选项卡的"形状样式"组中，将形状填充颜色设置为"红色"，形状轮廓颜色设置为"红色"；在"大小"组中更改高和宽为"1.5 厘米"，效果如图 6-34 所示。

（10）单击"插入"选项卡"文本"组"艺术字"下拉列表中的"填充：黑色，文本色 1；阴影"按钮，添加一个文本框，并输入"财务专用章"。然后在"开始"选项卡的"字体"组中，将字体设置为"黑体"，字号设置为"18"；在"形状格式"选项卡的"艺术字样式"组中，将文本填充颜色设置为"红色"，财务印章的最终效果如图 6-35 所示。

图 6-33　绘制五角星

图 6-34　修改五角星的颜色和形状

图 6-35　财务印章的最终效果

二、插入在线图标

在 Excel 2021 中可以像插入图片一样一键插入可缩放的矢量图形（SVG）图标，SVG 图标不仅能为工作表增添视觉趣味，而且能更直观、形象地展示信息。

（1）单击"插入"选项卡"插图"组中的"图标"按钮，然后选择"图标"选项卡，如图 6-36 所示。

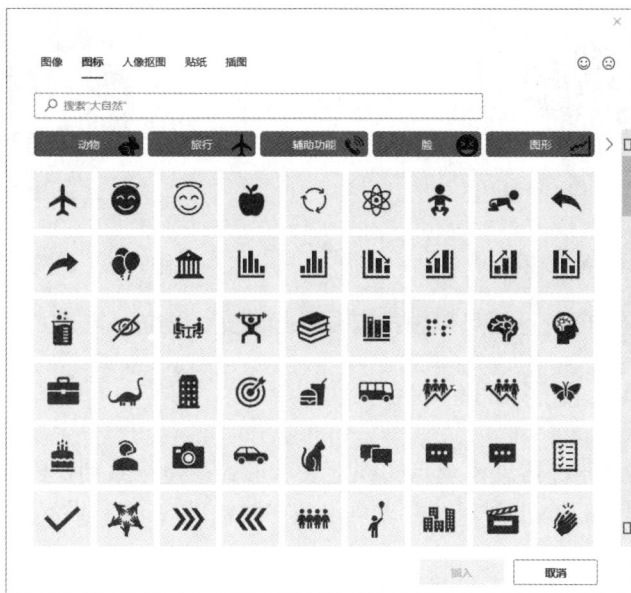

图 6-36　选择"图标"选项卡

Excel 2021 中的在线图标库内置了 5 个类别的 SVG 图标，相比传统的网络下载，SVG 图标不仅种类齐全，而且便于使用。

（2）单击要插入的 SVG 图标后，其右上角将显示选中标记，对话框底部的"插入"按钮变为可用状态，如图 6-37 所示。

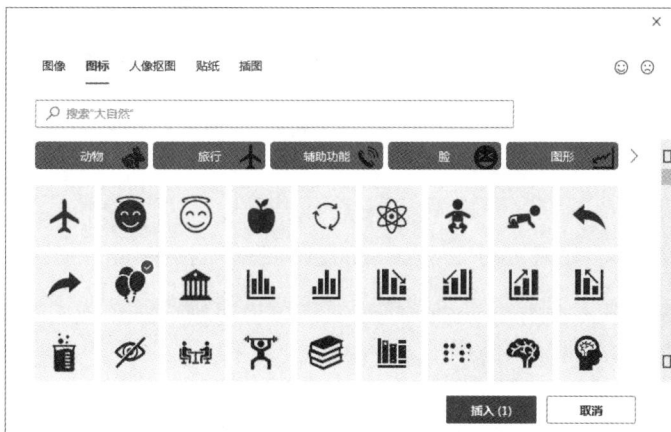

图 6-37　选择要插入的 SVG 图标

（3）单击"插入"按钮，即可关闭对话框，并在当前工作表中插入所选的 SVG 图标，如图 6-38 所示。

由于插入的 SVG 图标是矢量图形，因此可以任意变形而不必担心虚化的问题。

（4）将鼠标指针移到图标四个角上的变形手柄上，当鼠标指针变为双向箭头时，拖动鼠标左键，可以在等比例缩放图标的同时保持图标的清晰度，如图 6-39 所示。

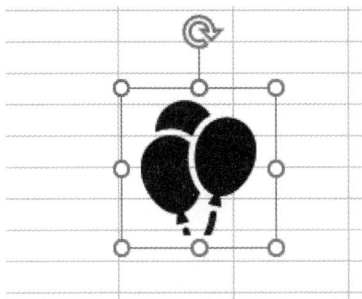

图 6-38　插入图标

图 6-39　调整图标大小

与图片相比，SVG 图标还可以根据需要进行填充、描边，甚至拆分后分项填色。

三、插入 SmartArt 图形

SmartArt 图形是一种信息和观点的视觉表示形式，是一系列已经成形的、表示某种关系的图形。使用 SmartArt 图形，只需单击几下鼠标，就可以创建具有设计师水平的逻辑图或组织结构图。

（1）单击"插入"选项卡"插图"组中的"SmartArt"按钮，打开如图 6-40 所示的"选择 SmartArt 图形"对话框。

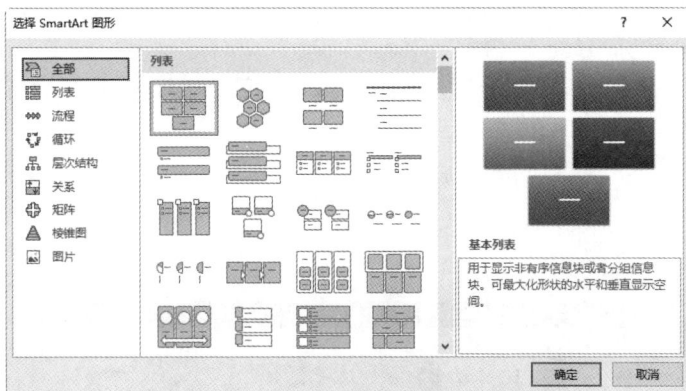

图 6-40　"选择 SmartArt 图形"对话框

Excel 2021 提供了 8 大类 SmartArt 图形，简单说明如下：

① 列表：用于显示非有序信息块或分组信息块。

② 流程：用于显示行进，或者任务、流程或工作流中的顺序步骤。

③ 循环：显示具有连续循环过程的流程。

④ 层次结构：用于显示层次递进或上下级关系。

⑤ 关系：对连接进行图形解释，显示彼此之间的关系。

⑥ 矩阵：用于显示各部分与整体之间的关系。

⑦ 棱锥图：用于显示比例、互连、层次或包含关系。

⑧ 图片：用于显示以图片表示的构思。

（2）在对话框左侧的窗格中选择要插入的图形类型，然后在"列表"窗格中选择需要的布局。例如，选择"层次结构"分类中的"组织结构图"，单击"确定"按钮，即可在工作区插入所选的 SmartArt 图形，如图 6-41 所示。然后根据需要，输入文字即可。

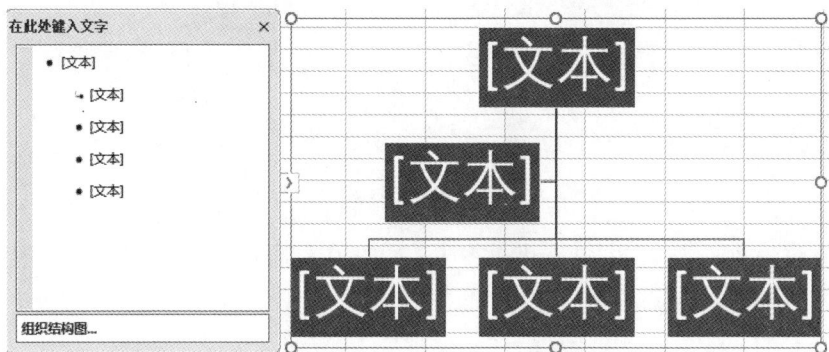

图 6-41　插入 SmartArt 图形

（3）此外，也可以在 SmartArt 图形中添加或删除形状。如果要删除 SmartArt 图形中的形状，就单击要删除的形状，然后按"Delete"键；如果要删除整个 SmartArt 图形，就单击 SmartArt 图形的边框，然后按"Delete"键。

（4）单击插入的 SmartArt 图形，打开如图 6-42 所示的"SmartArt 设计"选项卡，可以更改图形的主题颜色和样式，还可以更改形状和文本的效果。

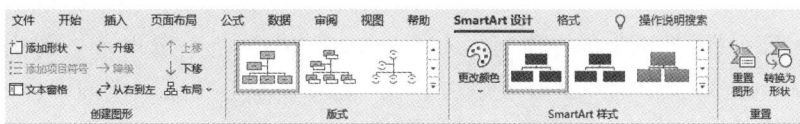

图 6-42　"SmartArt 设计"选项卡

🔍 提示

　　在"SmartArt 设计"选项卡中，可以轻松地切换 SmartArt 图形的布局。切换布局时，大部分文字、颜色、样式、效果及文本格式都会自动带入新布局中。

● 案例——制作财务报表审计业务流程图

（1）执行"文件"→"新建"→"空白工作簿"操作，新建一个空白的工作簿。在"视图"选项卡"显示"组中取消勾选"网格线"复选框，在工作表中将不再显示浅灰色的网格线。

操作演示

（2）单击"插入"选项卡"插图"组中的"SmartArt"按钮，打开"选择 SmartArt 图形"对话框，如图 6-43 所示。选择"流程"选项，单击"重复蛇形流程"按钮。然后单击"确定"按钮，即可在工作表中插入流程图，如图 6-44 所示。

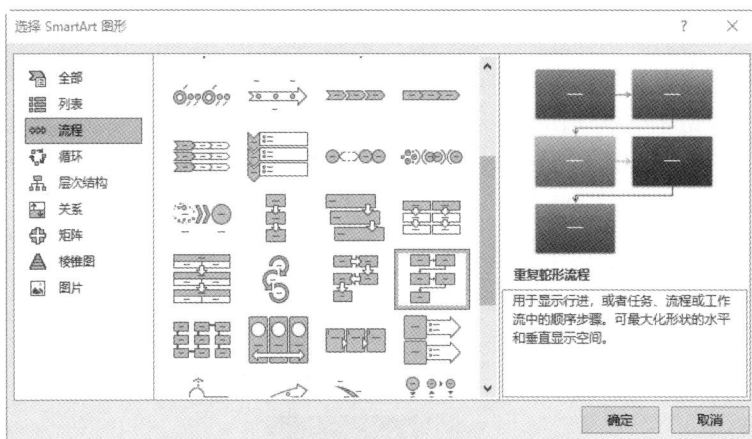

图 6-43　"选择 SmartArt 图形"对话框

（3）如果要更改流程图的样式，那么在"SmartArt 设计"选项卡的"SmartArt"组中选择"粉末"，更改样式的效果如图 6-45 所示。

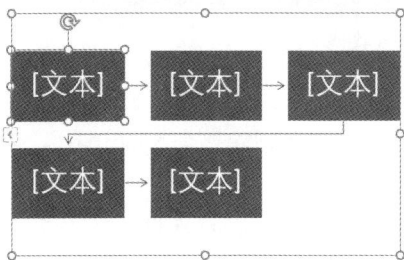

图 6-44　插入流程布局图

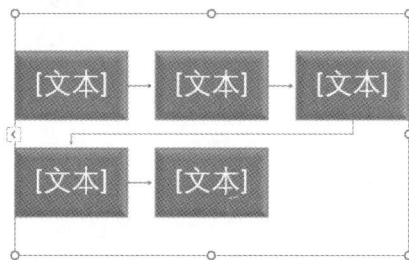

图 6-45　更改样式后的效果

（4）为流程图添加图形的操作为，选择"SmartArt 设计"选项卡"创建图形"组"添加形状"下拉列表中的"在后面添加形状"选项，即可在流程图的末尾添加图形，添加图形后的效果如图 6-46 所示。

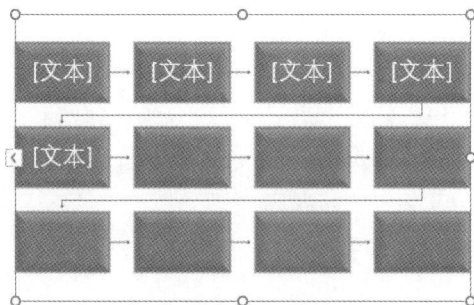

图 6-46　添加图形后的效果

（5）为流程图添加文本的操作为，单击"SmartArt 设计"选项卡"创建图形"组中的"文本窗格"按钮，即可在打开的文本窗格中输入文本，如图 6-47 所示。

（6）如果要更改流程图中图形的大小，那么可以选中流程图中的图形，然后拖动控制点调整其大小，也可以在"格式"选项卡"大小"组中更改图形大小，更改图形大小后的效果如图 6-48 所示。

图 6-47 输入文本

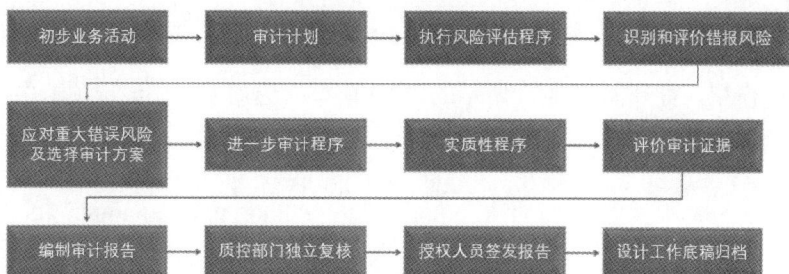

图 6-48 更改图形大小后的效果

四、插入 3D 模型

Excel 2021 支持在工作表中使用标准的 3D 模型来增加文档的可视感和创意感。

（1）单击"插入"选项卡"插图"组中的"3D 模型"按钮，打开如图 6-49 所示的"插入 3D 模型"对话框。单击"文件名"文本框右侧的下拉按钮，可以选择要插入的 3D 模型。

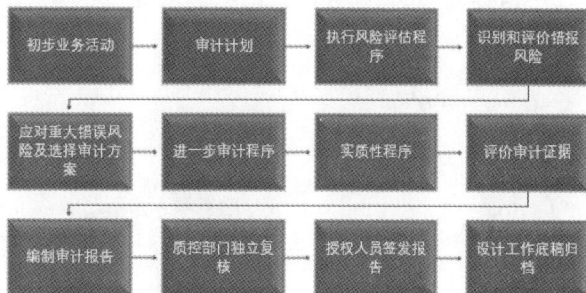

图 6-49 "插入 3D 模型"对话框

（2）在"文件名"下拉列表中选择一个 3D 模型，单击"插入"按钮，即可在当前工作表中插入所选的模型，并且 3D 模型周围会显示 8 个白色的控制手柄和一个灰色的按键，如图 6-50 所示。

（3）使用鼠标拖动 3D 模型周围的白色控制手柄，可调整模型的大小，如图 6-51 所示。

（4）使用鼠标拖动 3D 模型中间的灰色按键，可调整 3D 模型的视角，如图 6-52 所示。

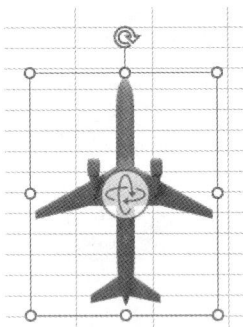

图 6-50　插入 3D 模型　　图 6-51　调整 3D 模型的大小　　图 6-52　调整 3D 模型的视角

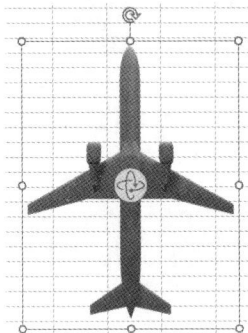

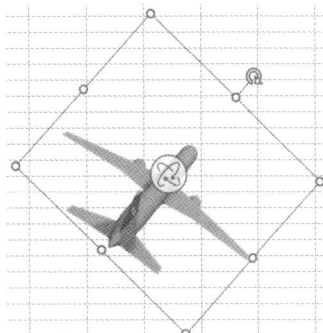

选中 3D 模型，打开如图 6-53 所示的"3D 模型"选项卡，在该选项卡中可以调整模型的视角及大小。

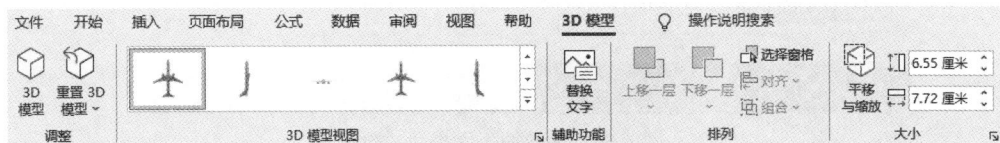

图 6-53　"3D 模型"选项卡

任务 3　排列图形

任务引入

小明在制作表格的标题和表头时，对插入的形状及图标等图形的处理有些混乱，影响了报表的效果。那么，如何对插入的图形进行排列才能使报表更加美观呢？

知识准备

在工作表中插入多个图形之后，往往还需要对插入的图形进行对齐、排列及叠放次序等操作。

一、组合图形

将多个图形组合在一起，就可以对它们进行统一的操作，也可以同时更改图形组合中所有图形的属性。

　　按住"Shift"键或"Ctrl"键单击要组合的图形，可以同时选中工作表中的多个图形。选择"形状格式"选项卡"排列"组"组合"下拉列表中的"组合"选项，可以将所选的图形组合在一起。

　　选择"形状格式"选项卡"排列"组"组合"下拉列表中的"取消组合"选项，可以撤销组合。

二、对齐与分布

　　为了使图形看起来更加整齐，可以重新调整它们的位置。

　　按住"Ctrl"键或"Shift"键选中要对齐的多个图形。单击"形状格式"选项卡"排列"组中的"对齐"按钮，打开如图 6-54 所示的"对齐"下拉列表，然后进行相应的选择。

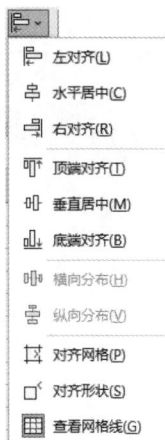

图 6-54　"对齐"下拉列表

三、叠放图形对象

　　在默认情况下，工作表中的图形对象发生重叠时，后添加的图形总是在先添加的图形之上，从而挡住先添加的图形。用户可以根据需要改变它们的层次关系。

　　（1）选择要改变层次的图形，选择"上移一层""下移一层""置于顶层"或"置于底层"中的一种叠放次序，即可改变图形叠放的层次，改变图形叠放层次后的效果如图 6-55 所示。

　　如果图形很多且相互重叠，那么排列图形的层次会很困难。使用"选择"窗格可以轻松解决这个问题。

　　（2）单击"形状格式"选项卡"排列"组中的"选择"按钮，打开如图 6-56 所示的"选择"面板，在这里可以看到当前工作表中所有图形对象的名称列表。

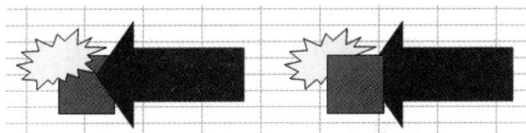

图 6-55　改变图形叠放层次后的效果　　　　图 6-56　"选择"面板

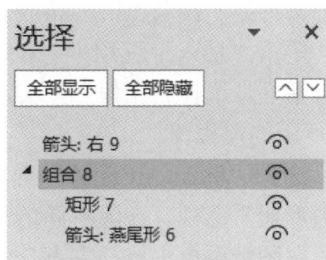

　　（3）单击图形的名称，即可在工作表中选择对应的图形。

　　（4）选择一个图形的名称拖动鼠标左键，或者单击右上角的"上移一层"按钮、"下移一层"按钮，就可以更改图形的排列顺序。

　　（5）单击图形名称右侧的眼睛图标，可以修改图形的可见性。

　　（6）单击"全部显示"或"全部隐藏"按钮，可以同时显示或隐藏当前工作表中的所有图形。

项目总结

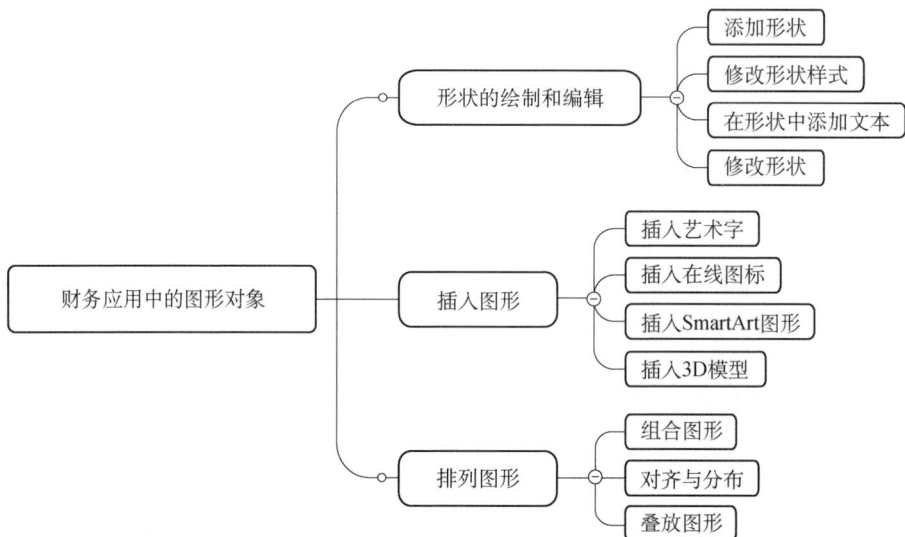

项目实战

实战　制作财务报账流程图

（1）新建一个工作簿，在"视图"选项卡"显示"组中取消勾选"网格线"复选框，使工作表不再显示浅灰色的网格线。

（2）单击"插入"选项卡"插图"组中的"SmartArt"按钮，打开"选择 SmartArt 图形"对话框，选择"流程"分类，然后选择"垂直流程"，单击"确定"按钮，插入如图 6-57 所示的流程图。

（3）选择"SmartArt 设计"选项卡"创建图形"组"添加形状"下拉列表中的"在后面添加形状"选项，在流程图的末尾添加图形，如图 6-58 所示。

（4）在图形中单击鼠标左键，输入文本，如图 6-59 所示。

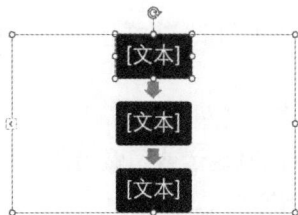

图 6-57　插入流程图

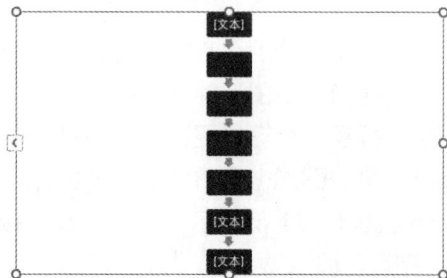

图 6-58　在流程图的末尾添加图形

（5）选中需要更改形状的图形，然后在"格式"选项卡"形状"组的"更改形状"下拉列表中选择合适的图形，更改形状后的流程图如图 6-60 所示。

图 6-59　在图形中输入文本

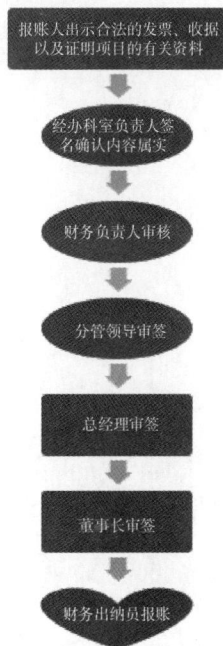

图 6-60　更改形状后的流程图

习题

1. 把绘制好的多个图形对齐，并把其中的 3 个图形组合成一组。
2. 在工作表中插入一幅图片，并设置图片格式。
3. 使用 SmartArt 图形创建一幅逻辑图。

财务图表

素质目标

➢ 培养读者解决问题的能力和关注细节的意识
➢ 充分发挥读者的创造力，培养创新意识，避免思维局限

学习目标

➢ 能够插入图表、更改图表类型、调整图表尺寸等
➢ 能够根据需要设置图表中元素的格式
➢ 能够复制、删除图表中的数据

项目导读

图表是在 Excel 2021 中最常用的工具之一，其能将工作表数据之间的复杂关系用图形表示出来，使数据易于阅读和评价。与工作表相比，它能够更加直观、形象地反映数据的变化趋势和数据之间的对比关系。

任务 1　创建并修改图表

任务引入

　　小明将做好的财务预算支出表提交给领导，但是领导觉得单用数据表示很枯燥，也很难看出数据的变化，要求小明用更加直观的图表来表示数据。那么，在 Excel 2021 中，如何用图表来表示数据呢？

知识准备

一、插入图表

　　选择图表中要输入数据的单元格，单击"插入"选项卡"图表"组右下角的"查看所有图表"按钮，打开"插入图表"对话框，如图 7-1 所示。选择"所有图表"选项卡，可以看到系统提供了丰富的图表类型，此外，每种图表类型还包含一种或多种子类型。

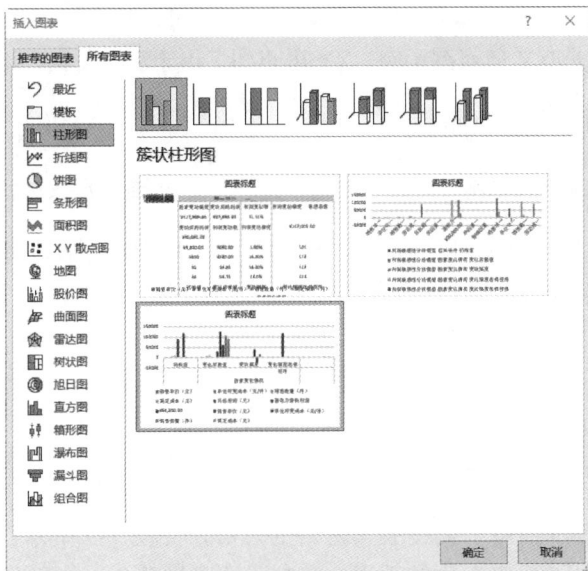

图 7-1　"插入图表"对话框

　　对 Excel 2021 内置图表类型的简要介绍如下：

　　（1）柱形图：柱形图可以显示一段时间内数据的变化，或者描述各项数据之间的差异；堆积柱形图用来显示各项数据与整体的关系；三维柱形图可以沿两条坐标轴对数据点进行比较。柱形图示例如图 7-2 所示。在柱形图中，通常沿水平轴（X 轴）组织类别，沿垂直轴（Y 轴）组织数值。

　　（2）折线图：折线图以等间隔显示数据的变化趋势，如图 7-3 所示。在折线图中，类别数据沿水平轴（X 轴）均匀分布，数值数据沿垂直轴（Y 轴）均匀分布。

图 7-2　柱形图示例

图 7-3　折线图示例

（3）饼图：饼图以圆心角不同的扇形显示某个数据系列中每项数值与总和的比例关系，在需要突出某个重要项时十分有用，如图 7-4 所示。如果要使一些小的扇区更容易被查看，那么可以在紧靠主图表的一侧生成一个较小的饼图或条形图，用来放大较小的扇区。

（4）条形图：条形图用于显示特定时间内各项数据的变化情况，或者比较各项数据之间的差别，如图 7-5 所示。在条形图中，类别数据通常显示在垂直轴（Y 轴）上，数值数据显示在水平轴（X 轴）上，以突出数值之间的区别。

（5）面积图：面积图用于显示幅度随时间的变化量，如图 7-6 所示。在面积图中，类别数据通常显示在水平轴（X 轴）上，数值数据显示在垂直轴（Y 轴）上。

图 7-4　饼图示例

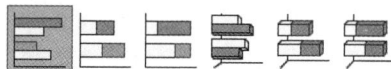

图 7-5　条形图示例

（6）XY 散点图：XY 散点图有两个数值轴，沿水平轴（X 轴）方向显示一组数值数据，沿垂直轴（Y 轴）方向显示另一组数值数据，并且可以按不等间距显示数据，有时也称为簇。如图 7-7 所示是 XY 散点图示例。XY 散点图多用于科学数据，用于显示和比较数值。

图 7-6　面积图示例

图 7-7　XY 散点图示例

（7）地图：通过在地图上以深浅不同的颜色标识地理位置，实现跨地理区域分析和对比数据，如图 7-8 所示。

🔍 提示

创建新地图或将数据附加到现有地图时需要联网，以连接到地图服务。Excel 2021 默认显示世界地图，通过设置数据系列格式中的地图区域可以调整要显示的地图范围。

（8）股价图：股价图用于描述股票价格的走势，如图 7-9 所示。此外，股价图也可以用于科学数据，如随温度变化的数据。在生成这种图形时，必须要以正确的顺序组织数据。

（9）曲面图：曲面图与拓扑图形类似，在寻找两组数据之间的最佳组合时很有用。曲面图的颜色和图案用来指示在同一个取值范围内的区域，如图 7-10 所示。

（10）雷达图：雷达图中的每个分类都拥有自己的数值坐标轴，这些坐标轴从原点向外辐射，并由折线将同一个系列中的值连接起来，如图 7-11 所示。雷达图可以用来比较若干个数据系列的总和值。

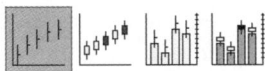

图 7-8　地图示例　　　图 7-9　股价图示例　　　图 7-10　曲面图示例　　　图 7-11　雷达图示例

（11）树状图：树状图按数值的大小比例进行划分，并且每个方格显示不同的色彩，清晰明了，如图 7-12 所示。

（12）旭日图：旭日图也称太阳图，是一种圆环镶接图，可以清晰表达层级和归属关系，便于进行细分溯源分析，了解事物的构成情况，如图 7-13 所示。每个圆环代表同一个级别的比例数据，离原点越近的圆环级别越高，最内层的圆表示层次结构的顶级。除了圆环，旭日图还有若干个从原点放射出去的"射线"，用于展示不同级别数据之间的脉络关系。

（13）直方图：直方图用于展示数据的分组分布状态，常用于分析数据的分布比重和分布频率。使用方块（称为"箱"）代表各个数据区间内的数据分布情况，此外，还可以为已经生成的直方图增加累积频率排列曲线，如图 7-14 所示，直方图也称排列图。

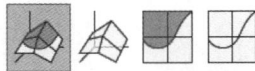

图 7-12　树状图示例　　　　图 7-13　旭日图示例　　　　图 7-14　直方图示例

（14）箱形图：箱形图可以很方便地一次看到一批数据的最大值、上四分位数、中位数、下四分位数、最小值和离散值，是一种查看数据分布的有效方法，如图 7-15 所示。

（15）瀑布图：瀑布图采用绝对值与相对值相结合的方式，用于展示多个特定数值之间的数量变化关系，如图 7-16 所示，适用于分析财务数据。

（16）漏斗图：漏斗图也称倒三角图，是由堆积条形图演变而来的，适用于对比显示流程中多个阶段的值。通常情况下，值逐渐减小，从而使条形图呈现出漏斗形状，如图 7-17 所示。

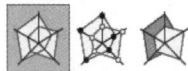

图 7-15　箱形图示例　　　　图 7-16　瀑布图示例　　　　图 7-17　漏斗图示例

🔍 注意

在创建漏斗图之前，应该先降序排列数据。

（17）组合图：组合图是将两个或两个以上的数据系列用不同类型的图表显示，如图 7-18 所示。因此要创建组合图，必须至少选择两个数据系列。

将鼠标指针移到某一种图表类型上时，工作表中将显示该类型的图表预览。选择图表类型后单击"确定"按钮，即可创建图表，使用图表工具栏创建的图表如图 7-19 所示。

图 7-18　组合图示例

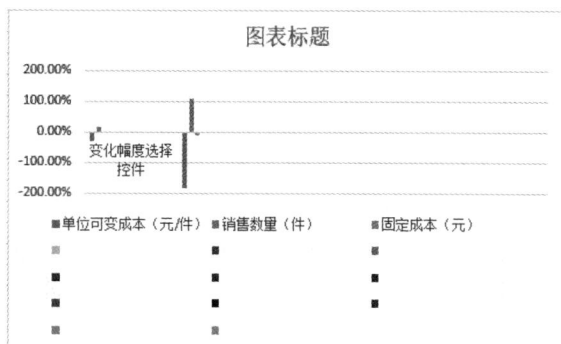

图 7-19　使用图表工具栏创建的图表

教你一招：Excel 2021 默认的图表类型为柱形图，如果不做修改的话，那么可以在工作表上选定要绘制的数据，然后按"F11"键，即可快速创建一张图表工作表。

将鼠标指针悬停在某个数据标志上时，就会显示该数据标志代表的值及有关信息，如图 7-20 所示。

图 7-20　显示数据标志的值及有关信息

图表与图形一样，可以移动位置、改变大小，具体的操作方法与图形的操作方法类似，本任务不再介绍。

🔍 提示

图表的基本组成如下：

➤ 图表区：整个图表及其包含的元素。

➤ 绘图区：以坐标轴为界并包含全部数据系列的区域。

➤ 网格线：可添加到图表中以易于查看和计算数据的线条，是坐标轴上刻度线的延伸，并穿过绘图区。主要网格线标出了轴上的主要间距，用户还可在图表上显示次要网格线，用以标示主要间距之间的间隔。

➤ 数据标志：图表中的条形、面积、圆点、扇面或其他符号，代表源于数据表单元格的单个数据点或值。具有相同样式的数据标志代表一个数据系列。

➤ 数据系列：源自数据表的行或列的相关数据点。图表中的每个数据系列具有唯一的颜色或图案，并且在图表的图例中表示。

➤ 分类名称：通常将工作表数据中的行标题或列标题作为分类名称。

➤ 图例：图例是一个方框，用于标识数据系列或分类的图案或颜色。

➤ 图表数据系列名称：通常将工作表数据中的行标题或列标题作为系列名称，标注在图表的图例中。

二、更改图表类型

选择一个能恰当表现数据特征的图表类型很重要，有助于更清晰地反映数据之间的差异和变化趋势。

（1）用鼠标右键单击图表区，在打开的快捷菜单中单击"更改图表类型"命令，打开如图 7-21 所示的"更改图表类型"对话框。

（2）选择需要的图表类型。

（3）单击"确定"按钮完成对图表类型的更改。

图 7-21 "更改图表类型"对话框

三、调整图表尺寸

（1）选中图表，图表的边框上会出现 8 个控制点。

（2）将鼠标指针移至控制点上，当鼠标指针变为双向箭头时，按下鼠标左键拖动，即可调整图表的大小。

四、设置图表的背景和边框

（1）用鼠标左键双击图表的空白区域，打开"设置图表区格式"面板，如图 7-22 所示。

（2）在"填充"选区可以设置图表背景的填充样式。

（3）在"边框"选区可以详细设置图表边框的样式。

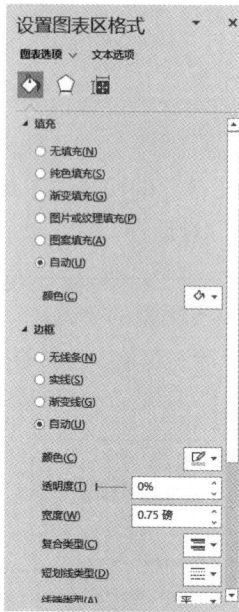

图 7-22　"设置图表区格式"面板

● **案例——制作财务费用支出预算对比图表**

（1）单击"快速访问工具栏"中的"打开"按钮，打开"打开"对话框，打开项目四绘制的"财务费用支出预算表"文件。

（2）选择 D3:D10 单元格区域，单击鼠标右键，在打开的快捷菜单中单击"设置单元格格式"命令，打开如图 7-23 所示的"设置单元格格式"

操作演示

对话框，在"分类"列表框中选择"百分比"选项，并设置小数位数为"2"，单击"确定"按钮，完成单元格格式的设置，设置完成的单元格格式如图 7-24 所示。

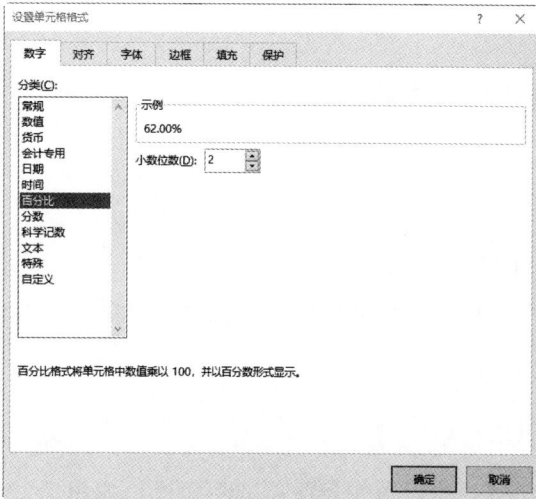

图 7-23　"设置单元格格式"对话框

	A	B	C	D
1				
2	部门	支出金额/万	预算金额/万	支出百分比
3	行政人事部	62	100	62.00%
4	后勤部	105	200	52.50%
5	技术部	59	120	49.17%
6	采购部	360	310	116.13%
7	销售部	160	120	133.33%
8	财务部	42	60	70.00%
9	研发部	82	90	91.11%
10	合计	788	910	86.59%

图 7-24　设置完成的单元格格式

（3）选择 A2:D10 单元格区域，单击"开始"选项卡"样式"组"套用表格格式"下拉列表"中等色"中的"橙色，表样式中等深浅 10"按钮，打开"创建表"对话框，如

图 7-25 所示，勾选"表包含标题"复选框，单击"确定"按钮，选中的单元格区域将应
用表格样式，效果如图 7-26 所示。

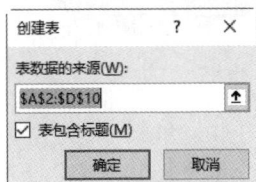

图 7-25　"创建表"对话框

图 7-26　应用表格样式的效果

（4）在"表设计"选项卡中取消勾选"筛选按钮"复选框，得到的表格效果如
图 7-27 所示。

（5）选择要创建图表的 B3:B9 单元格区域，选择"插入"选项卡"图表"组"插入
饼图或环形图"下拉列表中的"三维饼图"选项，在工作表中插入三维饼图，如图 7-28
所示。

图 7-27　取消勾选"筛选按钮"复选框表格效果

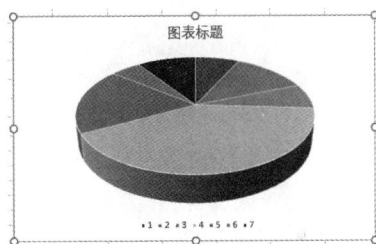

图 7-28　插入三维饼图

（6）选中三维饼图，打开"图表设计"选项卡，单击"图表样式"组"更改颜色"
下拉列表"单色"中的"单色调色板 2"按钮，更改三维饼图的颜色，效果如图 7-29
所示。

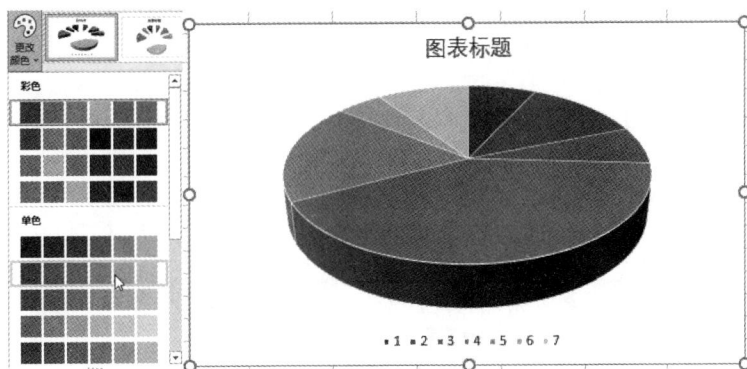

图 7-29　更改三维饼图的颜色

（7）将鼠标指针移至控制点上，当鼠标指针变为双向箭头时，按下鼠标左键拖动，
调整三维饼图的大小，使其与财务预算支出表的下端对齐，效果如图 7-30 所示。

部门	支出金额/万	预算金额/万	支出百分比
行政人事部	62	100	62.00%
后勤部	105	200	52.50%
技术部	59	120	49.17%
采购部	360	310	116.13%
销售部	160	120	133.33%
财务部	42	60	70.00%
研发部	82	90	91.11%
合计	788	910	86.59%

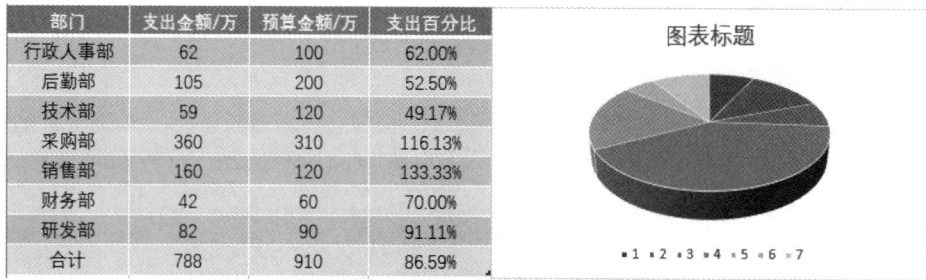

图 7-30　调整三维饼图的大小

（8）选择三维饼图，单击"格式"选项卡"形状样式"组"形状填充"下拉列表"主题颜色"中的"橙色，个性色 2，60%"按钮，更改饼图的背景颜色，如图 7-31 所示。

（9）选择要创建图表的 B3:D9 单元格区域，单击"插入"选项卡"图表"组"插入组合图"下拉列表中的"簇状柱形图—次坐标轴上的折线图"按钮，在工作表中插入簇状柱形图—次坐标轴上的折线图，如图 7-32 所示。

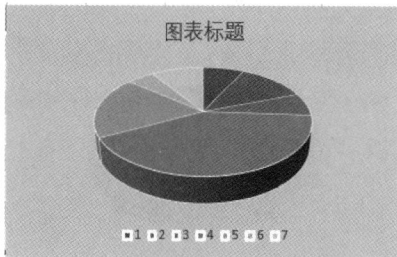

图 7-31　更改饼图的背景颜色

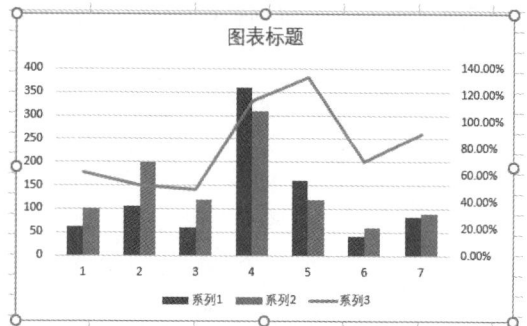

图 7-32　簇状柱形图—次坐标轴上的折线图

（10）选中簇状柱形图—次坐标轴上的折线图，打开"图表设计"选项卡，单击"图表样式"组"更改颜色"下拉列表"单色"中的"单色调色板 2"按钮，更改簇状柱形图—次坐标轴上的折线图的颜色，如图 7-33 所示。

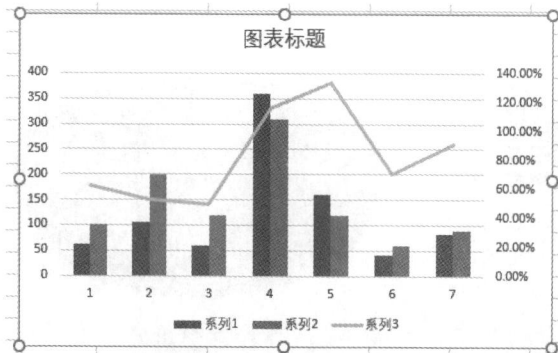

图 7-33　更改簇状柱形图—次坐标轴上的折线图的颜色

（11）将鼠标指针移至簇状柱形图—次坐标轴上的折线图的控制点上，当鼠标指针变为双向箭头时，按下鼠标左键拖动，调整簇状柱形图—次坐标轴上的折线图的大小，调整后的效果如图 7-34 所示。

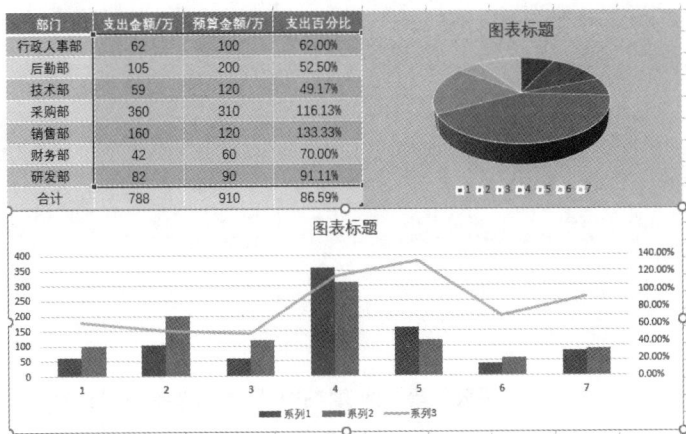

部门	支出金额/万	预算金额/万	支出百分比
行政人事部	62	100	62.00%
后勤部	105	200	52.50%
技术部	59	120	49.17%
采购部	360	310	116.13%
销售部	160	120	133.33%
财务部	42	60	70.00%
研发部	82	90	91.11%
合计	788	910	86.59%

图 7-34　调整簇状柱形图—次坐标轴上的折线图的大小

（12）选取簇状柱形图—次坐标轴上的折线图，单击"格式"选项卡"形状样式"组"形状填充"下拉列表"主题颜色"中的"橙色，个性色 2，60%"按钮，更改簇状柱形图—次坐标轴上的折线图的背景颜色，效果如图 7-35 所示。

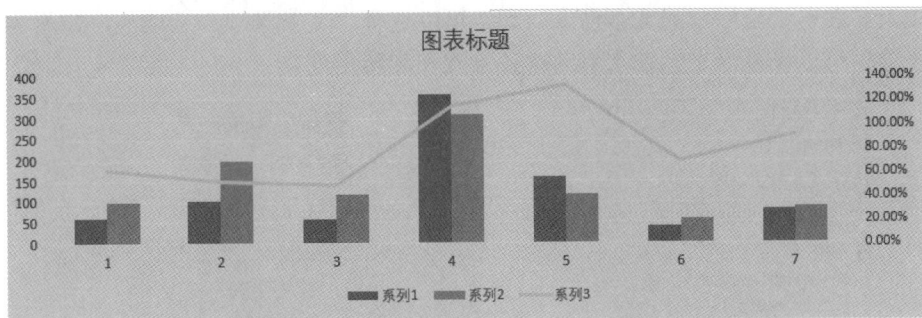

图 7-35　更改簇状柱形图—次坐标轴上的折线图的背景颜色

任务 2　设置图表元素的格式

任务引入

小明已经将数据用图表表示了，但还是觉得不够美观，并且没有显示数据标签，没有修改图表标题。那么，在 Excel 2021 中，如何设置图表元素的格式才能使图表更加美观呢？

知识准备

选择图表后，图表右侧会显示 3 个图标，分别为图表元素、图表样式和图表筛选器，如图 7-36 所示。利用这 3 个图标，可以很便捷地设置图表元素的格式。

137

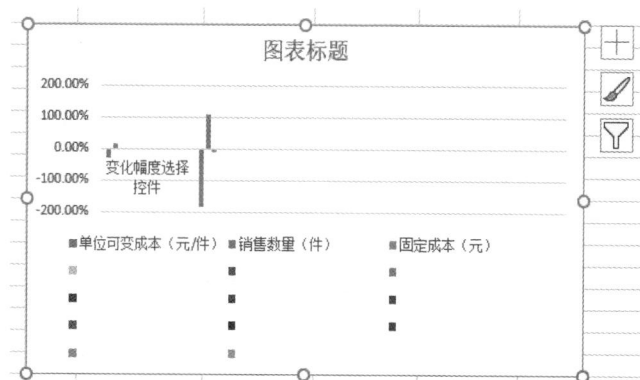

图 7-36　图表元素、图表样式和图表筛选器图标

一、设置坐标轴

双击图表的横坐标轴或纵坐标轴，即可打开如图 7-37 所示的"设置坐标轴格式"面板。在这里，可以设置坐标轴的类型和位置、刻度线标记、标签位置等。

如果要设置沿坐标轴的文本格式，那么可以选择"文本选项"选项卡，如图 7-38 所示。在这里可以设置沿坐标轴文本的对齐方式和旋转角度。

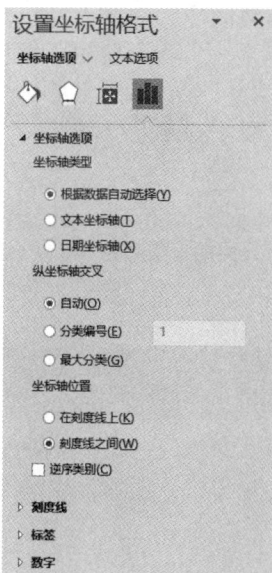

图 7-37　"设置坐标轴格式"面板

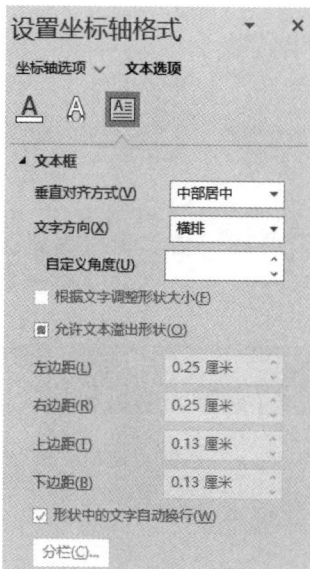

图 7-38　"文本选项"选项卡

二、设置数据系列

（1）在图表中用鼠标右键单击要修改的数据系列，在打开的下拉菜单中单击"设置数据系列格式"命令，打开如图 7-39 所示的"设置数据系列格式"面板。

（2）在"设置数据系列格式"面板中设置数据系列的位置和分类间隔。

（3）选择"填充与线条"选项，设置数据系列的填充效果和边框样式。

三、设置数据标签

默认情况下，图表不显示数据标签。但在有些实际应用中，显示数据标签可以增强图表数据的可读性。设置数据标签的操作如下。

（1）选中图表，单击图表右侧最上方的"图表元素"按钮，打开如图 7-40 所示的"图表元素"列表。

图 7-39　"设置数据系列格式"面板

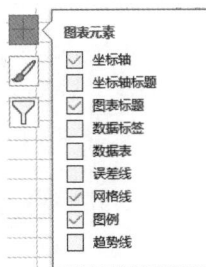

图 7-40　"图表元素"列表

（2）勾选"数据标签"复选框，此时，图表中将显示数据标签。如果只选中了一个数据系列，那么只在指定的数据系列上显示数据标签。

（3）如果默认的数据标签不能满足设计需要，那么可以在"图表元素"列表中单击"数据标签"右侧的级联按钮，在打开的级联菜单中单击"更多选项"命令，打开如图 7-41 所示的"设置数据标签格式"面板。

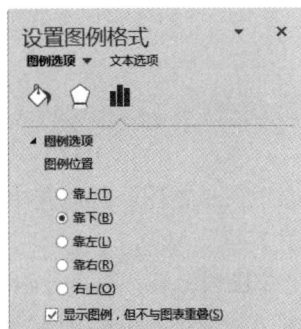

在"设置数据标签格式"面板中可以设置数据标签的填充效果、边框样式、大小、对齐属性、标签选项及数字格式。

四、设置图例

图例用于标识图表中的数据系列或用于分类的图案或颜色。

双击图表中的图例，即可打开如图 7-42 所示的"设置图例格式"面板。在"设置图例格式"面板中可以设置图例的填充效果、边框样式及图例位置。

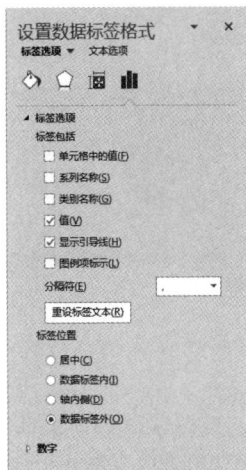

图 7-41　"设置数据标签格式"面板

图 7-42　"设置图例格式"面板

案例——格式化财务费用支出预算对比图表

（1）单击"快速访问工具栏"中的"打开"按钮，打开"打开"对话框，打开任务1制作的财务费用支出预算对比图表。

操作演示

（2）选中三维饼图，单击图表右侧的"图表元素"按钮，在打开的列表中取消勾选"图例"复选框，勾选"数据标签"复选框，然后单击其右侧的级联菜单按钮，在打开的级联菜单中单击"数据标签外"命令，如图7-43所示。

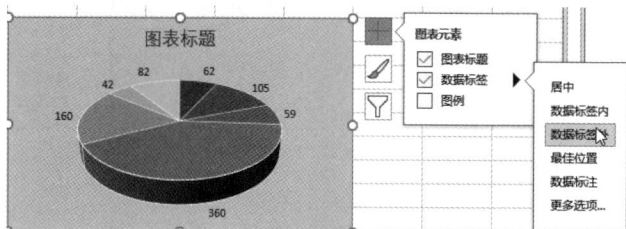

图7-43　设置数据标签显示形式

（3）继续单击"更多选项"命令，打开"设置数据标签格式"面板，取消勾选"值"复选框，勾选"百分比"复选框，其他采用默认设置，如图7-44所示。

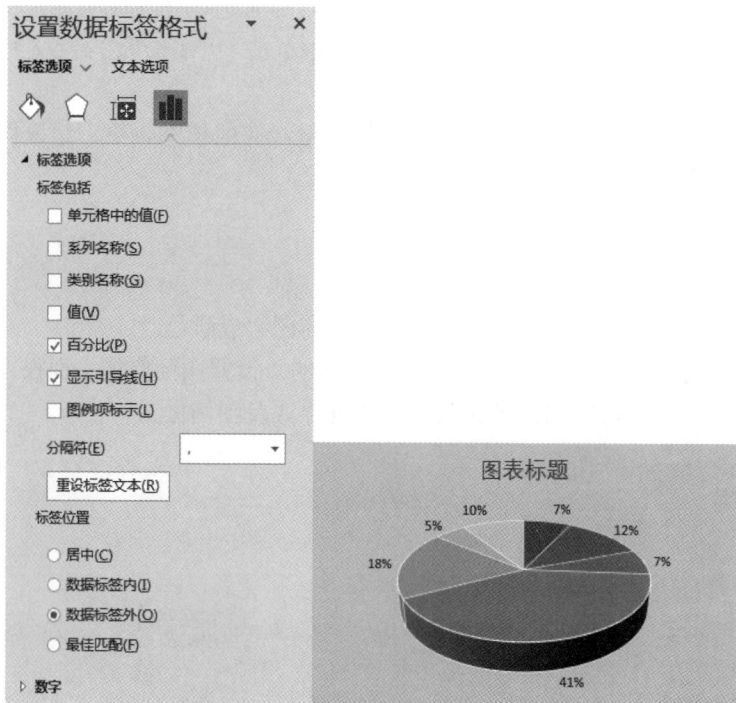

图7-44　设置数据标签格式及效果

（4）选中三维饼图，然后选中图上的数据标签，在数据标签上输入对应数据的部门名称，如图7-45所示。

（5）选中图表标题，在"开始"选项卡"字体"组中，设置字体为"宋体""加粗"，字号为"11"，然后在"图表标题"文本框中输入"部门支出占比图"，效果如图7-46所示。

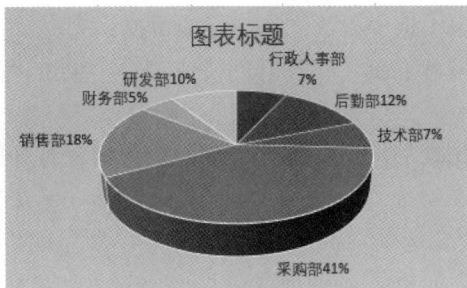

图 7-45　添加数据标签

图 7-46　添加图表标题

（6）选择簇状柱形图—次坐标轴上的折线图，然后选中图中的折线，单击图表右侧的"图表元素"按钮，在打开的列表中取消勾选"图例"复选框，然后勾选"数据标签"复选框，如图 7-47 所示。

图 7-47　显示数据标签

（7）选中图表标题，然后在"开始"选项卡"字体"组中，设置字体为"宋体""加粗"，字号为"11"，然后在"图表标题"文本框中输入"财务费用支出预算对比图"，如图 7-48 所示。

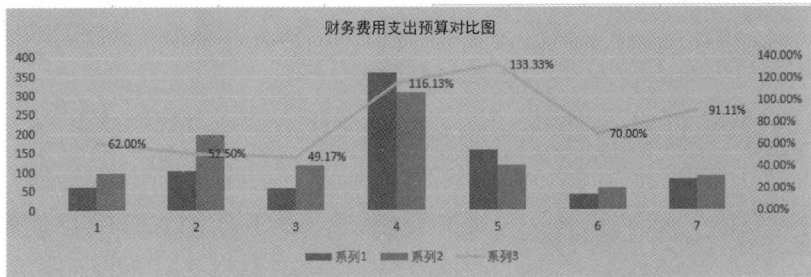

图 7-48　设置簇状柱形图—次坐标轴上的折线图图表标题

五、设置趋势线

趋势线利用图表本身的功能对数据进行分析，并对以后的数据进行预测。在图表中添加趋势线能够非常直观地对数据的变化趋势进行分析预测。设置趋势线的操作如下。

提示

三维图表、堆积图表、雷达图、饼图不能添加趋势线。此外，如果更改了图表或数据序列，那么原有的趋势线将丢失。

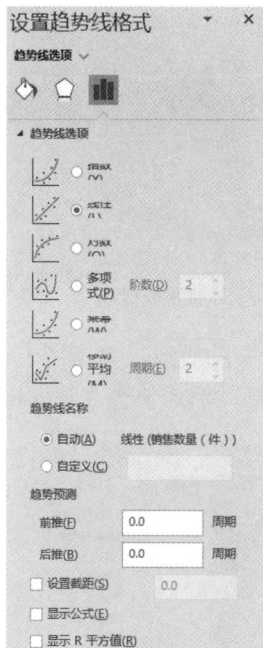

图 7-49　"设置趋势线格式"面板

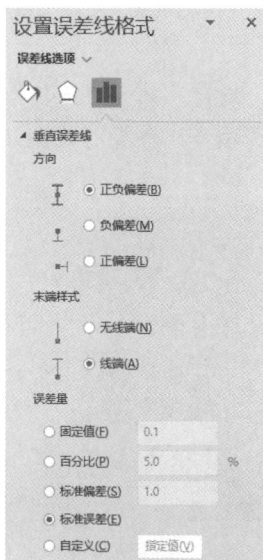

图 7-50　"设置误差线格式"面板

（1）在图表中选中要添加趋势线的数据系列。

（2）单击鼠标右键，在打开的快捷菜单中单击"添加趋势线"命令。

（3）单击图表右侧的"图表元素"按钮，在打开的图表元素列表中勾选"趋势线"复选框，然后在其级联菜单中单击"更多选项"命令，打开如图 7-49 所示的"设置趋势线格式"面板。

（4）在"趋势线选项"选区中选择需要的趋势线类型。Excel 2021 中提供的 6 种趋势线的形式各异，计算方法也各不相同，用户可以根据需要选择不同的类型。

①指数：适合增长或下降速度持续增加，且增加幅度越来越大的数据。

②线性：适合增长或下降速率比较稳定的数据。

③对数：适合增长或下降的幅度一开始比较快，逐渐趋于平缓的数据。

④多项式：适合增长或下降的幅度波动较多的数据。

⑤乘幂：适合增长或下降的速度持续增加，且增加幅度比较恒定的数据。

⑥移动平均：在已知的样本中选择一定量的样本数据计算平均值，平滑处理数据中的微小波动，以更清晰地显示数据的变化趋势。

（5）在"趋势预测"选区中选择前推或后推的周期。

如果要删除趋势线，那么选中要删除的趋势线后按"Delete"键即可。

六、设置误差线

误差线是代表数据系列中数据与实际值偏差的图形线条，通常用于统计科学数据。常用的误差线是 Y 误差线。设置误差线的操作如下。

（1）在图表中选中要添加误差线的数据系列。

（2）单击图表右侧的"图表元素"按钮，在打开的图表元素列表中勾选"误差线"复选框，然后在其级联菜单中单击"更多选项"命令，打开如图 7-50 所示的"设置误差线格式"面板。

（3）在"设置误差线格式"面板中设置误差线的样式和误差量。

● 案例——预测商品的销售趋势

（1）单击"快速访问工具栏"中的"打开"按钮，打开"打开"对话框，然后打开如图 7-51 所示的"商品销售表"文件。

操作演示

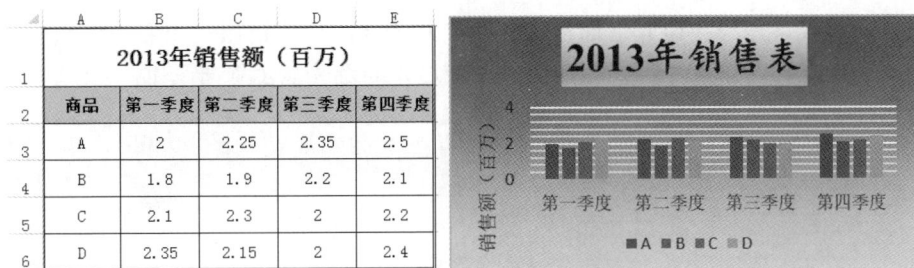

图 7-51　"商品销售表"文件

（2）单击"图表设计"选项卡"图表布局"组"添加图表元素"下拉列表"趋势线"中的"线性"命令，打开如图 7-52 所示的"添加趋势线"对话框。在"添加基于系列的趋势线"列表框中选择"A"，然后单击"确定"按钮，即可为商品 A 添加一条趋势线，效果如图 7-53 所示。

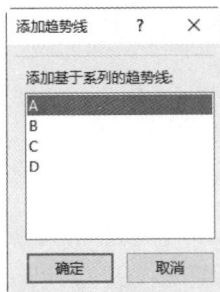

图 7-52　"添加趋势线"对话框

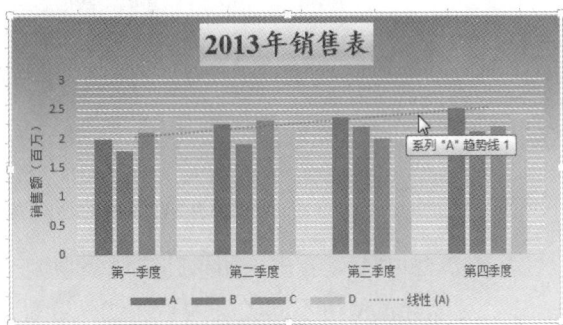

图 7-53　为商品 A 添加趋势线

（3）双击图表中的趋势线，打开"设置趋势线格式"面板。单击"填充线条"按钮，在"线条"列表中设置颜色为"黑色"，设置线条宽度为"1.5 磅"，设置短画线类型为"方点"，如图 7-54 所示。

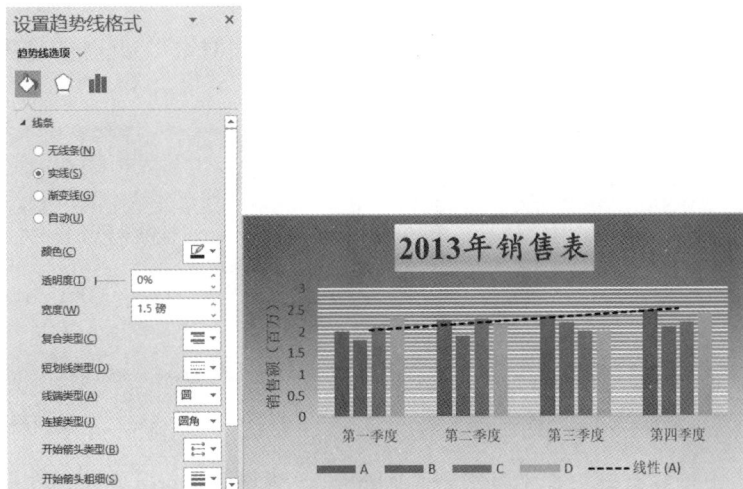

图 7-54　设置趋势线线条格式①

---

① "短划线"应为"短画线"，为保证软件的还原度，本书不做修改。

（4）在"设置趋势线格式"面板中单击"趋势线选项"按钮，在"趋势预测"选区的"前推"文本框中输入"4"，即向前 4 个季度，勾选"显示 R 平方值"复选框，在图表的趋势线上显示 R 平方值，如图 7-55 所示。

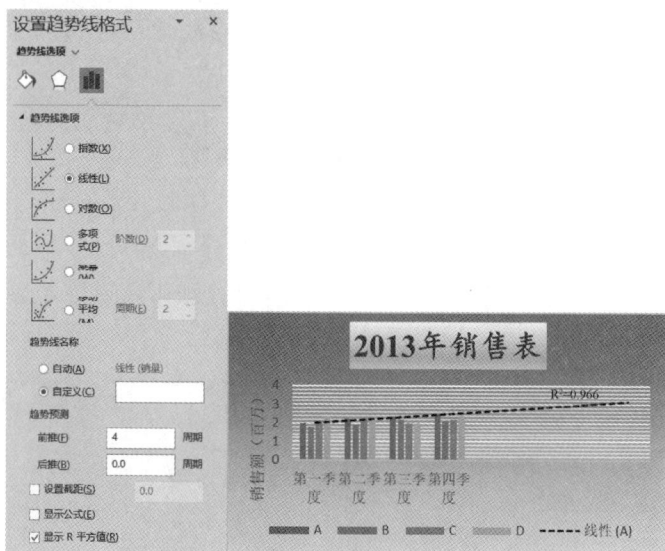

图 7-55　在图表的趋势线上显示 R 平方值

从图 7-55 中可以看出，如果趋势线类型为"线性"，那么 R 平方值为"0.966"，接近 1。读者可以尝试使用不同类型的趋势线，看看 R 平方值是否更加接近 1，以获得数据的最佳趋势线。

（5）将趋势线类型更改为"指数"。选中要更改的趋势线，在"设置趋势线格式"面板的"趋势线选项"列表中选择"指数"单选按钮，此时的趋势线如图 7-56 所示。

从图 7-56 中可以看到，R 平方值为"0.9566"，不如"0.966"接近 1。这说明，"线性"回归分析类型与数据的符合情况更好。

（6）按照与上一步同样的方法将趋势线类型更改为"对数"，此时的趋势线如图 7-57 所示。

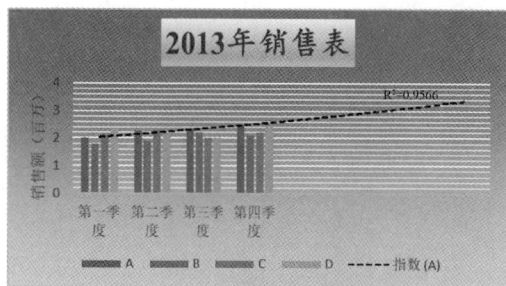

图 7-56　"指数"类型趋势线

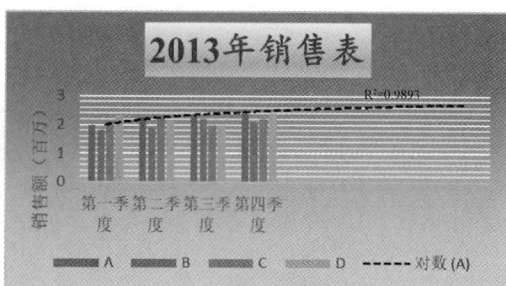

图 7-57　"对数"类型趋势线

从图 7-57 中可以看到，R 平方值为"0.9893"，更接近 1。这说明，相对于"线性"回归分析类型，"对数"回归分析类型与数据的符合情况更好，它计算数据趋势线时使用的公式有别于"线性"趋势线。

（7）按照与上一步同样的方法分别将趋势线类型更改为"多项式""乘幂"和"移动

平均"，生成的趋势线分别如图 7-58、图 7-59 和图 7-60 所示。

图 7-58　"多项式"类型趋势线

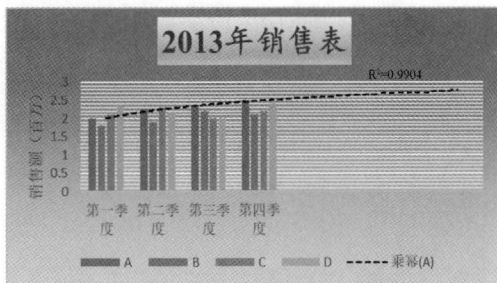

图 7-59　"乘幂"类型趋势线

从图中可以看出，"多项式"类型趋势线的 R 平方值为"0.9849"；"乘幂"类型趋势线的 R 平方值为"0.9904"；"移动平均"类型的趋势线不提供 R 平方值。通过比较上述趋势线的 R 平方值可以看出，"乘幂"回归分析类型可以更好地预测未来的销售情况。

为了帮助读者对趋势线有更直观的了解，可以为趋势线命名。

图 7-60　"移动平均"类型趋势线

（8）选中图表中已添加的趋势线，打开"设置趋势线格式"面板。在"趋势线名称"选区，选择"自定义"单选按钮，然后在文本框中输入"A 未来一年的预测"，此时，图表中的图例将显示自定义的名称，如图 7-61 所示。

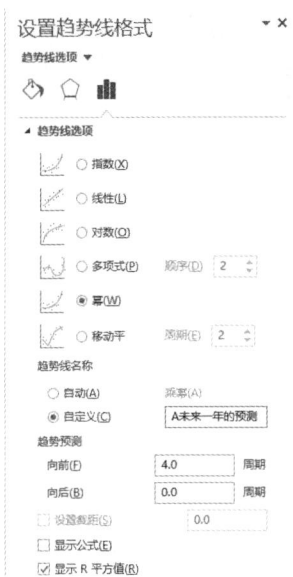

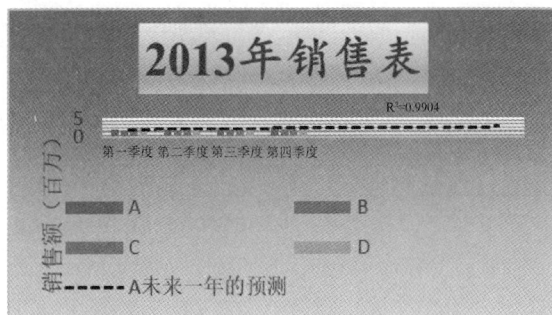

图 7-61　显示自定义的名称

（9）在"图表设计"选项卡的"图表布局"组中单击"添加图表元素"按钮，在打开的下拉列表中选择"趋势线"→"线性"选项，打开"添加趋势线"对话框，选择"B"后，单击"确定"按钮，即可为商品 B 添加一条趋势线。

（10）通过比较，为商品 B 选择最适合的趋势线类型为"多项式"，为商品 B 添加趋势线后的效果如图 7-62 所示。

（11）按照同样的方法，为商品 C、商品 D 添加趋势线，效果如图 7-63 所示。

图 7-62　为商品 B 添加趋势线

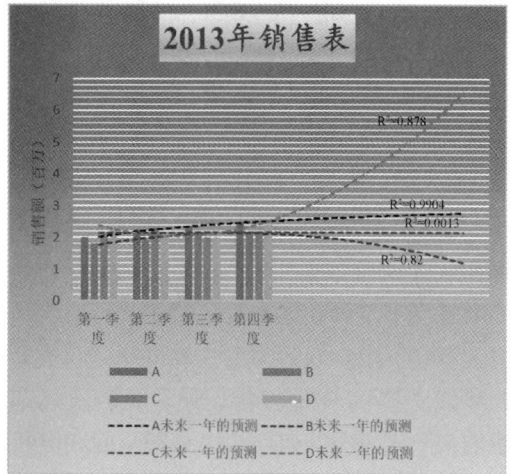

图 7-63　为商品 C 和商品 D 添加趋势线

（12）在"图表设计"选项卡"图表布局"组中单击"添加图表元素"按钮，在打开的下拉列表中选择"误差线"→"标准误差"选项后，在每个数据条的顶端均显示标准误差线，如图 7-64 所示。

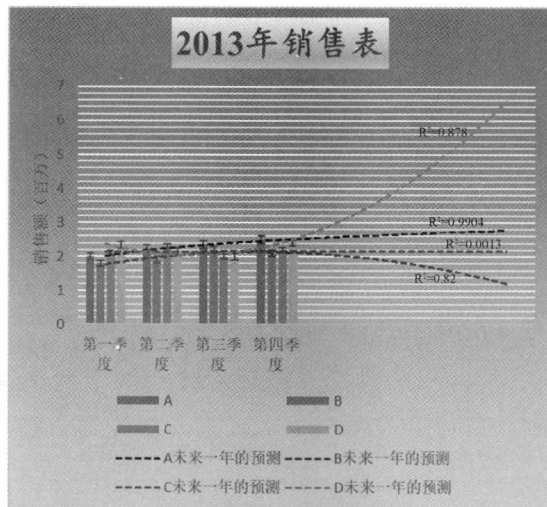

图 7-64　添加标准误差线

（13）选中商品 A 的误差线，打开"设置误差线格式"面板，设置误差线的线条样式为"实线"，颜色为"黑色"，宽度为"1 磅"，如图 7-65 所示。

（14）按照同样的方法，设置商品 B、商品 C 和商品 D 的误差线格式，最终效果图如图 7-66 所示。

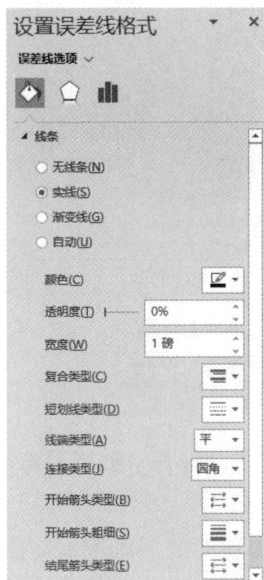

图 7-65　设置误差线的线条格式

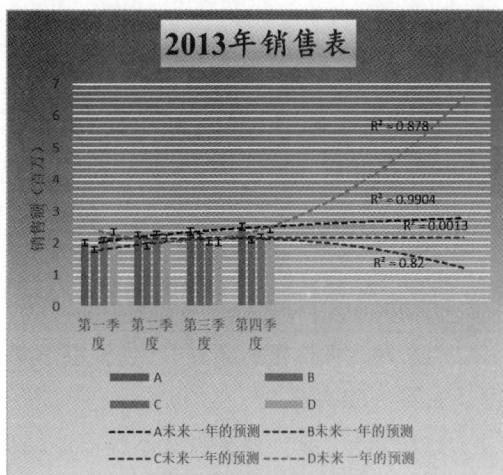

图 7-66　最终效果图

任务 3　编辑图表数据

任务引入

小明将修改后的财务费用支出预算对比图表提交给领导，领导觉得这次报表做得比较直观，但其中的有些数据不太符合要求，因此需要对图表进行编辑。那么，在 Excel 2021 中，如何按要求编辑图表中的数据呢？

知识准备

创建图表后，可以随时根据需要对图表进行编辑，如添加、更改和删除数据。

一、复制、粘贴数据

在图表中添加数据最简单的方法是复制工作表中的数据，然后粘贴到图表中。
（1）选择要添加到图表中的数据单元格区域。
（2）单击"开始"选项卡"剪贴板"组中的"复制"按钮。
（3）单击图表，然后单击"开始"选项卡"剪贴板"组中的"粘贴"按钮。

二、选择数据源

（1）在图表区单击鼠标右键，在打开的快捷菜单中单击"选择数据"命令，打开如

图 7-67 所示的"选择数据源"对话框。

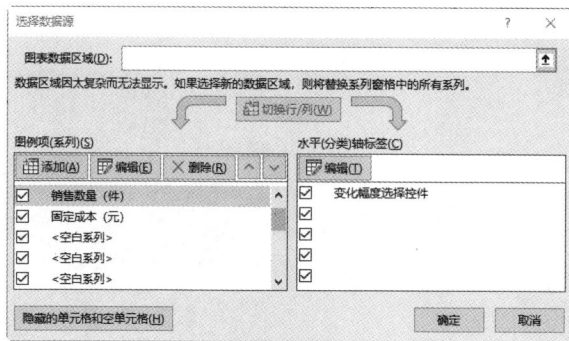

图 7-67　"选择数据源"对话框

（2）在"图例项（系列）"列表框中单击"添加"按钮，打开"编辑数据系列"对话框，如图 7-68 所示。

（3）单击"系列名称"文本框右侧的按钮，选择要添加的数据区域；单击"系列值"文本框右侧的按钮，选择要引用的数据区域；然后单击"确定"按钮关闭对话框。此时，"选择数据源"对话框的"图例项（系列）"列表框中将显示添加的数据系列；"图表数据区域"文本框中将显示添加数据后的图表数据区域。

（4）单击"水平（分类）轴标签"下方的"编辑"按钮，打开"轴标签"对话框，单击"轴标签区域"文本框右侧的按钮，在工作表中选择分类标签所在的数据区域，如图 7-69 所示。

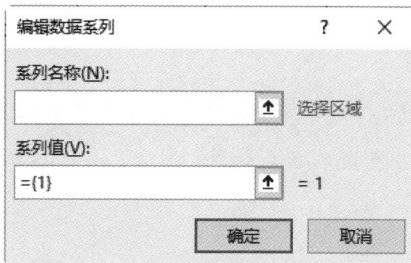

图 7-68　"编辑数据系列"对话框

图 7-69　"轴标签"对话框

（5）单击"确定"按钮返回"选择数据源"对话框，在"水平（分类）轴标签"列表框中可以看到设置的轴标签。单击"确定"按钮关闭对话框，图表中即可显示已添加的数据系列和图例。

案例——编辑财务费用支出预算对比图表

（1）单击"快速访问工具栏"中的"打开"按钮，打开"打开"对话框，打开任务 2 中绘制的财务费用支出预算对比图表。

（2）在簇状柱形图—次坐标轴上的折线图上单击鼠标右键，在打开的快捷菜单中单击"选择数据"命令或单击图表右侧的"图表筛选器"按钮，在打开的如图 7-70 所示的下拉列表中选择"选择数据"，打开如图 7-71 所示的"选择数据源"对话框。

操作演示

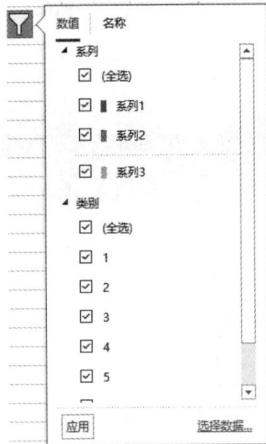

图 7-70　"图表筛选器"下拉列表

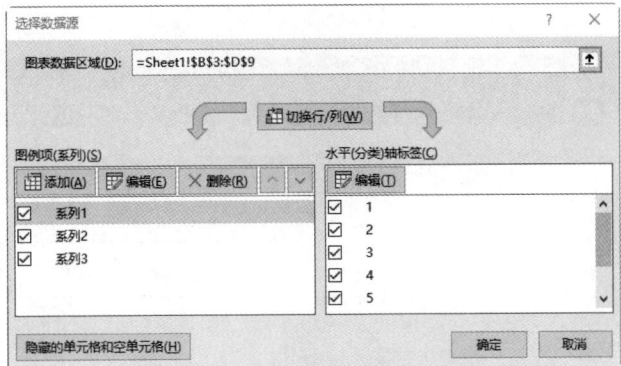

图 7-71　"选择数据源"对话框

（3）在"选择数据源"对话框的"图例项（系列）"列表框中勾选"系列 1"复选框，单击"编辑"按钮，打开"编辑数据系列"对话框，然后在"系列名称"文本框中输入"支出金额/万"，如图 7-72 所示，单击"确定"按钮返回"选择数据源"对话框。

（4）采用相同的方法，更改系列 2 的名称为预算金额/万，更改系列 3 的名称为支出百分比，效果如图 7-73 所示。

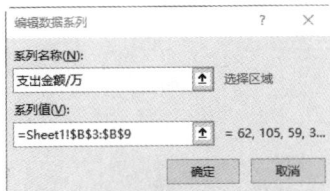

图 7-72　"编辑数据系列"对话框

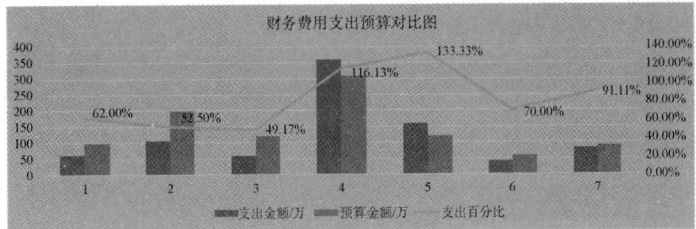

图 7-73　更改系列名称

（5）在"选择数据源"对话框的"水平（分类）轴标签"列表框中勾选"1"复选框，然后单击"编辑"按钮，打开如图 7-74 所示的"轴标签"对话框，在图表中选择 A3:A9 单元格区域，连续单击"确定"按钮，完成轴标签的更改，效果如图 7-75 所示。

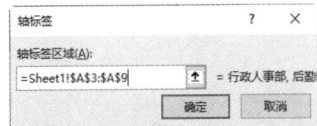

图 7-74　"轴标签"对话框

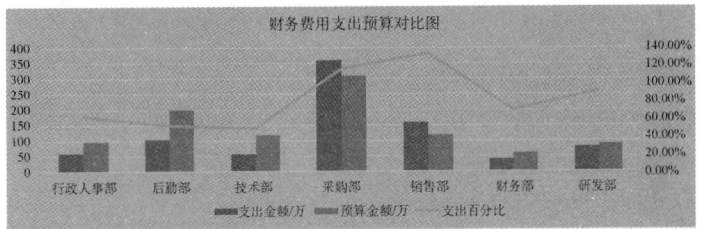

图 7-75　更改轴标签

三、删除数据

（1）用鼠标右键单击图表区，在打开的快捷菜单中单击"选择数据"命令，打开"选择数据源"对话框。

（2）在"图例项（系列）"列表框中选择要删除的数据系列，然后单击"删除"按钮，即可在图表中删除所选的数据系列。

项目总结

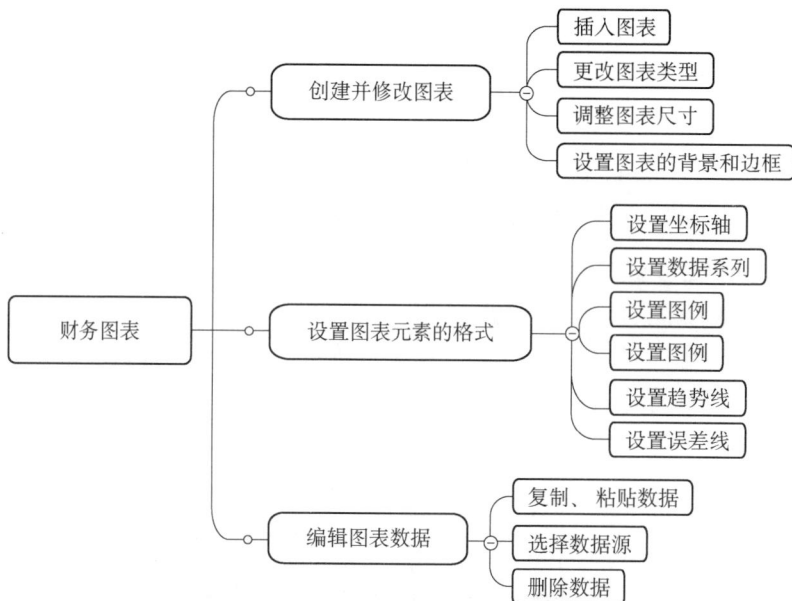

项目实战

实战一　制作产品合格率示意图

（1）新建一个名为"产品合格率"的工作簿，在工作表中输入数据，并对工作表进行格式设置，效果如图 7-76 所示。

（2）选择要创建图表的 B2:E11 单元格区域，插入如图 7-77 所示的三维簇状柱形图。

	A	B	C	D	E	F
1			产品合格率			
2	编号	姓名	4月份	5月份	6月份	平均合格率
3	1	吴用	92.52	93.65	98.12	94.76
4	2	程绪	92.68	92.33	93.45	92.82
5	3	赵一冰	94.87	90.61	93.68	93.05
6	4	张若琳	91.45	95.86	98.99	95.43
7	5	李会朋	89.66	95.68	96.57	93.97
8	6	董小军	93.96	90.72	92.16	92.28
9	7	余波	92.48	90.64	90.18	91.10
10	8	常子龙	96.75	91.85	93.56	94.05
11	9	尚可辉	95.68	99.31	97.62	97.54

图 7-76　创建的工作表

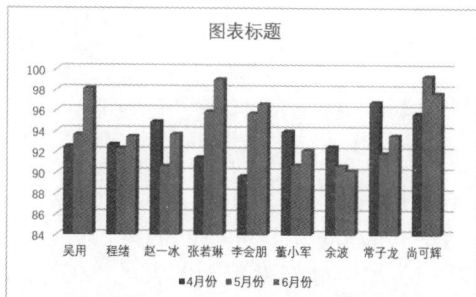

图 7-77　插入的三维簇状柱形图

（3）选中图表，单击"切换行/列"命令，将数据按月份分为 3 部分，每部分均显示所有员工的成品合格率，如图 7-78 所示。

（4）选中图表，更改图表样式，效果如图 7-79 所示。

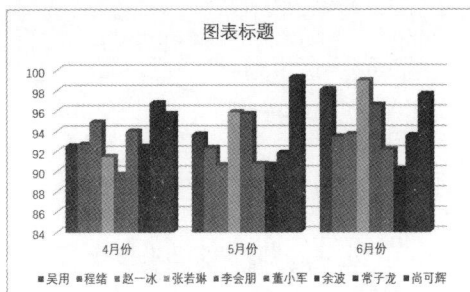
图 7-78　使用"切换行/列"后的效果

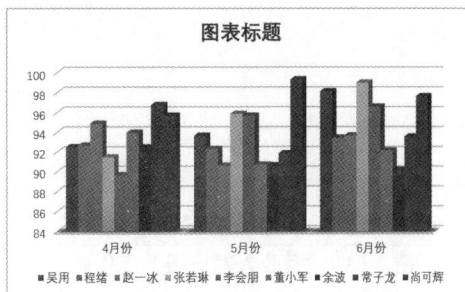
图 7-79　修改图表样式的效果

（5）修改图表的布局，包括图表标签、坐标轴、网格线等，修改后的效果如图 7-80 所示。

（6）选中图表标题，修改图表标题的形状样式，可以使用"形状填充""形状轮廓""形状效果"自定义样式，修改图表标题后的效果如图 7-81 所示。

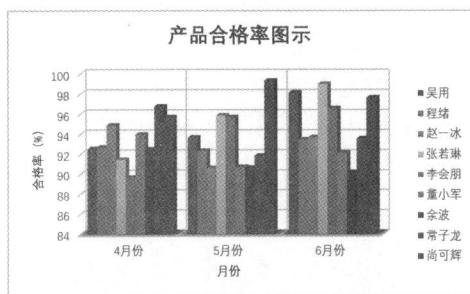
图 7-80　修改图表布局后的效果

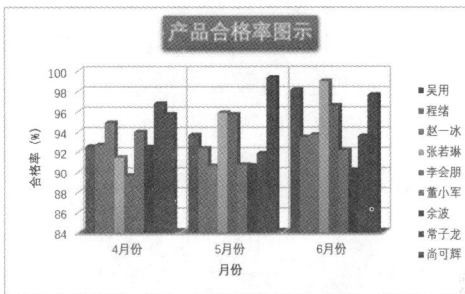
图 7-81　修改图表标题的样式

（7）插入背景图片，效果如图 7-82 所示。

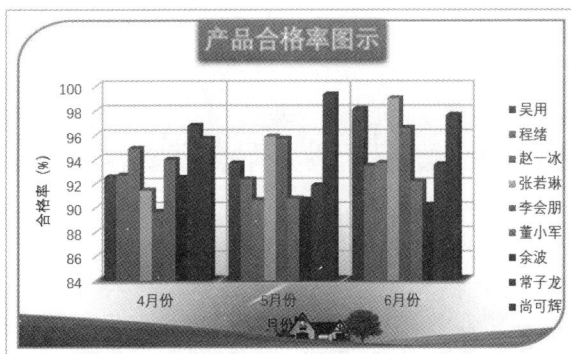
图 7-82　插入背景图片后的产品合格率图示

实战二　制作月收入对比图

（1）创建一个"月收入对比图"工作表，如图 7-83 所示。

（2）选中图表要包含的单元格区域 A2:G4，选择"插入"选项卡"图表"组"折线图"下拉列表中的"带数据标记的折线图"选项，工作区将显示对应的图表，如图 7-84 所示。

图 7-83　"月收入对比图"工作表

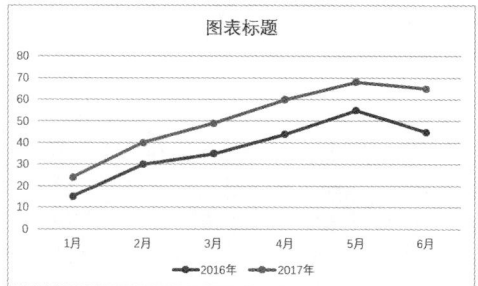

图 7-84　插入的折线图

（3）选中图表，在"图表设计"选项卡"图表样式"组中选择"样式 2"。

（4）在"图表设计"选项卡"图表布局"组中单击"添加图表元素"按钮，然后单击下拉列表中"网格线"中的"主轴主要垂直网格线"命令，在图表中添加垂直方向的网格线。

（5）选中图表标题，将标题修改为"月收入对比图（万元）"，如图 7-85 所示。

（6）在图表中选择数据系列"2017 年"，在"图表设计"选项卡的"图表布局"组中单击"添加图表元素"按钮，在弹出的下拉菜单中单击"误差线"中的"其他误差线选项"命令，在打开的"设置误差线格式"面板中选择"正负偏差"选项，在"误差量"选项组中选择"固定值"单选按钮，然后在右侧的文本框中输入"10"，最终效果如图 7-86 所示。

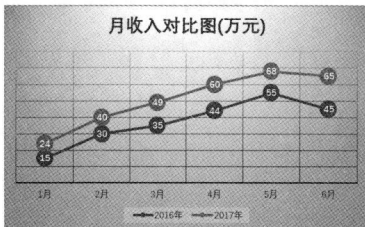

图 7-85　修改图表标题

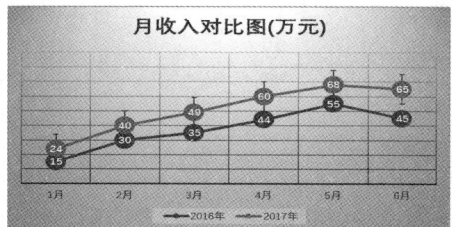

图 7-86　月收入对比图的最终效果

习题

1. 创建如图 7-87 所示的电脑整机销量统计表。

图 7-87　电脑整机销量统计表

2. 创建如图 7-88 所示的某公司上半年销售情况表。

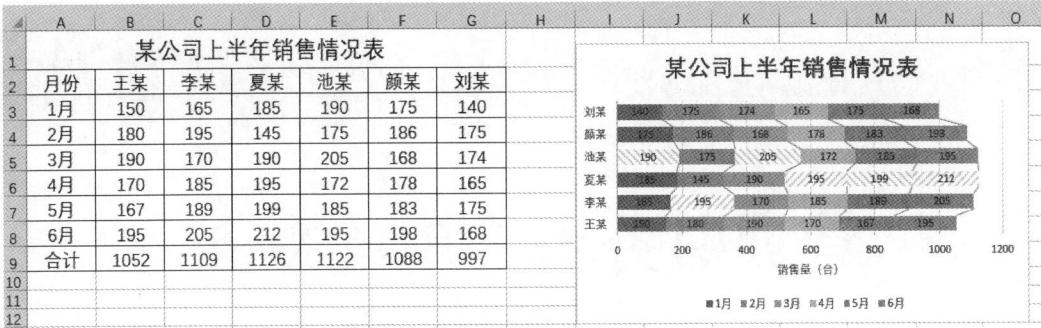

月份	王某	李某	夏某	池某	颜某	刘某
1月	150	165	185	190	175	140
2月	180	195	145	175	186	175
3月	190	170	190	205	168	174
4月	170	185	195	172	178	165
5月	167	189	199	185	183	175
6月	195	205	212	195	198	168
合计	1052	1109	1126	1122	1088	997

图 7-88　某公司上半年销售情况表

管理财务表格中的数据

素质目标

➤ 培养求真务实、精益求精的工匠精神
➤ 树立心系社会并有时代担当的精神追求

学习目标

➤ 能够进行单关键字或多关键字的排序
➤ 能够对数据进行自定义和高级筛选
➤ 能够对数据进行分类汇总

项目导读

  Excel 2021 的强大功能之一就是分析和处理数据。工作表中的数据通常都有规律，使用排序功能可以根据特定列中的内容重新排列数据区域中的行；使用筛选功能可以快速查找符合条件的数据子集。

任务 1　数据排序

任务引入

小明需要将公司本月的进货信息汇总到一个表格中，但是看着杂乱无章的数据，他有点眼花缭乱。那么，如何通过添加条件将产品分类，并对表格中的数据进行排序呢？

知识准备

使用 Excel 2021 中的数据排序功能，可以使数据按照用户的要求排序。排序有两种方法：按关键字排序、自定义排序。

一、按关键字排序

1. 按单关键字排序

按单关键字排序是按数据区域中某一列的关键字进行排序，是最常用也是最简单的一种排序方法。

（1）打开要排序的数据表，选择数据区域中的任意单元格。

（2）单击"数据"选项卡"排序和筛选"组中的"排序"按钮，打开如图 8-1 所示的"排序"对话框。

图 8-1　"排序"对话框

（3）在"主要关键字"下拉列表中选择需要排序的关键字；在"排序依据"下拉列表中选择排序依据，在"次序"下拉列表中选择排序方式。

（4）单击"确定"按钮，完成排序操作。

2. 排序和筛选

使用功能区中的相应按钮，也能使数据按单关键字进行排序。

（1）单击待排序数据列中的任意一个单元格。

（2）单击"数据"选项卡"排序和筛选"组中的"升序"按钮或"降序"按钮，即可使数据列按升序或降序排序。

提示

Excel 2021 默认根据单元格中的数据进行排序，在按升序排序时，遵循以下规则：
（1）数字从最小的负数到最大的正数进行排序。
（2）文本及包含数字的文本按 0~9，a~z，A~Z 的顺序排序。

注意

如果两个文本字符串除了连字符不同，其余都相同，那么带连字符的文本排在后面。

在按字母的先后顺序对文本进行排序时，应从左到右依次进行排序。例如，如果一个单元格中含有文本"A100"，那么这个单元格将排在含有"A1"的单元格后面，在含有"A11"的单元格前面。

在逻辑值中，"False"排在"True"前面；所有错误值的优先级相同；空格始终排在最后。

注意

在 Excel 2021 中排序时可以指定是否区分大、小写。在对汉字进行排序时，既可以根据汉语拼音的字母顺序进行排序，也可以根据汉字的笔画顺序进行排序。

在按降序排序时，除了空白单元格总是在最后，其他的排列次序反转。

案例——按数量排序进货单

（1）新建一个工作簿，在默认新建的工作表中制作"服装进货单"，并进行格式化，如图 8-2 所示。

（2）选择 D3 单元格，单击"数据"选项卡"排序和筛选"组中的"排序"按钮，打开"排序"对话框。在"主要关键字"下拉列表中选择"数量"选项，其他选项保留默认设置，如图 8-3 所示。

操作演示

图 8-2 原始的"服装进货单"

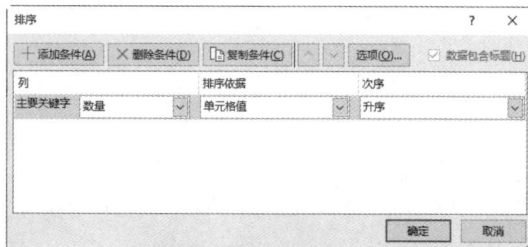
图 8-3 设置主要关键字

（3）单击"确定"按钮，"服装进货单"即根据采购数量升序排序，效果如图 8-4 所示。

此外，还可以选择 D3 单元格，然后单击"数据"选项卡"排序和筛选"组中的"升序"按钮，"服装进货单"将根据采购数量进行升序排序。

3. 按多关键字排序

按单关键字排序时，经常会遇到两个或多个关键字相同的情况。如果要区分具有相同关键字记录的顺序，那么需要使用按多关键字排序。

（1）在主要关键字的基础上，单击"添加条件"按钮，然后采用相同的方法设置"次要关键字""排序依据""次序"，如图 8-5 所示。

（2）重复上一步的操作，可以继续添加其他"次要关键字""排序依据"和"次序"。

（3）单击"确定"按钮，完成操作。

如果要删除关键字，那么可以选择要删除的关键字，然后单击"排序"对话框顶部的"删除条件"按钮。

图 8-4　按采购数量升序排序

图 8-5　设置次要关键字

◉ 案例——按单价和总价排序进货单

（1）单击"快速访问工具栏"中的"打开"按钮，打开"打开"对话框，选择上个案例创建的"服装进货单"文件。

（2）在工作表中选择任意一个单元格，然后单击"数据"选项卡"排序和筛选"组中的"排序"按钮，打开"排序"对话框。在"主要关键字"下拉列表中选择"单价"选项，其他保留默认设置，如图 8-6 所示。

操作演示

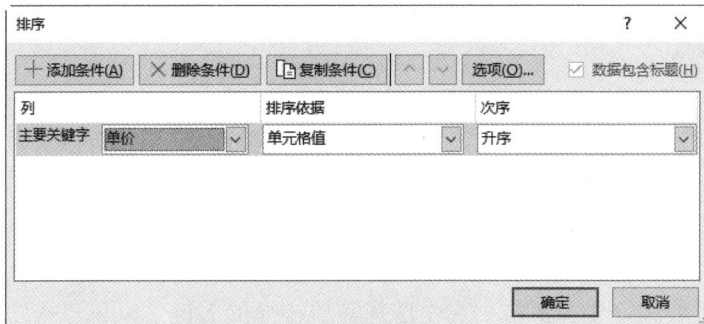

图 8-6　设置主要关键字

（3）单击"添加条件"按钮，添加一行次要关键字，如图 8-7 所示。

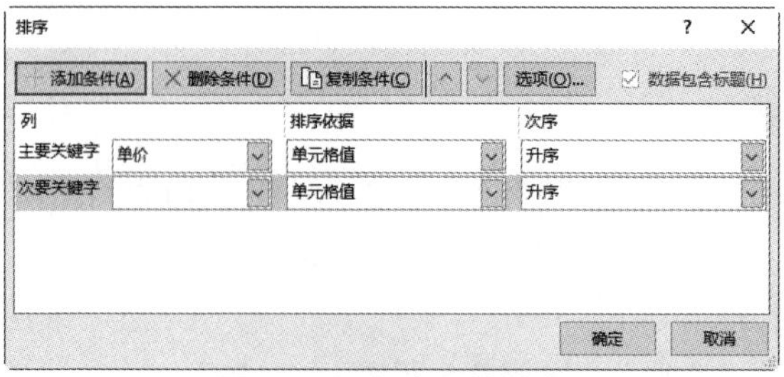

图 8-7 添加次要关键字

（4）在“次要关键字”的下拉列表中选择“总价”选项，其他保留默认设置，如图 8-8 所示。

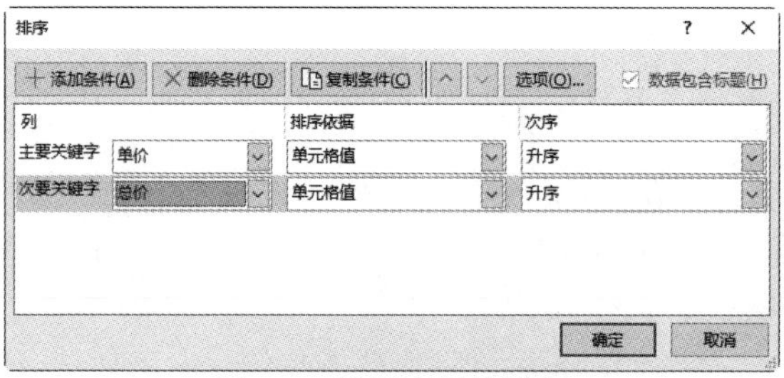

图 8-8 设置次要关键字

（5）单击“确定”按钮，工作表将按照设置的方式进行排序，效果如图 8-9 所示。

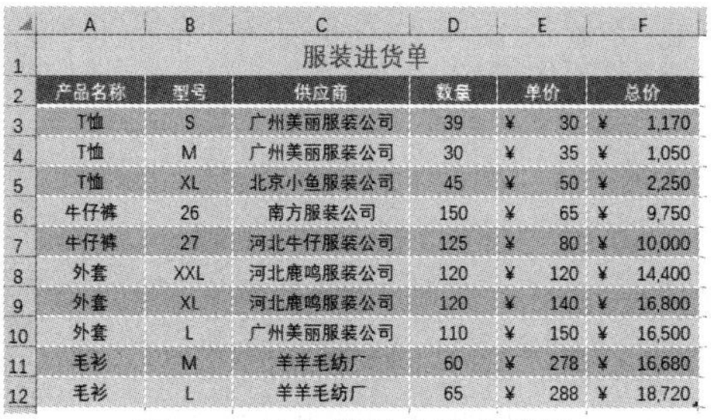

	A	B	C	D	E	F
1	服装进货单					
2	产品名称	型号	供应商	数量	单价	总价
3	T恤	S	广州美丽服装公司	39	¥ 30	¥ 1,170
4	T恤	M	广州美丽服装公司	30	¥ 35	¥ 1,050
5	T恤	XL	北京小鱼服装公司	45	¥ 50	¥ 2,250
6	牛仔裤	26	南方服装公司	150	¥ 65	¥ 9,750
7	牛仔裤	27	河北牛仔服装公司	125	¥ 80	¥ 10,000
8	外套	XXL	河北鹿鸣服装公司	120	¥ 120	¥ 14,400
9	外套	XL	河北鹿鸣服装公司	120	¥ 140	¥ 16,800
10	外套	L	广州美丽服装公司	110	¥ 150	¥ 16,500
11	毛衫	M	羊羊毛纺厂	60	¥ 278	¥ 16,680
12	毛衫	L	羊羊毛纺厂	65	¥ 288	¥ 18,720

图 8-9 按多关键字排序效果

二、自定义排序

在 Excel 2021 中，默认按照字母的顺序对数据排序，但用户可以对数据进行自定义排序。

（1）在待排序的数据区域选择任意一个单元格。

（2）单击“数据”选项卡“排序和筛选”组中的“排序”按钮，打开“排序”对话框。

（3）在“主要关键字”下拉列表中选择需要排序的关键字，在“排序依据”下拉列表中选择“单元格值”选项，然后在“次序”下拉列表中选择“自定义序列”选项，打开“自定义序列”对话框。

（4）在“输入序列”列表框中输入自定义序列，如图 8-10 所示。

（5）单击“确定”按钮，返回“排序”对话框，此时的排序显示为指定的序列，如图 8-11 所示。

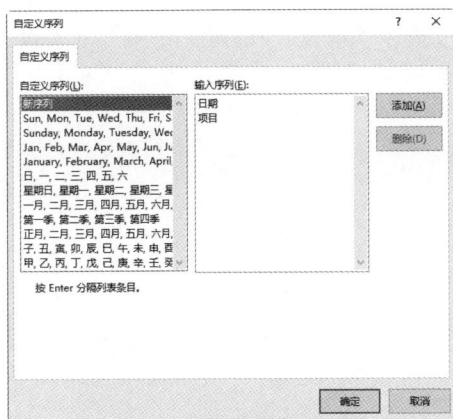

图 8-10　输入自定义序列

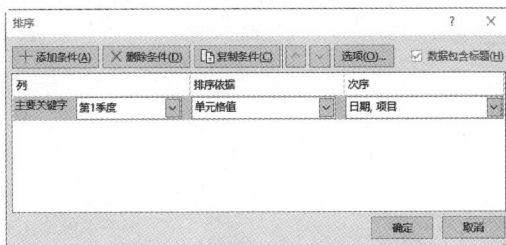

图 8-11　按指定序列进行排序

（6）单击"确定"按钮，显示排序后的结果。

注意

自定义排序只能用于"主要关键字"下拉列表中指定的数据列。如果要使用自定义排序对多个数据列排序，那么应分别对每列执行一次排序操作。

案例——按产品名称排序进货单

（1）单击"快速访问工具栏"中的"打开"按钮，打开"打开"对话框，选择上个案例制作的"服装进货单"文件。

操作演示

（2）在工作表中选择任意一个单元格，然后单击"数据"选项卡"排序和筛选"组中的"排序"按钮，打开"排序"对话框，选择次要关键字，单击"删除条件"按钮，删除次要关键字。

（3）在"主要关键字"下拉列表中选择需要排序的关键字"产品名称"选项，在"排序依据"下拉列表中选择"单元格值"选项，然后在"次序"下拉列表中选择"自定义序列"选项，如图 8-12 所示，打开"自定义序列"对话框。

（4）在"输入序列"列表框中输入自定义序列"T 恤""毛衫""外套""牛仔裤"，并按"Enter"键换行分隔，如图 8-13 所示。

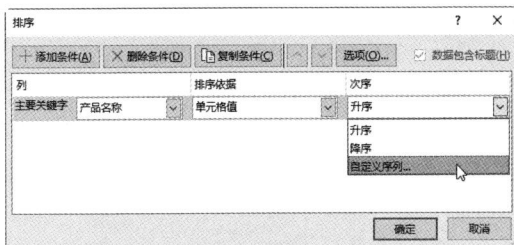

图 8-12　选择"自定义序列"选项

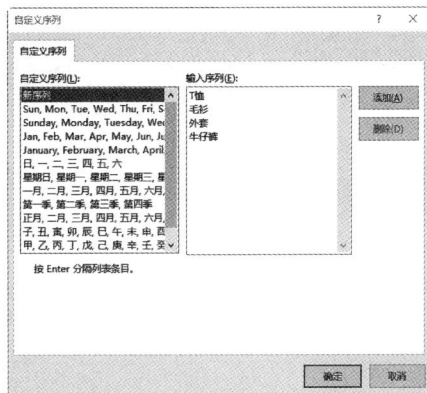

图 8-13　输入自定义序列

（5）单击"添加"按钮，即可将输入的自定义序列添加到"自定义序列"列表框中，如图 8-14 所示。

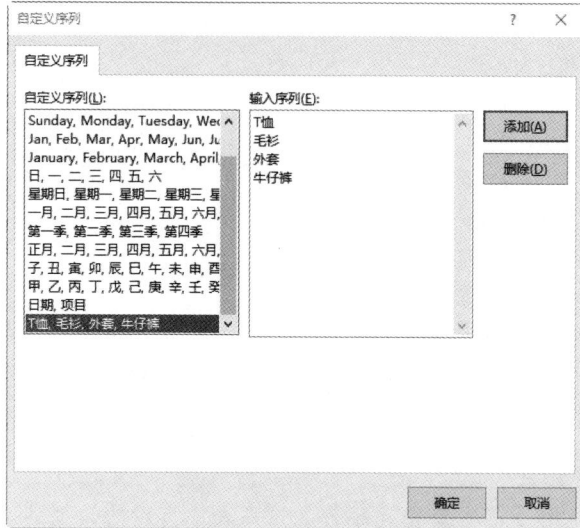

图 8-14　添加自定义序列

（6）单击"确定"按钮，返回"排序"对话框，此时的排序将显示为指定的序列，如图 8-15 所示。

（7）单击"确定"按钮，显示排序结果，如图 8-16 所示。

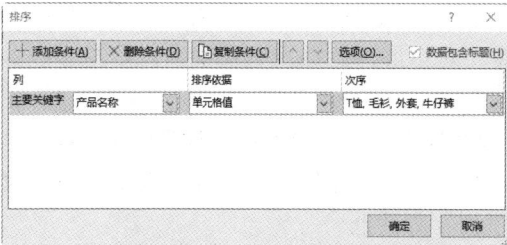

图 8-15　设置自定义序列

图 8-16　按产品名称排序

任务 2　筛选数据

任务引入

小明已经将数据进行了分类排序，但是，面对数据繁多的表格，他想查找其中某种产品的信息时很麻烦。那么，如何才能快速地在表格中筛选出某种产品或某种产品的某项信息呢？

筛选是查找和分析符合特定条件数据的快捷方法，经过筛选的工作表中只显示满足条件的内容，暂时隐藏不满足条件的内容。

Excel 2021 提供了两种筛选命令，自动筛选和高级筛选。自动筛选是一种简便的方法，能满足大部分的工作需要。如果筛选条件比较复杂，那么要用到高级筛选。

一、自动筛选

自动筛选就是根据所需的内容进行筛选，适用于简单的筛选条件。

案例——管理办公室费用记录表

（1）新建一个工作簿，在默认新建的工作表中制作"某公司办公室费用记录表"，如图 8-17 所示。

操作演示

（2）单击要筛选的工作表中的任意一个单元格。

（3）单击"数据"选项卡"排序和筛选"组中的"筛选"按钮，此时，列标志右侧显示下拉箭头，如图 8-18 所示。

	A	B	C	D	E
1		某公司办公室费用记录表			
2	日期	姓名	部门	项目	费用
3	2021/1/1	王成	销售部	传真	2
4	2021/1/1	胡春	销售部	扫描	3
5	2021/1/1	李伟	研发部	复印	1
6	2021/1/2	李伟	研发部	传真	3
7	2021/1/2	王成	销售部	复印	12
8	2021/1/2	马占	人事部	复印	20
9	2021/1/2	胡春	销售部	传真	9
10	2021/1/2	王成	销售部	扫描	18
11	2021/1/2	马占	人事部	扫描	14
12	2021/1/2	胡春	销售部	扫描	23
13	2021/1/3	刘艳	财务部	传真	9
14	2021/1/3	李伟	研发部	复印	18
15	2021/1/3	王成	销售部	复印	5
16	2021/1/4	李伟	研发部	复印	18
17	2021/1/4	王成	销售部	扫描	36
18	2021/1/5	胡春	销售部	复印	50
19	2021/1/5	刘艳	财务部	传真	12
20	2021/1/5	李伟	研发部	传真	15
21	2021/1/5	刘艳	财务部	扫描	36
22	2021/1/6	马占	人事部	传真	8
23	2021/1/6	胡春	销售部	传真	4
24	2021/1/6	刘艳	财务部	复印	27
25	2021/1/7	王成	销售部	扫描	33
26	2021/1/7	刘艳	财务部	复印	5
27	2021/1/8	刘艳	财务部	传真	7
28	2021/1/8	李伟	研发部	扫描	33
29	2021/1/8	胡春	销售部	传真	6
30	2021/1/8	马占	人事部	复印	2
31	2021/1/8	王成	销售部	传真	5
32	2021/1/9	刘艳	财务部	复印	9
33	2021/1/9	李伟	研发部	复印	15
34	2021/1/9	马占	人事部	扫描	28
35	2021/1/10	王成	销售部	复印	15
36	2021/1/10	刘艳	财务部	扫描	22

图 8-17　某公司办公室费用记录表

	A	B	C	D	E
1		某公司办公室费用记录表			
2	日期 ▼	姓名 ▼	部门 ▼	项目 ▼	费用 ▼
3	2021/1/1	王成	销售部	传真	2
4	2021/1/1	胡春	销售部	扫描	3
5	2021/1/1	李伟	研发部	复印	1
6	2021/1/2	李伟	研发部	传真	3
7	2021/1/2	王成	销售部	复印	12
8	2021/1/2	马占	人事部	复印	20
9	2021/1/2	胡春	销售部	传真	9
10	2021/1/2	王成	销售部	扫描	18
11	2021/1/2	马占	人事部	扫描	14
12	2021/1/2	胡春	销售部	扫描	23

图 8-18　筛选字段

（4）单击"下拉箭头"按钮，可以选择所需的内容或子集分类。如图 8-19 所示，若勾选"传真"复选框，则工作表中只显示"项目"为"传真"的内容。

在自动筛选下拉列表中包括"升序""降序""按颜色排序"3 种筛选结果的排序方式。

（5）单击"确定"按钮，即可显示筛选结果，如图 8-20 所示。从图中可以看出，筛选结果的行号用蓝色显示，使用自动筛选的字段名称右侧显示筛选图标。

图 8-19　对数据清单进行筛选

图 8-20　显示筛选结果

（6）在另一个数据列中重复步骤（4），指定第二个筛选条件为"财务部"，筛选结果如图 8-21 所示。

图 8-21　指定第二个筛选条件

（7）单击要自定义筛选条件的列标志右侧的下拉箭头，选择"数字筛选"或"文本筛选"选项，打开筛选条件下拉列表，如图 8-22 和图 8-23 所示。

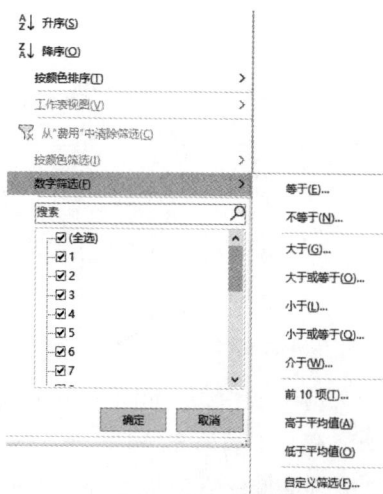

图 8-22　数字筛选条件

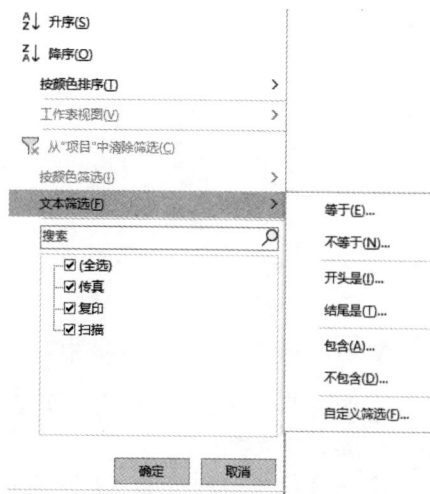

图 8-23　文本筛选条件

如果要筛选条件的列是数字，那么打开如图 8-22 所示的数字筛选条件下拉列表；如果要筛选条件的列是文本，那么打开如图 8-23 所示的文本筛选条件下拉列表。

（8）在如图 8-23 所示的下拉列表中选择"自定义筛选"选项，打开"自定义自动筛选方式"对话框，如图 8-24 所示，将费用设置为"小于 50 或大于 15"，然后单击"确定"按钮，筛选结果如图 8-25 所示。

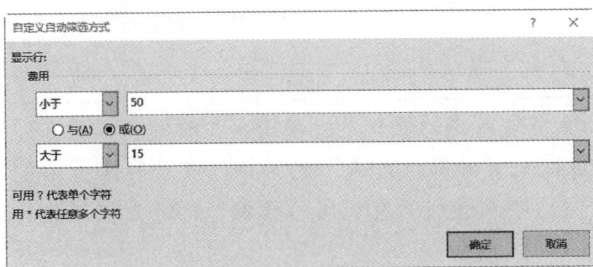

图 8-24　"自定义自动筛选方式"对话框

图 8-25　筛选结果

二、自定义筛选

在 Excel 2021 中，可以使用自定义筛选功能，但每列最多可以应用两个筛选条件。

（1）单击要筛选的工作表中的任意一个单元格。

（2）单击"数据"选项卡"排序和筛选"组中的"筛选"按钮。此时，列标志右侧显示下拉箭头。

（3）单击要自定义筛选条件的列右侧的下拉箭头，在打开的下拉列表中单击"数字筛选"级联菜单下的"自定义筛选"命令，如图 8-26 所示，或者单击"文本筛选"级联菜单下的"自定义筛选"命令，如图 8-27 所示，打开如图 8-28 所示的"自定义自动筛选方式"对话框。

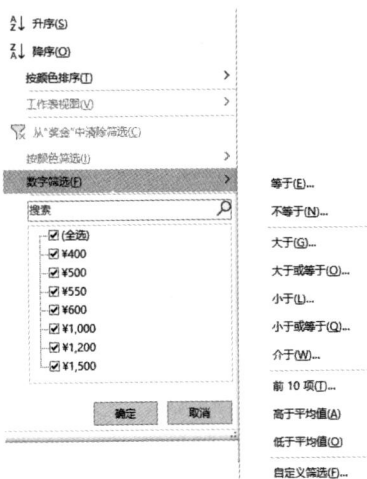

图 8-26　"数字筛选"级联菜单

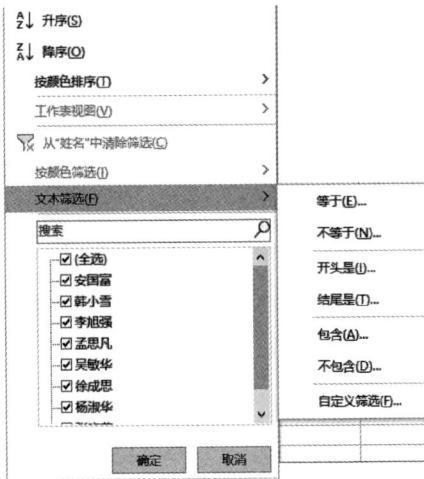

图 8-27　"文本筛选"级联菜单

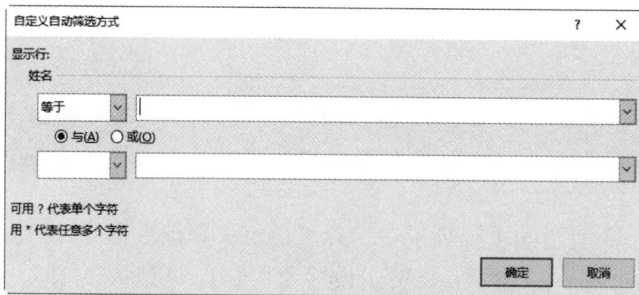

图 8-28 "自定义自动筛选方式"对话框

（4）在"显示行"选区的条件下拉列表中选择筛选条件，以及条件之间的逻辑关系。然后单击"确定"按钮关闭对话框。

> 教你一招：用 Excel 2021 筛选并删除重复数据的操作是，单击要删除的数据所在列的下拉箭头，打开如图 8-28 所示的"自定义自动筛选方式"对话框，在"等于"右侧的文本框中输入数据，单击"确定"按钮，可以看到所有相同的数据，此时直接删除行即可。

三、高级筛选

如果需要进行筛选的工作表中的字段较多，筛选条件又比较复杂，就可以使用高级筛选来简化筛选工作，提高工作效率。

使用高级筛选时，必须先建立一个条件区域，指定需要满足的条件。条件区域中不一定包含工作表中的所有字段，但条件区域中的字段必须是工作表中的字段，且首行中包含的字段必须与工作表中的字段保持一致。

🔵 **案例——管理销售业绩表**

（1）单击"快速访问工具栏"中的"打开"按钮，打开"打开"对话框，打开在项目四中制作的销售业绩表，如图 8-29 所示。

操作演示

图 8-29 销售业绩表

（2）在工作表的空白位置设置条件标志，并在条件标志的下一行中键入要匹配的条件，如图 8-30 所示。

图 8-30 设置条件标志

🔍 **注意**

创建高级筛选条件时，应将条件区域构建在数据区域的起始位置或旁边，最好不要在数据区域的下方构建条件区域，以免后续添加数据行时覆盖条件区域；用于作为条件的公式在引用时必须使用相对引用，并且需要计算出 True 或 False 之类的结果。

（3）单击"数据"选项卡"排序和筛选"组中的"高级"按钮，打开如图 8-31 所示的"高级筛选"对话框，选择"将筛选结果复制到其他位置"单选按钮。

➤ 在原有区域显示筛选结果：将筛选结果显示在原有的数据区域，筛选结果与自动筛选结果完全一样。

➤ 将筛选结果复制到其他位置：这是高级筛选与自动筛选的一个最主要的区别，可以在进行高级筛选操作的同时，将筛选后的数据直接复制到其他单元格区域中保存。

图 8-31 "高级筛选"对话框

➤ 选择不重复的记录：不筛选重复记录。

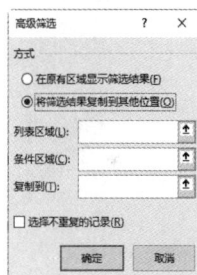

🔍 **注意**

在输入条件区域的引用时，一定要包含条件标志。

（4）单击"列表区域"文本框右侧的 ↑ 按钮，打开"高级筛选—列表区域"窗口，选取 A3:F15 单元格区域，如图 8-32 所示，然后单击 按钮，返回"高级筛选"对话框。

（5）单击"条件区域"文本框右侧的 ↑ 按钮，打开"高级筛选—条件区域"窗口，选取 H12:H13 单元格区域，如图 8-33 所示，然后单击 按钮，返回到"高级筛选"对话框。

（6）单击"复制到"文本框右侧的 ↑ 按钮，打开"高级筛选—复制到"窗口，选取 A18:F30 单元格区域，如图 8-34 所示，然后单击 按钮，返回"高级筛选"对话框。

（7）单击"确定"按钮，在"复制到"中指定的单元格区域将显示筛选结果，如图 8-35 所示。

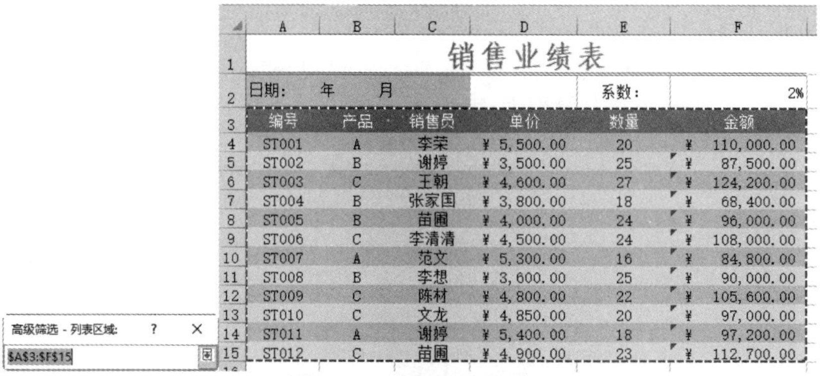

图 8-32　选取列表区域

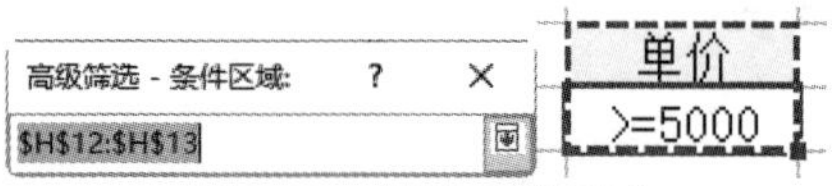

图 8-33　选取条件区域

图 8-34　选取复制到区域

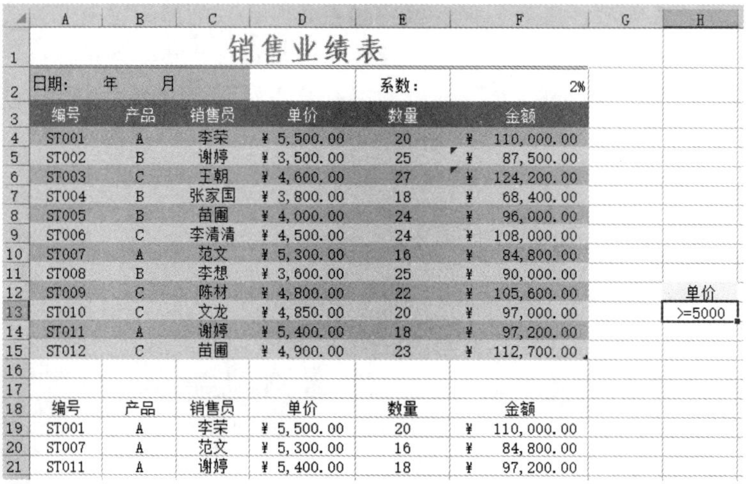

图 8-35　显示筛选结果

从图 8-35 中可以看到，使用复制的方法，在工作表中保留原始数据的同时，可以显示筛选结果，非常直观。

（8）在空白单元格区域设置高级筛选的多个条件时，若各个条件并排，则表示各个条件是"与"关系，如图 8-36 所示。

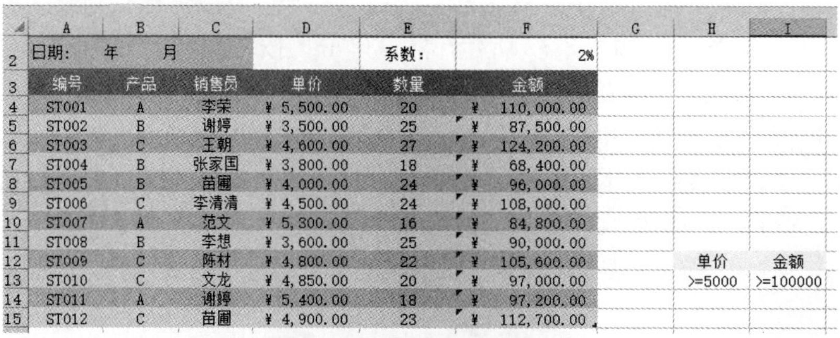

图 8-36　设置高级筛选条件

（9）单击"数据"选项卡"排序和筛选"组中的"高级"按钮，打开"高级筛选"对话框，选择保存筛选结果的位置等，如图 8-37 所示。

（10）单击"确定"按钮，在指定的单元格区域将显示所有单价"大于或等于 5000"，且金额"大于或等于 100000"的数据行，如图 8-38 所示。

图 8-37　设置筛选条件 　　　　　　　　　　图 8-38　显示筛选结果

（11）如果筛选条件为并列条件"或"，那么应该将条件列在不同的行内，如图 8-39 所示。图 8-40 显示的是单价"大于或等于 5000"，或者金额"大于或等于 100000"的数据行。

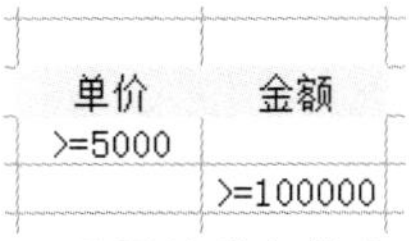

图 8-39　设置筛选条件为"或" 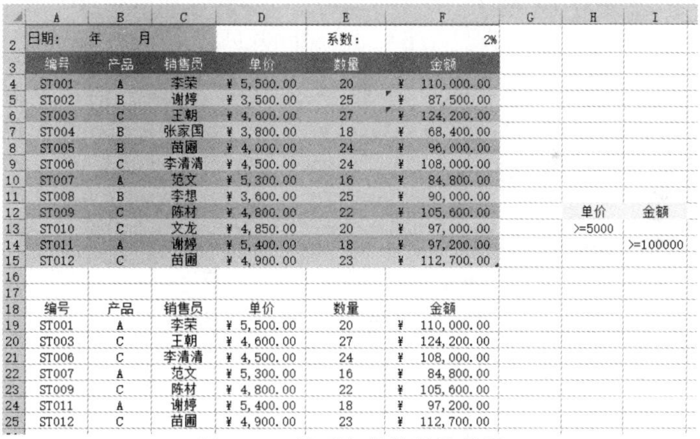　　　　　　图 8-40　并列条件的筛选结果

四、清除筛选

如果要取消筛选某列数据，那么可以执行以下两种操作之一：

（1）单击列标志右侧的下拉箭头，在打开的下拉列表中取消勾选"全选"复选框，如图 8-41 所示。

（2）选中需要取消筛选的某列数据，然后单击"数据"选项卡"排序和筛选"组中的"清除"按钮。

如果要对所有列取消筛选，那么可以单击"数据"选项卡"排序和筛选"组中的"筛选"按钮。

图 8-41　取消筛选

任务 3　分类汇总数据

任务引入

小吴作为财务部的部长，需要对这一周公司的财务信息进行统计，还需要查看各个部门的财务信息，这就需要对数据进行分类统计，从而使数据更加系统，方便查阅。那么，在 Excel 2021 中，如何对数据进行分类汇总？

知识准备

在 Excel 2021 中对数据进行分类汇总有两种方法：一种是在工作表中添加自动分类汇总；另一种是用数据透视表分析和汇总数据。

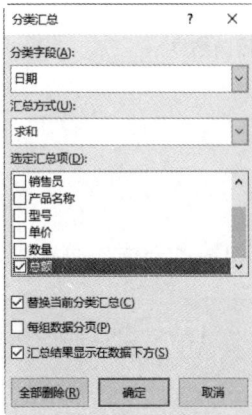

图 8-42　"分类汇总"对话框

一、创建分类汇总

分类汇总是 Excel 2021 中将数据按照类别进行统计的一个功能。该功能可以自动计算工作表中各分类汇总的总计值，并且分级显示数据，以便为每个分类汇总显示或隐藏明细数据行。操作步骤如下。

单击"数据"选项卡"分级显示"组中的"分类汇总"按钮，打开如图 8-42 所示的"分类汇总"对话框。在对话框中设置分类字段、汇总方式并选定汇总项后，单击"确定"按钮，即可创建分类汇总。

案例——汇总销售统计表

（1）新建一个工作簿，在默认新建的工作表中制作如图 8-43 所示的"一周销售情况统计表"。

图 8-43 一周销售情况统计表

（2）选择"销售网点"数据列为要进行汇总的数据，单击"数据"选项卡"排序和筛选"组中的"升序"按钮，将"销售网点"数据列按升序进行排序，如图 8-44 所示。

在插入分类汇总之前，需要对数据列进行排序，以便把分类汇总的行组合在一起。

注意

在使用分类汇总之前，需要保证工作表中的各列都有列标题，并且同一列中应该包含相同的数据，同时在数据区域中没有空行或空列。Excel 2021 根据列标题来确定如何创建数据组及如何计算总和。

（3）单击要汇总的工作表中的任意一个单元格。

（4）单击"数据"选项卡"分级显示"组中的"分类汇总"按钮，打开如图 8-45 所示的"分类汇总"对话框。

图 8-44 将"销售网点"数据列按升序进行排序

图 8-45 "分类汇总"对话框

（5）在"分类字段"下拉列表中，选择要进行分类汇总的数据列。选定的数据列一定要与执行排序的数据列相同，此处选择"销售网点"。

（6）在"汇总方式"下拉列表中，选择需要用于计算分类汇总的函数。

（7）在"选定汇总项"列表框中，勾选需要对其进行汇总计算的数据列对应的复选框。如果同时勾选"选定汇总项"列表框中的多个复选框，那么可以对多个数据列进行分类汇总。例如，勾选"数量"和"总额"复选框。

（8）勾选"替换当前分类汇总"复选框，可以替换当前的分类汇总。

（9）单击"确定"按钮即可完成对工作表的分类汇总，如图 8-46 所示。

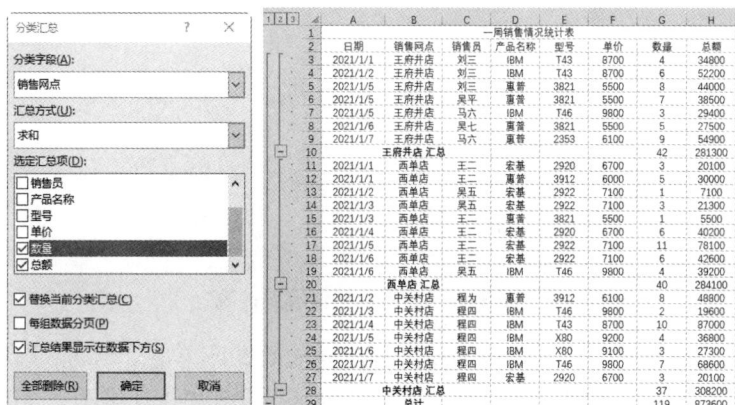

图 8-46 对工作表进行分类汇总

提示

如果勾选"每组数据分页"复选框，那么每类数据将分页显示。

在 Excel 2021 中，可以对工作表进行多级分类汇总。

（1）在设置了分类汇总的基础上，选择数据区域中的任意一个单元格，单击"数据"选项卡"分级显示"组中的"分类汇总"按钮，打开"分类汇总"对话框。

（2）在"分类字段"下拉列表中，选择要进行分类的字段，此处选择"销售员"。

（3）在"汇总方式"下拉列表中，选择计算分类汇总的函数。

（4）取消勾选"替换当前分类汇总"复选框。

（5）单击"确定"按钮，即可实现多级分类汇总，如图 8-47 所示。

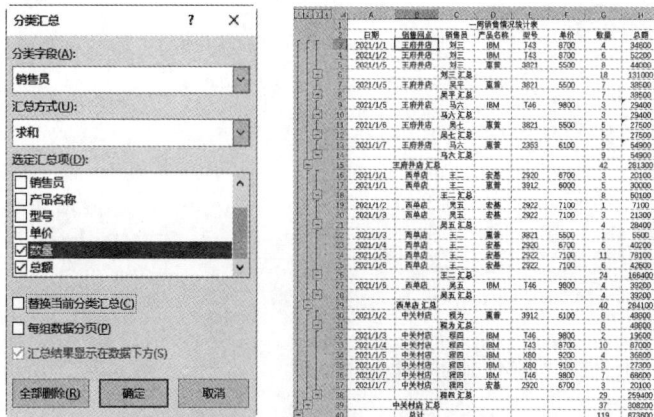

图 8-47 多级分类汇总结果

二、查看分类汇总

建立分类汇总之后，工作表将分级显示数据，用户可以根据不同的需要，使用不同的分级显示或隐藏每个分类汇总的明细数据。

1. 分级显示汇总结果

创建一级分类汇总后的工作表分三级显示，如果创建了多级分类汇总，那么不仅仅显示三级。此时，使用工作表左上角的分级按钮（1 2 3 4）可以很方便地在各级数据之间进行切换。

（1）一级数据按钮：单击该按钮显示一级数据，如图 8-48 所示，只显示总计数。

	A	B	C	D	E	F	G	H
1	一周销售情况统计表							
2	日期	销售网点	销售员	产品名称	型号	单价	数量	总额
40		总计					119	873600

图 8-48　显示一级数据

（2）二级数据按钮：单击该按钮显示一级数据和二级数据，如图 8-49 所示，在显示一级数据的基础上，还显示各个销售网点的销售总额。

	A	B	C	D	E	F	G	H
1	一周销售情况统计表							
2	日期	销售网点	销售员	产品名称	型号	单价	数量	总额
15		王府井店 汇总					42	281300
29		西单店 汇总					40	284100
39		中关村店 汇总					37	308200
40		总计					119	873600

图 8-49　显示一级数据和二级数据

（3）三级数据按钮：单击该按钮显示前三级的数据。如图 8-50 所示，在原来显示一级数据和二级数据的基础上还显示各网点销售员的销售总额。

	A	B	C	D	E	F	G	H
1	一周销售情况统计表							
2	日期	销售网点	销售员	产品名称	型号	单价	数量	总额
6			刘三 汇总				18	131000
8			吴平 汇总				7	38500
10			马六 汇总				3	29400
12			吴七 汇总				5	27500
14			马六 汇总				9	54900
15		王府井店 汇总					42	281300
18			王二 汇总				8	50100
21			吴五 汇总				4	28400
26			王二 汇总				24	166400
28			吴五 汇总				4	39200
29		西单店 汇总					40	284100
31			程为 汇总				8	48800
38			程四 汇总				29	259400
39		中关村店 汇总					37	308200
40		总计					119	873600
41								

图 8-50　显示前三级的数据

一般情况下，第三级数据是工作表中的原始数据。如果创建了多级分类汇总，就会有更多级数据，最后一级数据才是工作表中的原始数据。

2. 隐藏和显示明细数据

在分级显示中，除了可以使用分级按钮显示各级数据，还可以使用分级按钮下方树状结构上的展开按钮和折叠按钮来显示或隐藏指定分类的明细数据。

（1）显示明细数据按钮：单击该按钮显示明细数据。例如，单击“王二”左侧的按钮，即可显示“王二”的明细数据，此时展开按钮（+）变为折叠按钮（−），如图 8-51 所示。

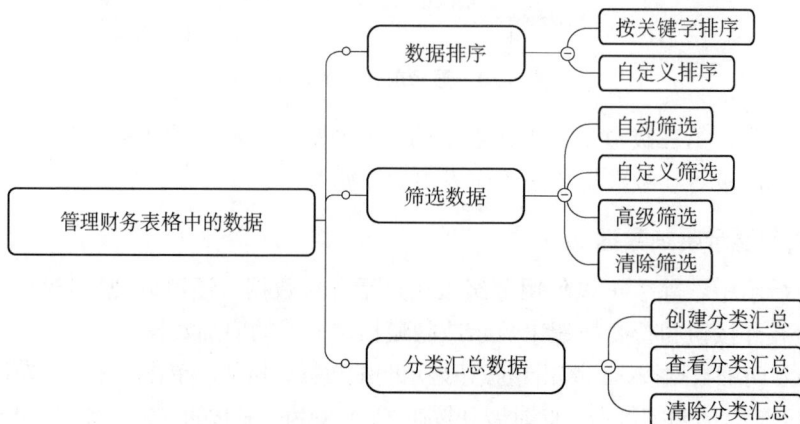

图 8-51 显示明细数据

（2）隐藏明细数据按钮：单击该按钮隐藏明细数据。

🔍 **注意**

如果修改了明细数据，那么汇总数据将自动更新。

此外，使用"分级显示"组中的"显示明细数据"按钮和"隐藏明细数据"按钮，也可以很方便地显示或隐藏明细数据。

三、清除分类汇总

清除分类汇总的操作步骤如下：

（1）单击分类汇总工作表中的任意一个单元格。

（2）单击"数据"选项卡"分级显示"组中的"分类汇总"按钮，打开"分类汇总"对话框。

（3）在"分类汇总"对话框中单击"全部删除"按钮，然后单击"确定"按钮，即可删除创建的分类汇总。

■ 项目总结

```
                                      ┌── 按关键字排序
                    ┌── 数据排序 ──┤
                    │                 └── 自定义排序
                    │
                    │                 ┌── 自动筛选
                    │                 │
                    │                 ├── 自定义筛选
管理财务表格中的数据 ──┼── 筛选数据 ──┤
                    │                 ├── 高级筛选
                    │                 │
                    │                 └── 清除筛选
                    │
                    │                 ┌── 创建分类汇总
                    │                 │
                    └── 分类汇总数据 ──┼── 查看分类汇总
                                      │
                                      └── 清除分类汇总
```

项目实战

实战一 按单价和总价查看进货管理表

（1）新建一个工作簿，在默认新建的工作表中制作如图 8-52 所示的“某家具销售公司 6 月份商品进货管理表”，并进行格式化。

	A	B	C	D	E	F	G
1	某家具销售公司6月份商品进货管理表						
2	名称	型号	生产厂	单价	采购数量	总价	进货日期
3	沙发	S001	天成沙发厂	1000	3	3000	2016年6月2日
4	椅子	Y001	永昌椅业	230	6	1380	2016年6月4日
5	沙发	S002	天成沙发厂	1200	8	9600	2016年6月6日
6	茶几	C001	新时代家具城	500	9	4500	2016年6月7日
7	桌子	Z001	新时代家具城	600	6	3600	2016年6月10日
8	茶几	C002	新时代家具城	360	12	4320	2016年6月14日
9	椅子	Y002	永昌椅业	550	15	8250	2016年6月17日
10	沙发	S003	新世界沙发城	2300	11	25300	2016年6月20日
11	椅子	Y003	永昌椅业	500	8	4000	2016年6月21日
12	椅子	Y004	新时代家具城	550	6	3300	2016年6月24日
13	沙发	S004	新世界沙发城	2900	3	8700	2016年6月26日
14	茶几	C003	新时代家具城	850	8	6800	2016年6月28日
15	桌子	Z002	新时代家具城	560	9	5040	2016年6月30日

图 8-52 某家具销售公司 6 月份商品进货管理表

（2）在工作表中选择任意一个单元格，然后在“数据”选项卡的“排序和筛选”组中单击“排序”按钮，打开“排序”对话框。在“主要关键字”下拉列表中选择“单价”选项，其他保留默认设置。

（3）单击“添加条件”按钮，添加一行次要关键字，在“次要关键字”下拉列表中选择“总价”选项，其他保留默认设置。

（4）单击“确定”按钮，工作表将按照设置的方式进行排序，如图 8-53 所示。

	A	B	C	D	E	F	G
1	某家具销售公司6月份商品进货管理表						
2	名称	型号	生产厂	单价	采购数量	总价	进货日期
3	椅子	Y001	永昌椅业	230	6	1380	2016年6月4日
4	茶几	C002	新时代家具城	360	12	4320	2016年6月14日
5	椅子	Y003	永昌椅业	500	8	4000	2016年6月21日
6	茶几	C001	新时代家具城	500	9	4500	2016年6月7日
7	椅子	Y004	新时代家具城	550	6	3300	2016年6月24日
8	椅子	Y002	永昌椅业	550	15	8250	2016年6月17日
9	桌子	Z002	新时代家具城	560	9	5040	2016年6月30日
10	桌子	Z001	新时代家具城	600	6	3600	2016年6月10日
11	茶几	C003	新时代家具城	850	8	6800	2016年6月28日
12	沙发	S001	天成沙发厂	1000	3	3000	2016年6月2日
13	沙发	S002	天成沙发厂	1200	8	9600	2016年6月6日
14	沙发	S003	新世界沙发城	2300	11	25300	2016年6月20日
15	沙发	S004	新世界沙发城	2900	3	8700	2016年6月26日

图 8-53 排序后的表格

实战二 汇总销售记录表

（1）打开“销售记录表”工作簿，如图 8-54 所示。

（2）选择要进行分类汇总的数据列中的任意一个单元格，在“数据”选项卡的“排序和筛选”组中单击“排序”按钮，打开“排序”对话框，在“主要关键字”下拉列表中选择“产品名称”选项，其他保留默认设置，单击“确定”按钮，此时工作表将按“产品名称”进行升序排列，如图 8-55 所示。

销售记录表

销售员	产品名称	销售单价	数量	销售总额
郑义	A	¥2,800.00	25	¥70,000.00
马力	B	¥3,200.00	18	¥57,600.00
朱华	C	¥2,500.00	28	¥70,000.00
李凯	A	¥3,000.00	22	¥66,000.00
金飞燕	C	¥2,600.00	32	¥83,200.00
林秀兰	D	¥3,500.00	16	¥56,000.00
张若水	B	¥3,100.00	23	¥71,300.00
苏苗苗	D	¥3,600.00	12	¥43,200.00

图 8-54 “销售记录表”工作簿

销售记录表

销售员	产品名称	销售单价	数量	销售总额
郑义	A	¥2,800.00	25	¥70,000.00
李凯	A	¥3,000.00	22	¥66,000.00
马力	B	¥3,200.00	18	¥57,600.00
张若水	B	¥3,100.00	23	¥71,300.00
朱华	C	¥2,500.00	28	¥70,000.00
金飞燕	C	¥2,600.00	32	¥83,200.00
林秀兰	D	¥3,500.00	16	¥56,000.00
苏苗苗	D	¥3,600.00	12	¥43,200.00

图 8-55 升序排列结果

（3）选择要进行分类汇总的数据列中的任意一个单元格，单击“数据”选项卡“分级显示”组中的“分类汇总”按钮，打开“分类汇总”对话框，在“分类字段”下拉列表中选择“产品名称”选项，在“汇总方式”下拉列表中选择“求和”选项，在“选定汇总项”列表框中勾选“数量”和“销售总额”复选框，然后单击“确定”按钮，工作表将按照设置的分类汇总方式显示分类汇总结果，如图 8-56 所示。

（4）选择数据区域中的任意一个单元格，单击“分类汇总”按钮，打开“分类汇总”对话框。在“汇总方式”下拉列表中选择“平均值”选项，并取消勾选“替换当前分类汇总”复选框，单击“确定”按钮，工作表将按设置的方式显示分类汇总的平均值和求和值，如图 8-57 所示。

销售记录表

销售员	产品名称	销售单价	数量	销售总额
郑义	A	¥2,800.00	25	¥70,000.00
李凯	A	¥3,000.00	22	¥66,000.00
	A 汇总		47	¥136,000.00
马力	B	¥3,200.00	18	¥57,600.00
张若水	B	¥3,100.00	23	¥71,300.00
	B 汇总		41	¥128,900.00
朱华	C	¥2,500.00	28	¥70,000.00
金飞燕	C	¥2,600.00	32	¥83,200.00
	C 汇总		60	¥153,200.00
林秀兰	D	¥3,500.00	16	¥56,000.00
苏苗苗	D	¥3,600.00	12	¥43,200.00
	D 汇总		28	¥99,200.00
	总计		176	¥517,300.00

图 8-56 创建分类汇总的结果

销售记录表

销售员	产品名称	销售单价	数量	销售总额
郑义	A	¥2,800.00	25	¥70,000.00
李凯	A	¥3,000.00	22	¥66,000.00
	A 平均值		23.5	¥68,000.00
	A 汇总		47	¥136,000.00
马力	B	¥3,200.00	18	¥57,600.00
张若水	B	¥3,100.00	23	¥71,300.00
	B 平均值		20.5	¥64,450.00
	B 汇总		41	¥128,900.00
朱华	C	¥2,500.00	28	¥70,000.00
金飞燕	C	¥2,600.00	32	¥83,200.00
	C 平均值		30	¥76,600.00
	C 汇总		60	¥153,200.00
林秀兰	D	¥3,500.00	16	¥56,000.00
苏苗苗	D	¥3,600.00	12	¥43,200.00
	D 平均值		14	¥49,600.00
	D 汇总		28	¥99,200.00
	总计平均值		22	¥64,662.50
	总计		176	¥517,300.00

图 8-57 多级分类汇总结果

习题

1. 对图 8-58 所示的"职工年度考核表"进行筛选，得到出勤得分大于或等于 12，并且履行职责得分大于 42 的职工。

工号	姓名	出勤	履行职责	工作作风	奖惩	总计
\multicolumn{7}{c}{职工年度考核表}						
SW101	周若冰	13	42	30	2	87
SW102	贺哲峰	12	45	34	-2	89
SW103	李子华	10	44	33	1	88
SW104	姚太美	13	42	29	-3	81
SW105	李平平	12	43	31	2	88
SW106	谢一辉	11	46	32	3	92
SW107	王子涵	12	43	33	1	89

图 8-58　职工年度考核表

2. 对图 8-59 所示的所有职工的"6 月份工资表"进行汇总，要求先按部门进行分类汇总，再按实发工资进行分类汇总，最后按职位进行嵌套分类汇总。

工号	姓名	部门	职位	基本工资	工龄工资	出勤扣减	代扣社保	住房公积金	实发工资
\multicolumn{10}{c}{6月份工资表}									
A001	张倩倩	财务部	部门经理	5,500.00	400.00	–	649.00	737.50	4,513.50
A002	王梓	销售部	销售人员	4,000.00	200.00	110.84	462.00	525.00	3,102.16
A003	赵璋	研发部	工程师	8,000.00	200.00	–	902.00	1,025.00	6,273.00
A004	李红梅	信息部	工程师	4,500.00	300.00	–	528.00	600.00	3,672.00
A005	黄自立	销售部	销售人员	4,300.00	300.00	214.52	506.00	575.00	3,304.48
A006	夏怡菲	信息部	部门经理	8,500.00	500.00	–	990.00	1,125.00	6,885.00
A007	高敏军	研发部	工程师	6,600.00	200.00	–	748.00	850.00	5,202.00
A008	王炎辉	财务部	会计	4,200.00	200.00	–	484.00	550.00	3,366.00
A009	苏羽君	销售部	部门经理	5,600.00	400.00	–	660.00	750.00	4,590.00
A010	丁敏芝	研发部	部门经理	10,000.00	400.00	109.68	1,144.00	1,300.00	7,846.32

图 8-59　6 月份工资表

财务数据透视表

➤ 注重培养读者的分析能力
➤ 注重培养读者的爱国情怀

学习目标

➤ 能够熟练创建和编辑数据透视表
➤ 能够运用数据透视表对数据进行分析
➤ 能够熟练创建数据透视图
➤ 能够运用数据透视图筛选数据

项目导读

数据透视表和数据透视图是可以对大量数据进行快速汇总，并建立交叉分析表的数据分析技术工具。

数据透视表是一种交互式的动态工作表，通过旋转行和列可以快速合并和比较大量数据，提供了一种从不同角度查看数据的简便方法。数据透视图以图像的形式显示数据透视表中的数据。

任务 1　创建并编辑数据透视表

任务引入

到了月底，小明需要制作数据透视表对仓储部提供的商品出入库数据进行分类统计，查看商品的库存情况。那么，在 Excel 2021 中，如何创建数据透视表呢？如何编辑数据透视表达到所需要求呢？

知识准备

一、创建数据透视表

（1）选中要创建数据透视表的单元格区域。

（2）单击"插入"选项卡"表格"组中的"数据透视表"按钮，打开如图 9-1 所示的"来自表格或区域的数据透视表"对话框。

图 9-1　"来自表格区域的数据透视表"对话框

（3）选择要创建数据透视表的源数据。默认为选中的单元格区域，用户也可以自定义新的单元格区域，或者使用外部数据源。

数据透视表的源数据，是指为数据透视表提供数据的基础行或数据库记录，至少应有两行。源数据的来源：Excel 工作表中的数据、外部数据源等。

注意

数据透视表的源数据应满足以下几项要求：

➢ 源数据中工作表第一行的各列都必须有标题。Excel 2021 将把源数据中的列标题作为"字段"名使用。

➢ 用于创建数据透视表的数据区域内不应有任何空行或空列。

➢ 每列仅包含一种类型的数据。

➢ 源数据中不能包含分类汇总和总计。

（4）选择放置数据透视表的位置。

新工作表：将数据透视表插入一张新的工作表中。

现有工作表：将数据透视表插入现有的工作表中。

（5）单击"确定"按钮，默认自动新建工作表，并在工作表中显示"数据透视表字段"面板，选择"数据透视表分析"选项卡，如图 9-2 所示。至此，创建了一个空白的数据透视表。

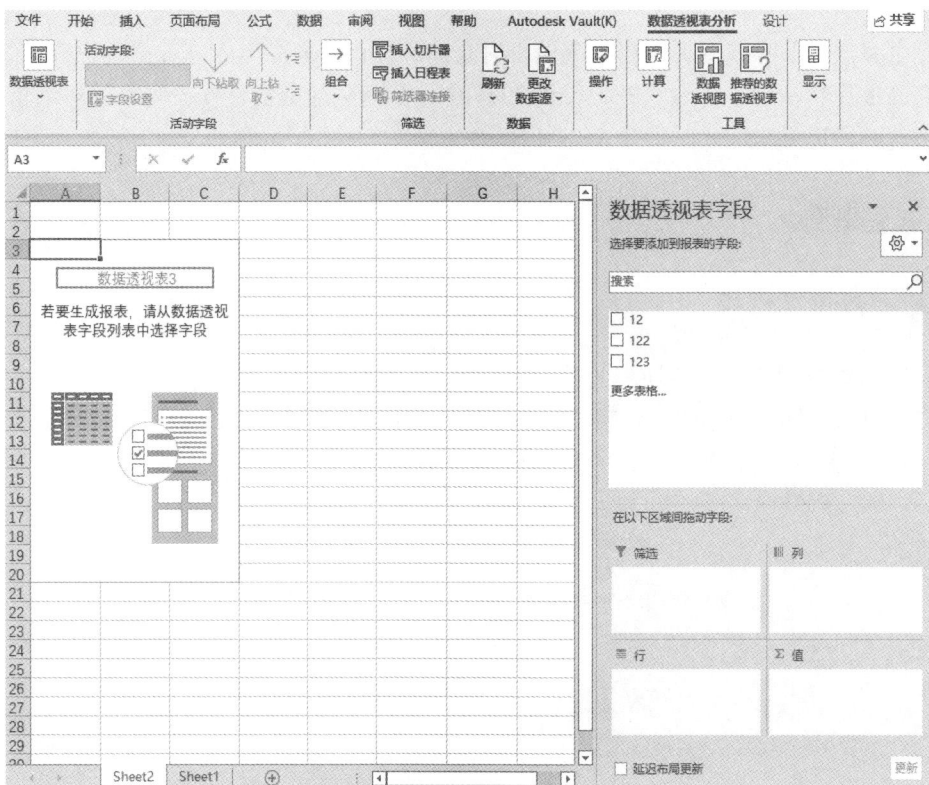

图 9-2　创建空白数据透视表

（6）创建了空白数据透视表之后，在"数据透视表字段"面板中选择需要的字段，即可将选中的字段自动添加到报表中，自动生成数据透视表。

如果默认的数据透视表布局不符合要求，那么可以自定义数据透视表的布局。

（7）在"数据透视表字段"面板的字段列表中选择一个字段，然后按下鼠标左键拖动到"数据透视表字段"面板下方的"筛选""列""行"或"值"区域，释放鼠标左键，即可调整布局。

🔍 **注意**

数据透视表可以自动创建总计和分类汇总。如果作为源数据的单元格区域已经包含了总计和分类汇总，那么应在创建数据透视表之前将它们删除。

提示

数据透视表由字段（行字段、列字段、页字段、数据字段）、项（页字段项、数据项）和数据区域组成。

1. 字段

字段是从源数据中的字段衍生的数据的分类。例如，"科目名称"字段可能来自源数据中标记为"科目名称"且包含各种科目名称（管理费用、银行存款）的列。

（1）行字段、列字段。

行字段：在数据透视表中指定为行方向的源数据中的字段。包含多个行字段的数据透视表具有一个内部行字段，它离数据区域最近。任何其他行字段都是外部行字段。最外部行字段中的项仅显示一次，但其他行字段中的项会按需重复显示。

列字段：在数据透视表中指定为列方向的源数据中的字段。

（2）页字段、数据字段。

页字段：数据透视表中用于对整个数据透视表进行筛选的字段，以显示单个项或所有项的数据。

数据字段：含有数据的源数据中的字段。数据字段提供要汇总的数据值。通常，数据字段包含数字，可用 Sum 汇总函数合并这些数据。但数据字段也可包含文本，此时数据透视表使用 Count 汇总函数。

2. 项

项是数据透视表中字段的子分类或成员。项表示源数据中字段的唯一条目。

页字段项：指源数据中的每个字段、列条目或数值。

数据项：指数据透视表字段中的分类。

3. 数据区域

数据区域是指包含行字段和列字段汇总数据的数据透视表部分。

二、编辑数据透视表

选择数据透视表中的任意一个单元格，打开如图 9-3 所示的"数据透视表分析"选项卡。通过"操作"和"计算"这两个组可以编辑数据透视表中的数据项和布局，或者格式化数据透视表。

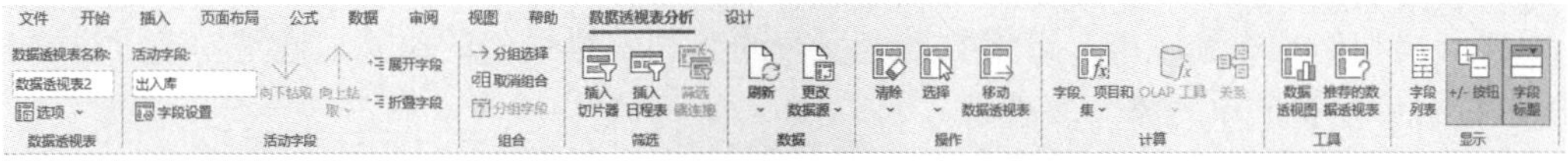

图 9-3　"数据透视表分析"选项卡

1. 选择数据透视表

（1）选择整个数据透视表。

选择数据透视表中的任意一个单元格，然后选择"数据透视表分析"选项卡"操作"组"选择"下拉列表中的"整个数据透视表"选项，选中整个数据透视表，此时，"选择"

下拉列表中的所有选项变为可用状态。

（2）选择标签。

选择"数据透视表分析"选项卡"操作"组"选择"下拉列表中的"标签"选项，可选中数据透视表中的所有标签。

（3）选择值。

选择"数据透视表分析"选项卡"操作"组"选择"下拉列表中的"值"选项，可选中数据透视表中的所有值。

2. 移动数据透视表

（1）选择数据透视表中的任意一个单元格，单击"数据透视表分析"选项卡"操作"组中的"移动数据透视表"按钮，打开如图 9-4 所示的"移动数据透视表"对话框。

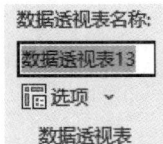

新工作表：新建一个工作表，并把当前的数据透视表移到新工作表中。

现有工作表：在"位置"文本框中输入要放置数据透视表的单元格，或者单击文本框右侧的 ⬆ 按钮，在工作表中选择放置数据透视表的起始位置。

（2）选择放置数据透视表的位置后，单击"确定"按钮关闭对话框，数据透视表即可移动到指定位置。

3. 设置数据透视表

（1）修改名称。

选择数据透视表中的任意一个单元格，在"数据透视表分析"选项卡"数据透视表"组中的"数据透视表名称"文本框中直接输入名称，如图 9-5 所示。

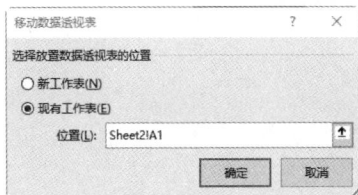

图 9-4 "移动数据透视表"对话框　　图 9-5 修改数据透视表的名称

（2）设置选项。

选择数据透视表中的任意一个单元格，单击"数据透视表分析"选项卡"数据透视表"组中的"选项"按钮，打开如图 9-6 所示的"数据透视表选项"对话框。

其中，对各个选项卡功能的简要说明如下：

"布局和格式"选项卡：设置数据透视表的布局和错误值的格式，通常勾选"合并且居中排列带标签的单元格"复选框。

"汇总和筛选"选项卡：设置数据透视表中数据的排序、筛选和分类汇总方式。

"显示"选项卡：设置是否在数据透视表中显示筛选下拉列表、网格、上下文工具提示、展开/折叠按钮，以及字段列表的排序方式。

"打印"选项卡：设置打印数据透视表时包含的页面内容。

"数据"选项卡：设置数据透视表数据的刷新及显示方式。

"可选文字"选项卡：提供数据透视表中包含的信息的说明文字。

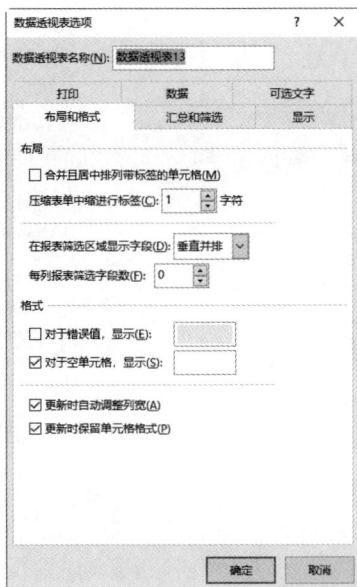

图 9-6 "数据透视表选项"对话框

4. 删除数据透视表

使用数据透视表查看、分析数据时，可以根据需要删除数据透视表中的某些字段。如果不再使用数据透视表，那么可以删除整个数据透视表。

（1）删除数据透视表中的字段。

用鼠标右键单击数据透视表中的任意一个单元格，在打开的"数据透视表字段"面板中执行以下操作之一删除指定的字段：

① 在"数据透视表字段"列表框中取消勾选要删除的字段前面的复选框。

② 在"数据透视表字段"面板底部的区域选择要删除的字段标签，然后在打开的下拉列表中选择"删除字段"选项，如图 9-7 所示。

（2）删除整个数据透视表。

选择数据透视表中的任意一个单元格，然后选择"数据透视表分析"选项卡"操作"组"清除"下拉列表中的"全部清除"选项，清除所有数据透视表，删除数据透视表之后，与之关联的数据透视表将被冻结，不可再对其进行更改。

图 9-7 选择"删除字段"选项

案例——创建库存透视表

（1）新建一个工作簿，在默认新建的工作表中输入库存表数据，如图 9-8 所示。

（2）选择工作表中的任意一个单元格，单击"插入"选项卡"图表"组中的"数据透视表"按钮，打开"创建数据透视表"对话框，并采用默认设置，如图 9-9 所示。单击"确定"按钮，将新建一个放置空白数据透视表的工作表，如图 9-10 所示。

操作演示

图 9-8　创建库存表

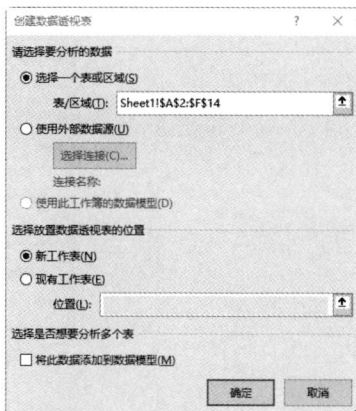

图 9-9　设置数据透视表

图 9-10　新建数据透视表

（3）在"数据透视表字段"面板的列表框中勾选"出入库"复选框，并按下鼠标左键将其拖到"列"区域；采用相同的方法将"数量"拖到"值"区域；将"物品"拖到"行"区域，此时，数据透视表将实时更新，显示最终布局，如果如图 9-11 所示。

图 9-11　设置数据透视表的布局

（4）从图 9-11 中可以看出，总计是出库与入库的总和，不符合要求。因此，选择"总计"单元格，单击鼠标右键，在打开的如图 9-12 所示的快捷菜单中单击"删除总计"命令，即可删除数据透视表的"总计"列，效果如图 9-13 所示。

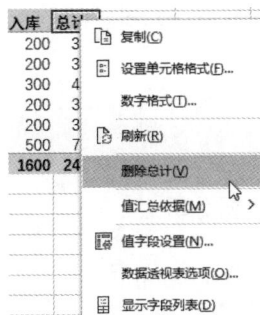

图9-12　"总计"快捷菜单

图9-13　删除"总计"列后的效果

（5）选择"入库"单元格，并将鼠标指针移到其边框位置，当鼠标指针变为 时，按下鼠标左键拖到"出库"单元格的左侧，然后释放鼠标，效果如图9-14所示。

（6）选择"出库"单元格，选择"数据透视表分析"选项卡"计算"组"字段、项目和集"下拉列表中的"计算项"选项，打开"在"出入库"中插入计算字段"对话框，在"名称"文本框中输入"库存"，在"公式"文本框中输入"=入库-出库"，如图9-15所示，单击"添加"按钮，然后单击"确定"按钮，即可在数据透视表中添加"库存"列，效果如图9-16所示。

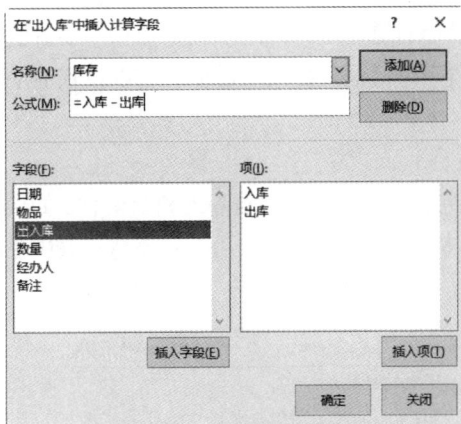

图9-14　移动单元格

图9-15　设置筛选条件

图9-16　添加"库存"列

任务2　使用数据透视表分析数据

任务引入

小明已经做好数据透视表，但是，仓储部的经理需要对数据进行分析，希望能够通过分类统计得到不同产品在同一时间段内的出入库情况，以及比较某商品在一定时间范围内出入库的起伏情况，从而掌握商品的销售情况。那么，在 Excel 2021 中，如何使用数据透视表分析数据呢？

知识准备

数据透视表可以对大量数据进行快速汇总，并进行数据分析。

一、添加筛选条件查看数据

（1）添加字段和筛选条件。在"数据透视表字段"面板中，将所需字段拖放到"筛选"区域。

（2）修改数据透视表筛选字段名称。

（3）排序行标签、列标签。

（4）设置数据透视表选项。

在数据透视表中的任意位置单击鼠标右键，在打开的快捷菜单中单击"数据透视表选项"命令，打开如图 9-17 所示的"数据透视表选项"对话框。

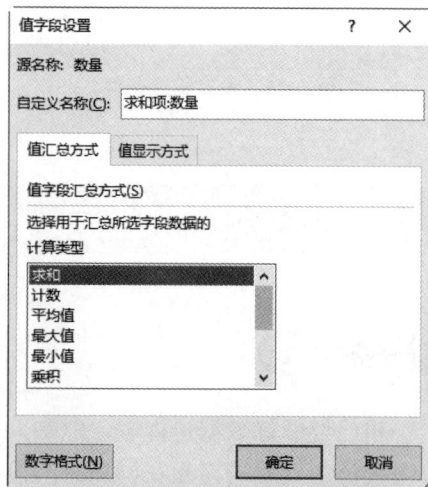

在该对话框中可以设置数据透视表的名称、布局和格式、汇总和筛选、显示、打印、数据及可选文字。

（5）设置值字段。

在数据透视表数值区域的任意单元格中单击鼠标右键，在打开的快捷菜单中单击"值字段设置"命令，打开如图 9-18 所示的"值字段设置"对话框，在该对话框中可以设置值汇总方式和值显示方式。

（6）筛选数据。

单击行标签或列标签右侧的下拉箭头，在下拉列表中可以选择要查看的科目名称。如果要同时查看多项，那么勾选"选择多项"复选框。单击"确定"按钮，即可在数据透视表中显示筛选结果。

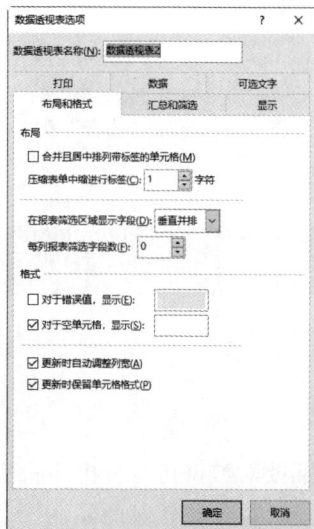

图 9-17　"数据透视表选项"对话框　　　　图 9-18　"值字段设置"对话框

二、显示、隐藏明细数据

在数据透视表中可以只显示需要的数据，隐藏暂时不需要的数据。

执行以下操作之一可以显示或隐藏明细数据：

（1）单击数据透视表中数据项左侧的折叠按钮，可以隐藏对应数据项的明细数据。此时折叠按钮变为展开按钮，再次单击该按钮，可以显示明细数据。

（2）在数据透视表中，将鼠标指针停放在任意数据项的上方，将显示该项的详细内容，当数据较多时，使用此项功能查看数据更加方便、快捷。

（3）在数据透视表中双击要显示明细的数据项，打开如图 9-19 所示的"显示明细数据"对话框，选择要显示的明细数据所在的字段后，单击"确定"按钮，即可显示所选字段的明细数据。

三、显示报表筛选页

使用分页显示可以很方便地查看某个单元格中的数据是由哪些详细数据汇总而来的。

（1）选择数据透视表中的任意一个单元格，然后选择"数据透视图分析"选项卡"数据透视表"组"选项"下拉列表中的"显示报表筛选页"选项，打开"显示报表筛选页"对话框。

（2）在"选定要显示的报表筛选页字段"列表框中，选择要显示的筛选页使用的字段，如图 9-20 所示。

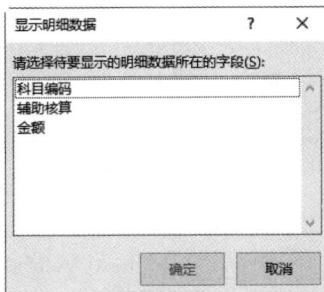

图 9-19 "显示明细数据"对话框

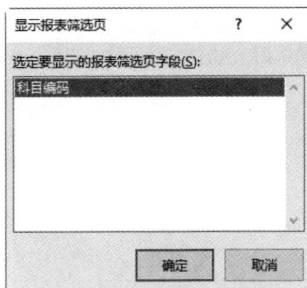

图 9-20 选择字段

（3）单击"确定"按钮，数据透视表所在的工作表左侧将增加多个工作表。工作表的具体数目取决于筛选字段包含的项数。

（4）选择一个以数据项命名的工作表，在工作表中将显示数据透视表。

案例——分析库存表中的数据

（1）单击"快速访问工具栏"中的"打开"按钮，打开"打开"对话框，选择上个案例创建的库存透视表。

（2）选择数据透视表中的任意一个单元格，打开"数据透视表字段"面板。将行字段"物品"拖到"筛选"区域，将"日期"拖到"行"区域，此时，数据透视表的布局也随之改变，如图 9-21 所示。

操作演示

（3）选择数据透视表中的任意一个单元格，然后选择"数据透视表分析"选项卡的

"数据透视表"组"选项"下拉列表中的"显示报表筛选页"选项,打开"显示报表筛选页"对话框,在"选定要显示的报表筛选页字段"列表框中,选择"物品",如图 9-22 所示。

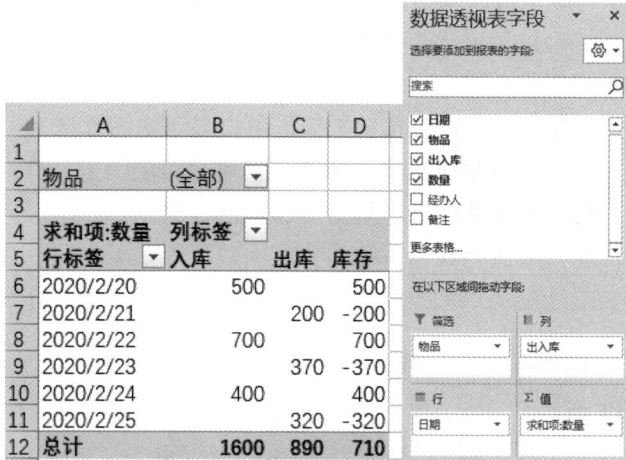

图 9-21　修改数据透视表的布局

(4)单击"确定"按钮,即可完成分页显示的设置,效果如图 9-23 所示。此时,在当前工作表中将自动插入 6 个工作表,分别是"KN95 口罩""N95 口罩""洗手液""消毒湿巾""消毒水""医用外科口罩"。

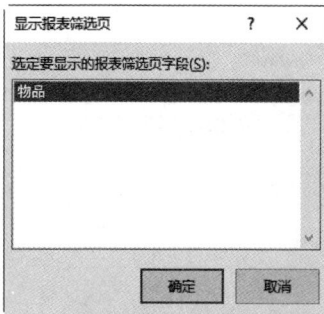

图 9-22　选择要显示的报表筛选页字段

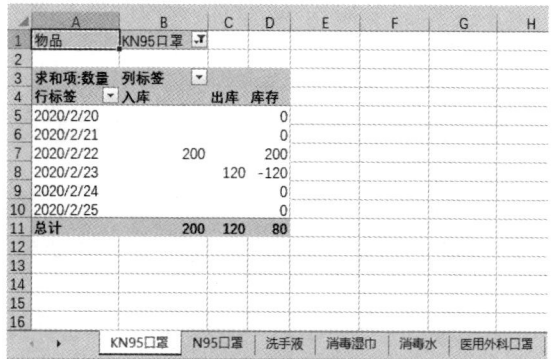

图 9-23　分页显示

(5)在"KN95 口罩"工作表中双击 B7 单元格,将自动插入一个显示 B7 单元格中详细数据的工作表,如图 9-24 所示。

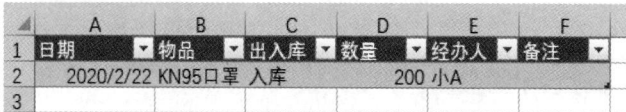

图 9-24　显示详细数据的工作表

(6)在"数据透视表字段"面板中单击"求和项:数量"按钮,在打开的下拉菜单中单击"值字段设置"命令或单击"数据透视表分析"选项卡"活动字段"组中的"字段设置"按钮,打开"值字段设置"对话框。然后在"计算类型"列表框中选择"最大值"选项,如图 9-25 所示。单击"确定"按钮,即可完成对汇总项的修改,结果如图 9-26 所示。

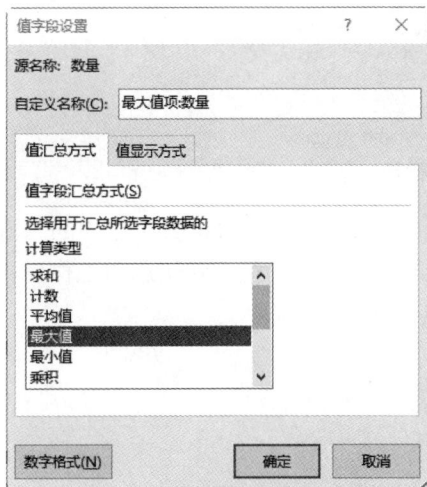

图 9-25　选择"最大值"选项

图 9-26　修改汇总项的结果

任务 3　数据透视图

任务引入

小明制作的数据透视表虽然方便，但是显示的数据还不够直观，如果能用图来显示就更好了。那么，在 Excel 2021 中，如何利用源数据创建数据透视图呢？如何用数据透视表创建数据透视图呢？

知识准备

数据透视图是数据透视表与图表的结合，不仅保留了数据透视表方便和灵活的特征，而且与其他图表一样，能以一种更加可视化和易于理解的方式展示数据之间的关系。

数据透视图具有丰富的标准图表类型，几乎可以满足所有类型数据的图像表示要求。对于常规图表，用户要为查看的每个数据透视图创建一个图表；而对于数据透视图，只要创建单张图表就可以通过更改图表布局或明细数据来以不同的方式查看数据。

一、创建数据透视图

创建数据透视图有两种方法：一种是直接利用源数据创建数据透视图；另一种是在数据透视表的基础上创建数据透视图。

案例——利用源数据创建数据透视图

（1）新建一个工作簿，在默认新建的工作表中输入库存表数据，如图 9-27 所示。

操作演示

⬚	A	B	C	D	E
1	项目	第一季度	第二季度	第三季度	第四季度
2	销售收入	320000	380000	360000	480000
3	成本支出	145000	150000	180000	200000
4	工资费用	60000	70000	80000	100000
5	房屋费用	40000	40000	40000	40000
6	广告费用	10000	8000	12000	10000

图 9-27　创建库存表

（2）选择工作表中的任意一个单元格，单击"插入"选项卡"图表"组中的"数据透视图"按钮，打开如图 9-28 所示的"创建数据透视图"对话框，默认选中工作表中的整个数据区域。

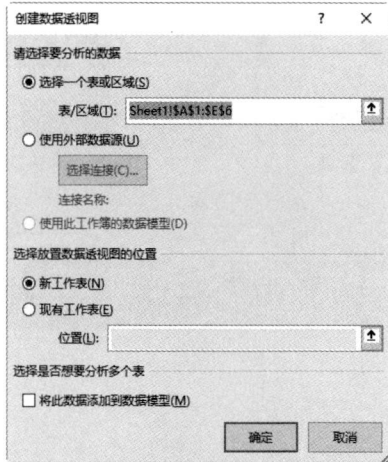

图 9-28　"创建数据透视图"对话框

（3）在"选择放置数据透视图的位置"选区选择"新工作表"单选按钮，然后单击"确定"按钮，创建如图 9-29 所示的空白的数据透视表和数据透视图。

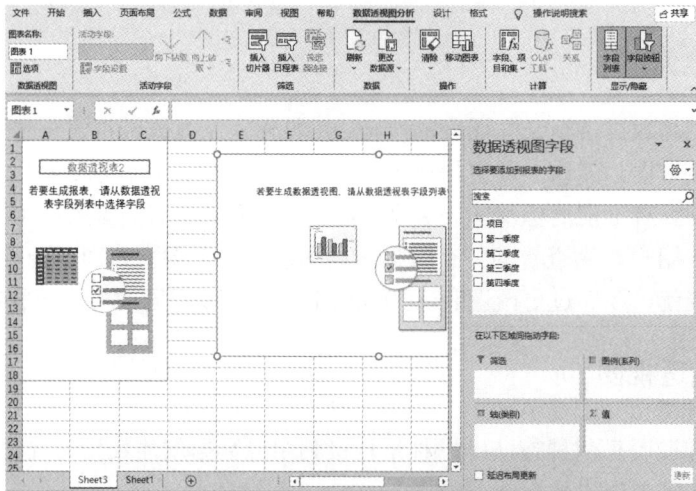

图 9-29　创建空白的数据透视表和数据透视图

（4）在"数据透视图字段"面板中将需要的字段分别拖到对应的区域。在不同的区域间拖动字段时，数据透视表和数据透视图将相应地发生改变。例如，将"项目"字段拖到"图例（系列）"区域，将"第一季度""第二季度""第三季度""第四季度"字段拖到"值"区域，然后将"数值"字段拖到"轴（类别）"区域，如图 9-30 所示。此时，在工作表中可以看到创建的数据透视表和数据透视图，如图 9-31 所示。

图 9-30 设置数据透视图布局

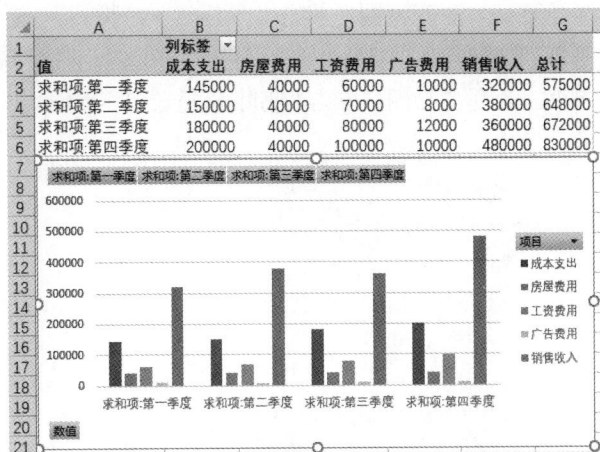

图 9-31 创建的数据透视表和数据透视图

案例——用数据透视表创建数据透视图

在 Excel 2021 中，可以直接使用已有的数据透视表创建数据透视图。

图 9-32 某产品订单的数据透视表

（1）单击"快速访问工具栏"中的"打开"按钮，打开"打开"对话框，打开已创建好的某产品订单的数据透视表，如图 9-32 所示。

操作演示

（2）选择数据透视表中的任意一个单元格，单击"数据透视表分析"选项卡"工具"组中的"数据透视图"按钮，打开"插入图表"对话框。在"所有图表"中选择"饼图"，然后单击如图 9-33 所示的"三维饼图"按钮。单击"确定"按钮，即可在工作表中插入数据透视图，如图 9-34 所示。

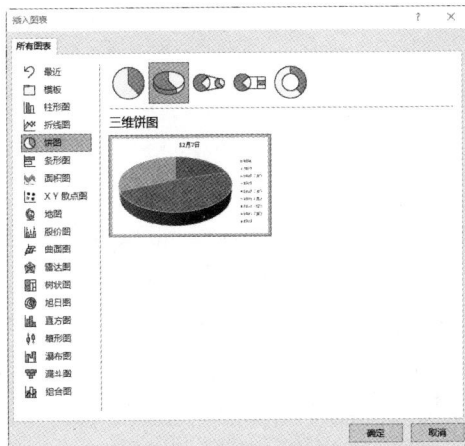

图 9-33 选择图表类型

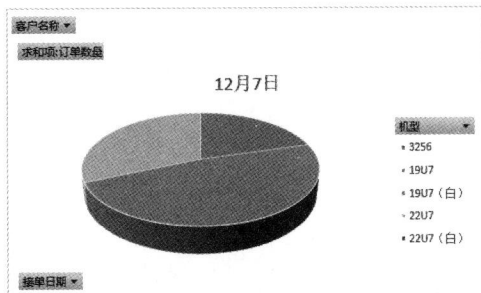

图 9-34 插入数据透视图

（3）在图表区双击鼠标左键，打开如图 9-35 所示的"设置图表区格式"面板。然后在该面板中对图表区的格式进行设置，在"填充"选区选择"渐变填充"单选按钮，然后选择第一个渐变光圈，单击"颜色"下拉按钮，在打开的"颜色"下拉列表中选择"浅紫色"；选择最后一个渐变光圈，在"颜色"下拉列表中选择"浅蓝色"；分别选择第二个和第三个渐变光圈，单击"删除渐变光圈"按钮。设置格式之后的数据透视图如图 9-36 所示。

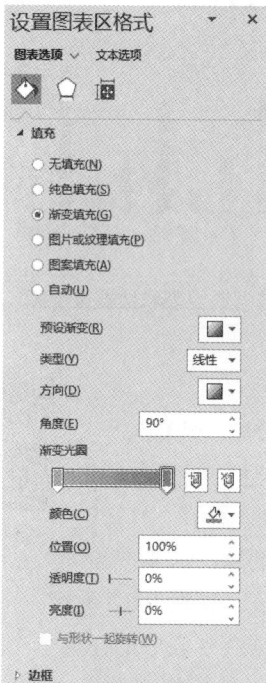

图 9-35 "设置图表区格式"面板

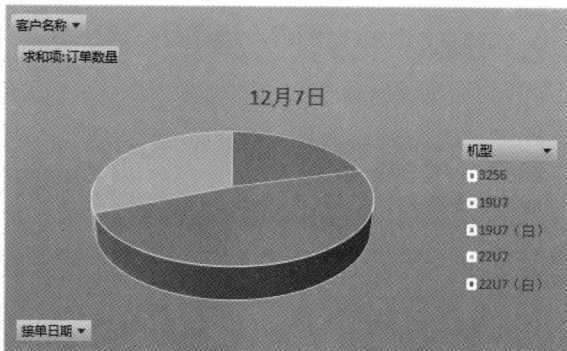

图 9-36 设置格式之后的数据透视图

（4）单击三维饼图上灰色区域中的一个数据点，打开如图 9-37 所示的"设置数据点格式"面板，设置数据点的填充颜色为"绿色，个性 6"，填充后的效果如图 9-38 所示。

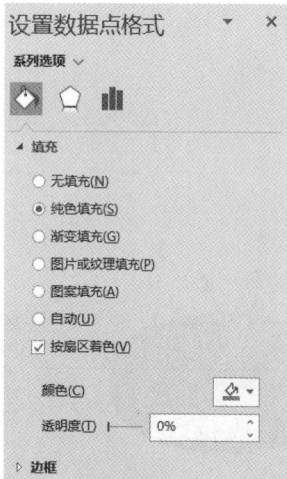

图 9-37 "设置数据点格式"面板

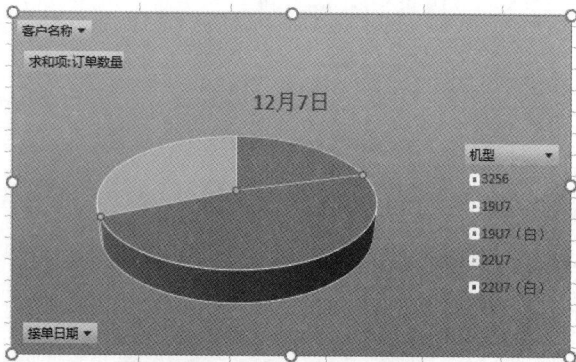

图 9-38 数据点填充后的效果

修改数据点的边框和填充格式时，图表右侧的图例样式也会随之改变。对照图例查看三维饼图还不能直观地查看各个扇形区域对应的数据，接下来为三维饼图添加数据标注。

（5）选择图表，单击图表右侧的"图表元素"按钮，在打开的下拉列表中勾选"数据标签"复选框。然后单击其右侧的级联按钮，在打开的级联菜单中单击"数据标注"命令，此时，在图表中将显示数据标注，如图9-39所示。

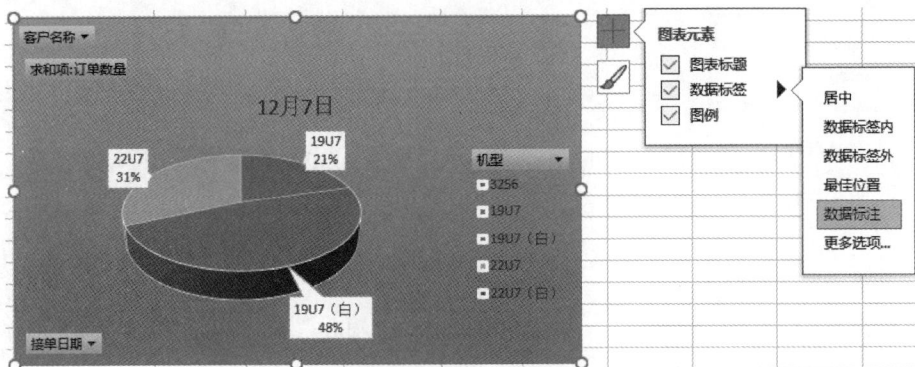

图 9-39　显示数据标注

（6）选择图表标题，在"开始"选项卡"字体"组中设置字体为"仿宋"，颜色为"黄色"；选择图例项，采用同样的方法设置文本颜色为"黑色"，效果如图9-40所示。

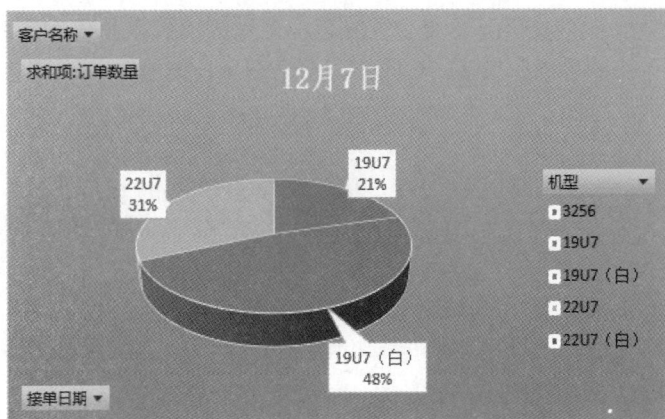

图 9-40　修改图表标题和图例项的文本颜色

二、在数据透视图中筛选数据

数据透视图与普通图表最大的区别是：数据透视图可以通过单击图表旁边的字段名称，选择需要在图表上显示的数据项，从而筛选数据。

案例——通过数据透视图筛选数据

（1）单击"快速访问工具栏"中的"打开"按钮，打开"打开"对话框，打开上个案例创建好的数据透视图。

（2）在图表左下角的"接单日期"下拉列表中的"值筛选"选区中取

操作演示

消勾选"全选"复选框，然后勾选"12月16日"复选框，如图9-41所示，单击"确定"按钮，得到的图表效果如图9-42所示。

图 9-41　"接单日期"下拉列表

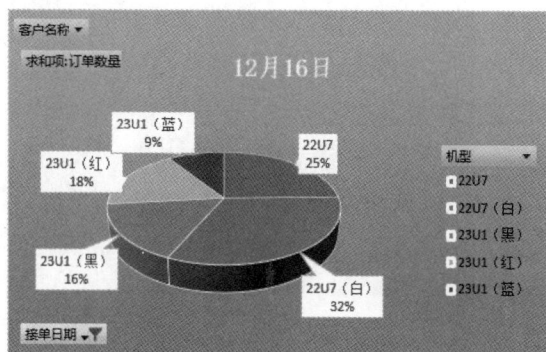

图 9-42　12 月 16 日订单的数据透视图

（3）在图表左上角的"客户名称"下拉列表中选择要显示的客户名称，如"长沙思创"，如图9-43所示，然后单击"确定"按钮，得到的图表效果如图9-44所示，在该图表中仅显示客户"长沙思创"12 月 16 日的订单情况，此时的数据透视表如图9-45所示。

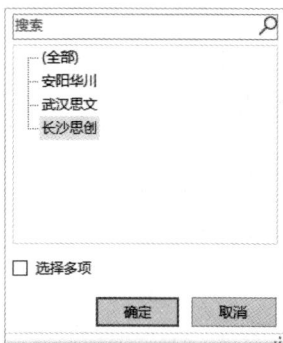

图 9-43　"客户名称"下拉列表

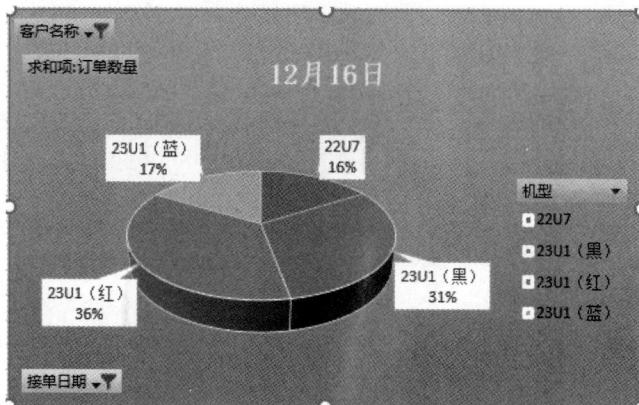

图 9-44　筛选客户名称后的图表效果

	A	B	C
1	客户名称	长沙思创	
2			
3	求和项:订单数量	列标签	
4	行标签	12月16日	总计
5	22U7	5600	5600
6	23U1（黑）	10800	10800
7	23U1（红）	12700	12700
8	23U1（蓝）	5800	5800
9	总计	34900	34900

图 9-45　筛选客户名称后的数据透视表

项目总结

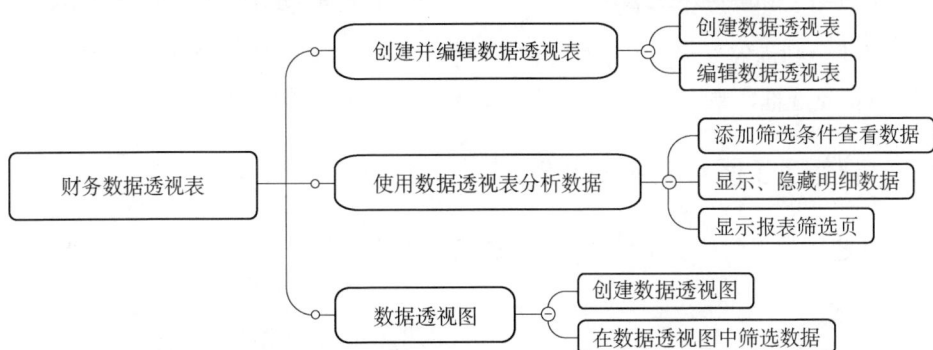

项目实战

实战一　创建成本费用透视表

（1）创建一个成本费用表，并格式化表格，如图 9-46 所示。

	A	B	C	D	E	F
1	成本费用表					
2	月份	负责人	产品名	单件费用	数量	总费用
3	1月	苏羽	A	245	15	3675
4	1月	李耀辉	B	58	20	1160
5	1月	张默千	C	89	18	1602
6	2月	李耀辉	B	310	20	6200
7	2月	苏羽	A	870	18	15660
8	2月	李耀辉	B	78	60	4680
9	3月	张默千	C	160	16	2560
10	4月	苏羽	A	80	32	2560
11	4月	张默千	C	760	45	34200

图 9-46　格式化后的成本费用表

（2）选择要创建数据透视表的单元格区域 A2:F11。单击"插入"选项卡"图表"组中的"数据透视图"按钮，打开"创建数据透视表"对话框。采用默认设置，单击"确定"按钮，新建一个放置空白数据透视表的工作表，并打开"数据透视表字段"面板。

（3）把列字段"月份"拖到"筛选"区域；按照同样的方法，把列字段"负责人"拖到"行"区域；把列字段"产品名"拖到"列"区域；把列字段"总费用"拖到"值"区域，创建的数据透视表如图 9-47 所示。

（4）双击行标签所在的单元格，当单元格中的内容变为可编辑状态时，输入"负责人"；按照同样的方法，修改列标签的名称为"产品名"，如图 9-48 所示。

图 9-47　创建的数据透视表　　　　图 9-48　修改行标签和列标签的名称

（5）单击"列标签"右侧的下拉按钮，在打开的下拉列表中取消勾选"全部"复选框，并勾选"A"复选框，单击"确定"按钮，即可查看产品 A 的费用汇总，如图 9-49 所示。

实战二　制作员工医疗费用统计表

（1）创建"员工医疗费用统计表"工作簿，并格式化工作表，如图 9-50 所示。

图 9-49　查看产品 A 的费用汇总　　　　图 9-50　创建的"员工医疗费用统计表"

（2）选择工作表中的任意一个单元格，单击"插入"选项卡"图表"组中的"数据透视图"按钮，打开"创建数据透视图"对话框。在"表/区域"文本框中输入单元格区域 B2:H14，然后选择"新工作表"单选按钮，单击"确定"按钮，即可自动新建一个工作表。

（3）在"数据透视图字段"面板中勾选"医疗费用"和"报销金额"复选框后，"医疗费用"和"报销金额"字段将自动添加到"值"区域中，并且显示在数据透视表和数据透视图中。

（4）将"员工姓名"字段拖放到"轴（类别）"区域后，数据透视表和数据透视图也随之自动更新，如图 9-51 所示。

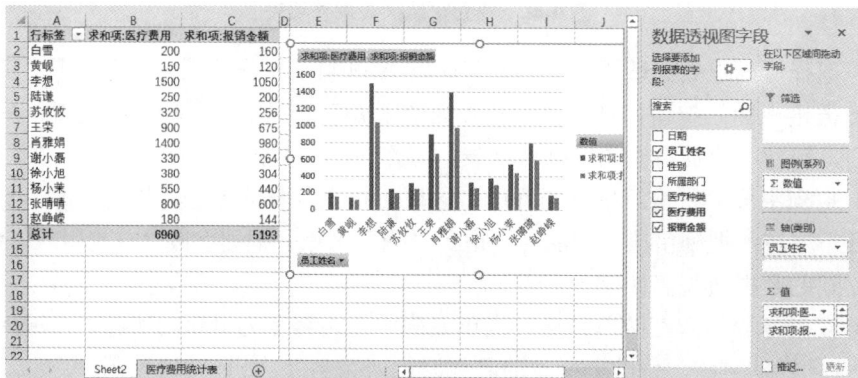

图 9-51　添加员工姓名

（5）单击数据透视图左下角"员工姓名"右侧的下拉按钮，在打开的下拉列表中取消勾选"全选"复选框，然后勾选"白雪""苏攸攸""肖雅娟"复选框，单击"确定"按钮，数据透视表和数据透视图中将只显示选中姓名的数据，如图 9-52 所示。

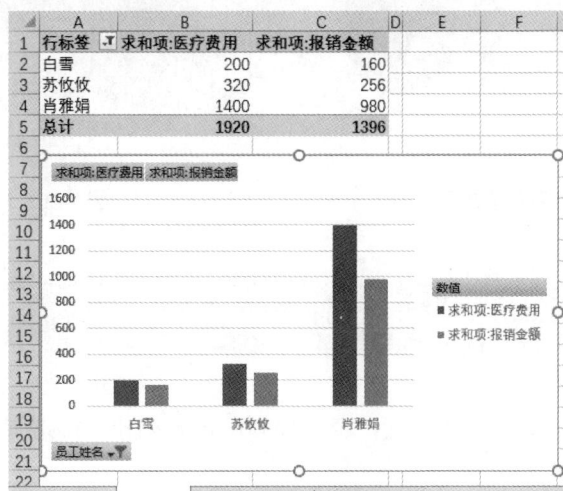

图 9-52　显示筛选结果

（6）在数据透视图左下角的"员工姓名"下拉列表中勾选"全选"复选框，取消筛选数据。

（7）选中数据透视图，单击"数据透视图设计"选项卡"类型"组中"更改图表类型"按钮，打开"更改图表类型"对话框。选择"饼图"选项后选择"复合饼图"选项，单击"确定"按钮，创建复合饼图，效果如图 9-53 所示。

（8）选择数据透视图，更改图表样式为"样式 9"，然后添加数据标注，效果如图 9-54 所示。

（9）用鼠标右键单击数据透视图中的任意一个字段按钮，在打开的快捷菜单中单击"隐藏图表上的所有字段按钮"命令，将隐藏图表中所有的字段按钮，效果如图 9-55 所示。

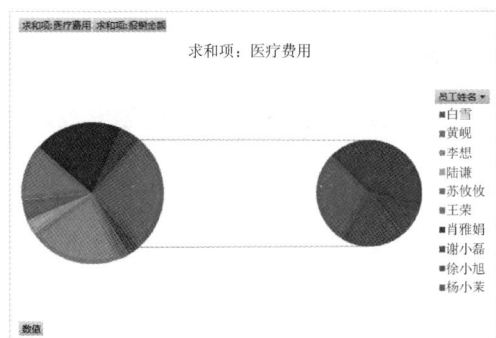

图 9-53　创建的复合饼图

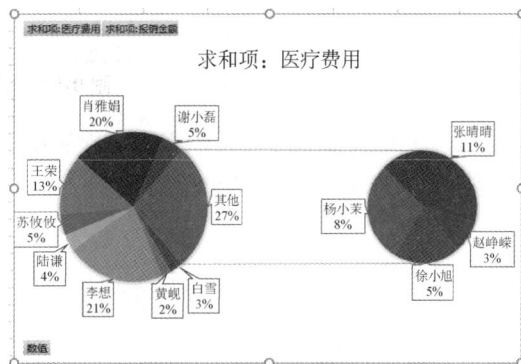

图 9-54　添加数据标注

（10）选择图表标题，修改图表标题为"员工医疗费用统计图"，然后设置图表的背景图片，最终效果如图 9-56 所示。

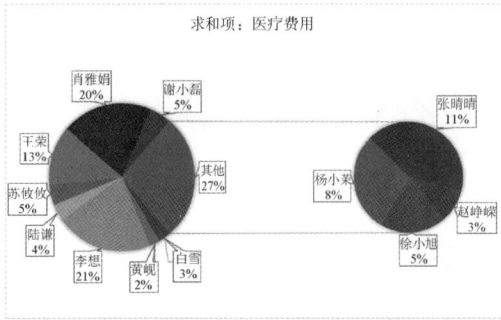

图 9-55　隐藏所有字段按钮后的效果

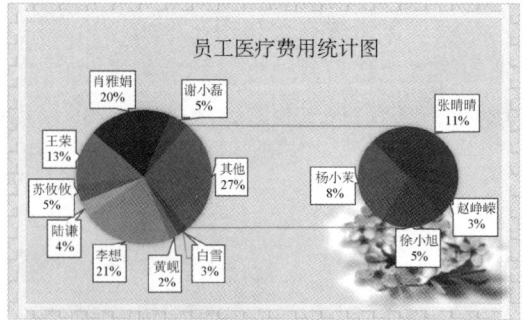

图 9-56　最终效果

习题

1. 创建如图 9-57 所示的订单统计表，并利用该表创建数据透视图。

		2021年12月订单统计表					
接单日期	客户名称	订单号	机型	订单数量	完成状况	发货日期	备注
12月7日	安阳华川	ST1012A023/4501113	22U7	8000	已完成	12月14日	
12月7日	武汉思文	ST1012A023/4501110	22U7	2000	已完成	12月14日	
12月7日	安阳华川	ST1012A022/4501111	19U7	6600	已完成	12月14日	
12月7日	武汉思文	ST1012A026/4501112	19U7（白）	7000	已完成	12月28日	
12月7日	安阳华川	ST1012A024/4501113	19U7（白）	8300	已完成	1月4日	
12月16日	武汉思文	ST1012A070/4501121	22U7	5000	已完成	12月24日	
12月16日	安阳华川	ST1012A070/4501121	22U7	10000	已完成	1月4日	
12月16日	长沙思创	ST1012A070/4501121	22U7	5600	已完成	1月12日	
12月16日	安阳华川	ST1012A067/4501121	23U1（蓝）	2000	已完成	12月29日	
12月16日	安阳华川	ST1012A068/4501121	23U1（黑）	3000	未完成		
12月16日	安阳华川	ST1012A069/4501121	23U1（红）	2000	未完成		
12月16日	安阳华川	ST1012A075/4501121	22U7（白）	26900	未完成		
12月16日	长沙思创	ST1012A076/4501121	23U1（红）	12700	未完成		
12月16日	长沙思创	ST1012A077/4501121	23U1（蓝）	5800	未完成		
12月16日	长沙思创	ST1012A078/4501121	23U1（黑）	10800	未完成		
12月23日	安阳华川	ST1012A091/BLS-1412	3256	4000	未完成		
12月23日	长沙思创	ST1012A096/BLS-1412	3256	22008	未完成		
12月23日	安阳华川	ST1012A091/4501115	23U2	1000	未完成		

图 9-57　订单统计表

2. 创建如图 9-58 所示的某公司电视机销售表，并创建数据透视表，然后创建数据透视图，最后按销量和金额分析销售表。

某公司电视机销售表			
尺寸规格	平均单价	销量	金额
32寸	1025	489	501225
42寸	1150	512	588800
46寸	1325	698	924850
47寸	1405	725	1018625
50寸	1690	612	1034280
60寸	1780	541	962980

图 9-58　某公司电视机销售表

打印和输出

> ➤ 坚守道德底线，不断提高思想修养
> ➤ 培养安全意识，养成保存各种原始凭证的习惯

学习目标

> ➤ 能够对工作表的页面进行设置
> ➤ 能够应用打印预览功能，预览作品的输出效果

项目导读

　　在工作表的管理流程中，通常要将制作好的工作表打印出来，分发给其他用户查看或签字。本项目介绍 Excel 2021 工作表页面设置和打印的方法，包括页面布局设置、打印预览、打印设置和打印输出等。

任务 1 页面设置

任务引入

由于工作，小明需要将制作的工作表打印出来。那么，在打印前，如何进行页面设置呢？

知识准备

一、设置纸张的方向和大小

（1）单击"页面布局"选项卡"页面设置"组中的"纸张方向"按钮，在如图 10-1 所示的下拉列表中可以设置纸张的方向。

纸张方向就是设置页面的打印方向。若文件的行较多而列较少，则可以使用纵向打印；若文件的列较多而行较少，则通常使用横向打印。纵向和横向是相对于纸张而言的，并非打印内容。

（2）单击"页面布局"选项卡"页面设置"组中的"纸张大小"按钮，在如图 10-2 所示的"纸张大小"下拉列表中可以设置纸张的大小。

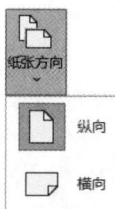

图 10-1 "纸张方向"下拉列表

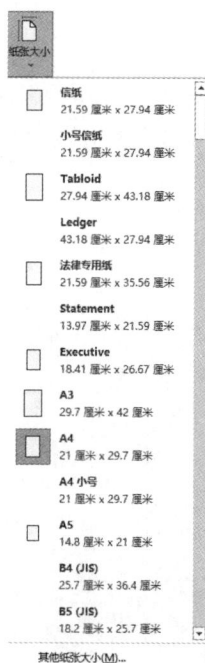

图 10-2 "纸张大小"下拉列表

注意

选择的纸张大小并非实际打印用纸的尺寸，选择的纸张大小不同，打印内容的大小和位置也不同。

如果预置的纸张大小不符合打印需要，那么可以自定义纸张大小。

（1）在"纸张大小"下拉列表中选择"其他纸张大小"选项，打开如图10-3所示的"页面设置"对话框。在"页面"选项卡中，可以设置纸张的方向、纸张的大小、打印质量和起始页码。

图10-3 "页面设置"对话框

（2）在"缩放"选区设置页面显示的大小。

（3）在"纸张大小"下拉列表中设置打印的尺寸。

（4）在"打印质量"下拉列表中指定打印的分辨率。

（5）在"起始页码"文本框中设置从哪一页开始打印。默认设置为"自动"，用户可以直接输入页码。

（6）设置完成，单击"打印预览"按钮，预览页面效果。

二、设置页边距

（1）单击"页面布局"选项卡"页面设置"组中的"页边距"按钮，打开如图10-4所示的"页边距"下拉列表。

（2）选择需要的页边距样式，即可应用所选的页边距。

此外，用户还可以自定义页边距。

（3）在如图10-4所示的下拉列表中选择"自定义页边距"选项，打开如图10-5所示的"页面设置"对话框。

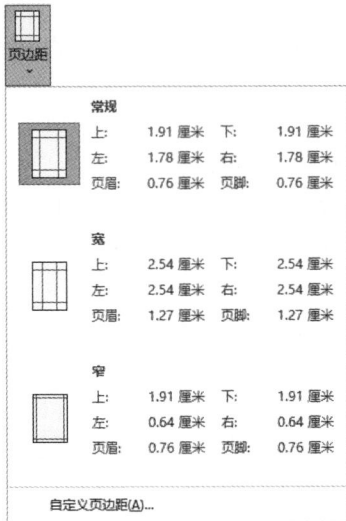

图 10-4 "页边距"下拉列表

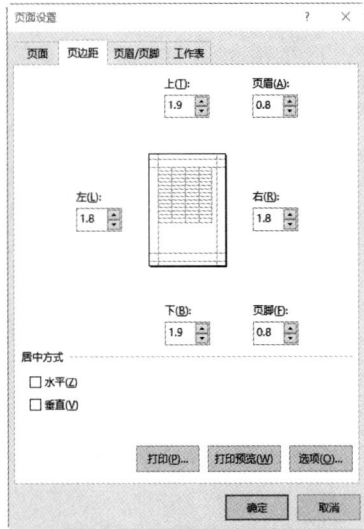

图 10-5 "页面设置"对话框

（4）在"上""下""左""右"文本框中输入边距数据。设置边距时，可以在"页面设置"对话框中间的预览图中查看效果。

（5）在"页眉""页脚"文本框中设置页眉和页脚的高度。

（6）在"居中方式"选区中选择要打印的内容在页面中的显示位置。

（7）设置完成，单击"打印预览"按钮，预览页面效果。

三、设置页面背景

设置页面背景，可以使工作表更加美观和个性化。

（1）单击"页面布局"选项卡"页面设置"组中的"背景"按钮，打开如图 10-6 所示的"插入图片"对话框。

图 10-6 "插入图片"对话框

（2）选择图片的来源。用户可以在本地计算机或本地网络上浏览图片文件，也可以输入图片关键字，在 Bing 上搜索，如图 10-7 所示。

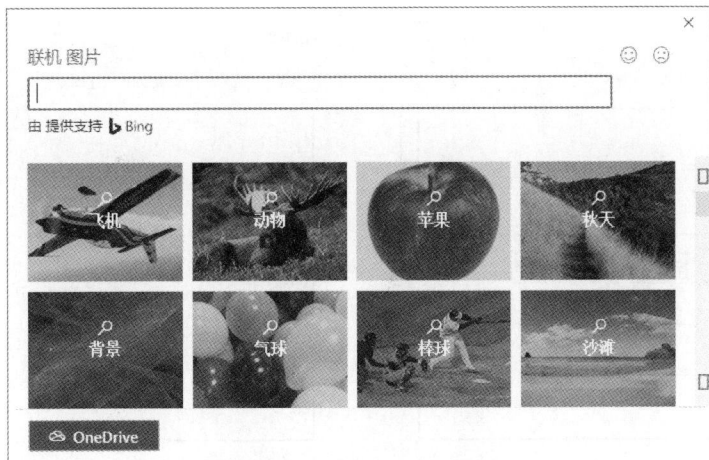

图 10-7　在 Bing 上搜索图片

（3）双击需要的图片后，即可将其设置为工作表的背景，效果如图 10-8 所示。

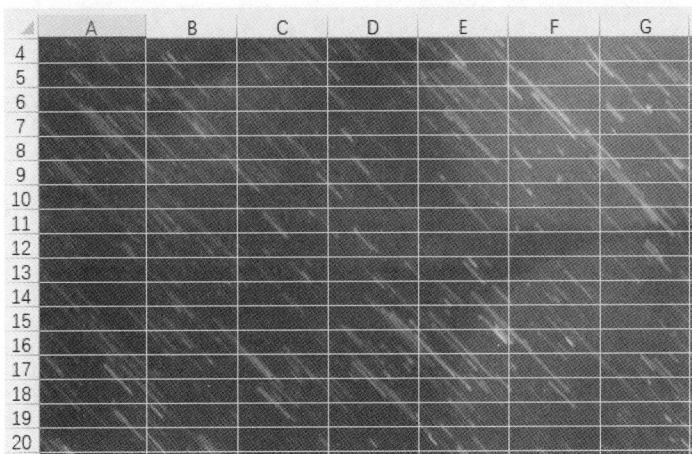

图 10-8　设置页面背景

如果对设置的背景图片不满意，或者不再需要背景图片，那么可以单击"页面布局"选项卡"页面设置"组中的"删除背景"按钮，即可删除背景图片。

🔍 **注意**

打印工作表时，不会打印设置的背景图片。

四、设置页眉和页脚

页眉是在文档顶端添加的附加信息，页脚是在文档底部添加的附加信息。

（1）单击"页面布局"选项卡"页面设置"组中的"页面设置"按钮，打开如图 10-9 所示的"页面设置"对话框，然后选择"页眉/页脚"选项卡。

（2）在"页眉"和"页脚"下拉列表中可以选择预置的页眉和页脚，如图 10-10 所示。

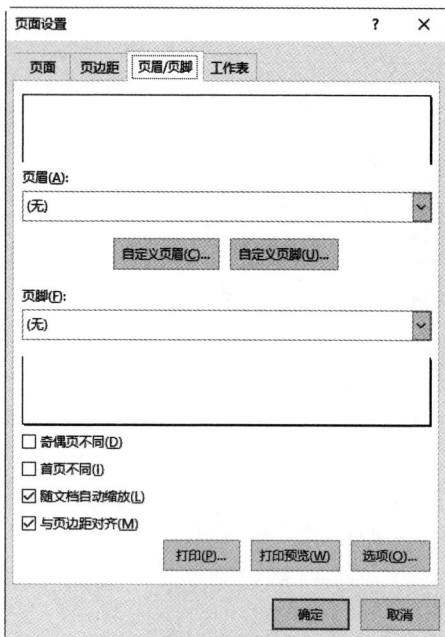

图 10-9　"页面设置"对话框

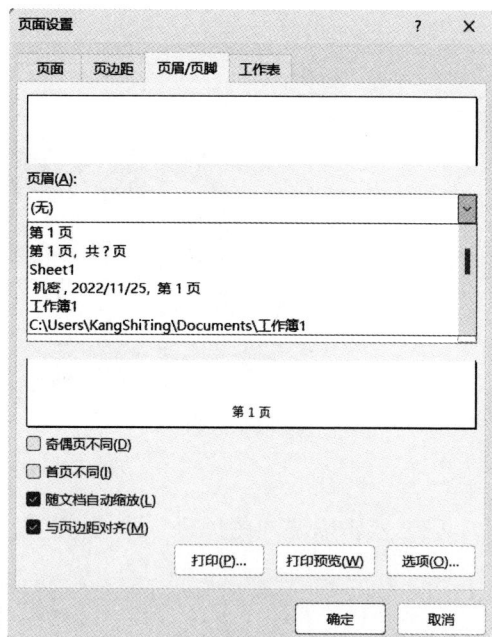

图 10-10　选择预置的页眉和页脚

（3）单击"打印预览"按钮，预览页面效果。

（4）单击"自定义页眉"按钮，打开如图 10-11 所示的"页眉"对话框，分别在"左部""中部""右部" 3 个文本框中输入需要的内容。

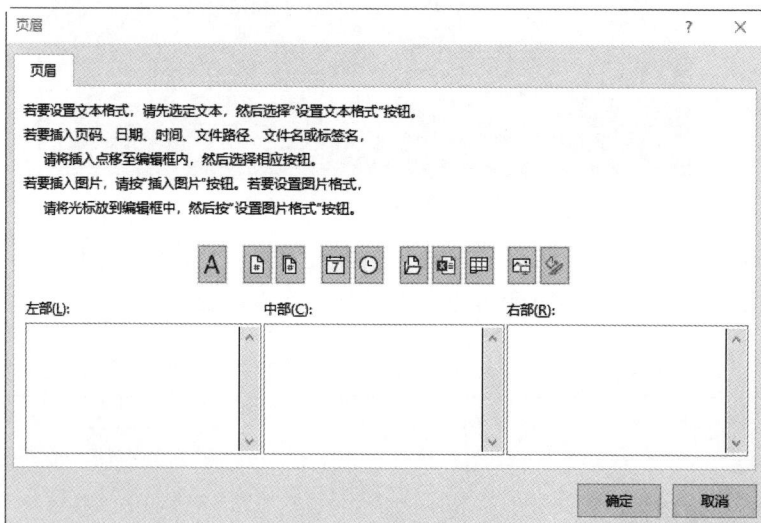

图 10-11　"页眉"对话框

（5）单击"自定义页脚"按钮，打开如图 10-12 所示的"页脚"对话框，将鼠标指针放在"左部"文本框中，单击"插入页码"按钮，插入页码；然后将鼠标指针放在"中部"文本框中，单击"插入时间"按钮，插入时间；最后将鼠标指针放在"右部"文本框中，单击"插入日期"按钮，插入日期。

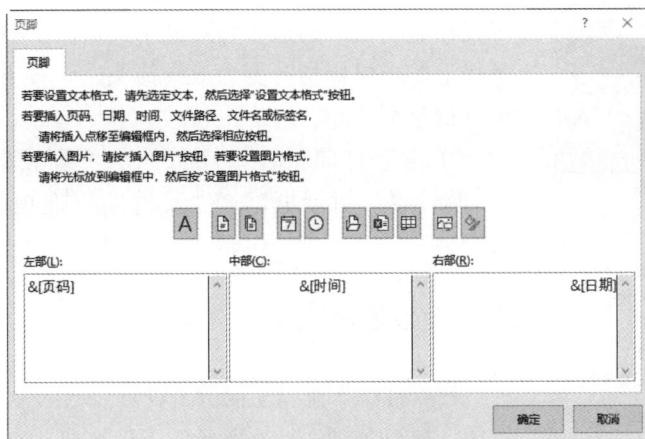

图 10-12 "页脚"对话框

（6）单击"确定"按钮关闭对话框，返回"页面设置"对话框。此时"页脚"下拉列表中将显示自定义的页脚，页脚预览区将显示页脚的效果。

（7）根据需要设置奇偶页和首页的页眉页脚、页眉页脚是否随文档自动缩放，以及是否与页边距对齐。

（8）设置完毕，单击"页面设置"对话框底部的"打印预览"按钮，预览页面效果。

任务2 打印预览和输出

任务引入

小明作为公司财务部的职员，设计了一份费用报销单，因为需要员工填写，部门经理签字，所以必须将它打印出来。那么，如何设置表格才能使其完全打印在一页上呢？

知识准备

设置页面布局之后，可以预览页面的打印效果是否符合要求。

执行"文件"→"打印"操作，打开如图 10-13 所示的"打印"窗口。

在"打印"窗口中可以较直观地查看页面布局，并快捷地设置打印机属性、打印份数、打印范围、纸张大小和边距。

一、设置显示边距

单击"打印"窗口右下角的"显示边距"按钮，

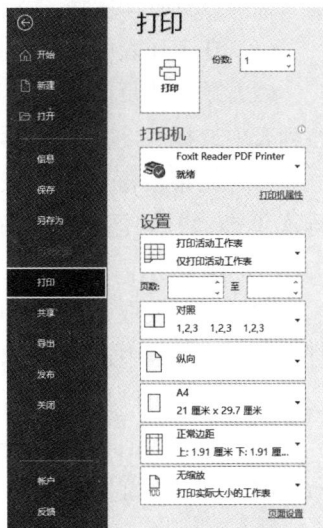

图 10-13 "打印"窗口

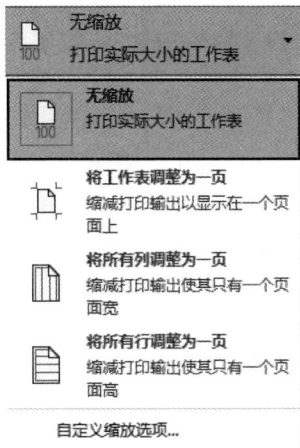

图 10-14　设置显示比例

可在预览窗口中通过参考线显示页边距。将鼠标指针移到参考线上，当鼠标指针变为双向箭头时，按下鼠标左键拖动，可以调整页边距。

单击"打印"窗口底部的"页面设置"按钮，打开"页面设置"对话框，在"页边距"选项卡中也可以设置边距。

二、设置显示比例

在"打印"窗口左侧的"设置"选区中，单击"无缩放"按钮，打开如图 10-14 所示的下拉列表。在这里，可以设置工作表的显示比例。

（1）无缩放：打印实际大小的工作表。

（2）将工作表调整为一页：将工作表缩小后打印输出，以显示在一个页面上。

（3）将所有列调整为一页：将工作表缩小后打印输出，以使工作表只有一个页面宽。

（4）将所有行调整为一页：将工作表缩小后打印输出，以使工作表只有一个页面高。

如果选择"自定义缩放选项"选项，那么将打开"页面设置"对话框，在"缩放"选区可以设置工作表的缩放比例，或者将工作表调整为一个页宽或一个页高。

三、设置打印区域

在默认情况下，打印工作表时，会打印整张工作表。如果只打印工作表中的一部分，那么需要设置打印区域。

（1）在工作表中选中要打印的单元格或单元格区域。

（2）单击"页面布局"选项卡"页面设置"组中的"打印区域"按钮，在打开的下拉列表中选择"设置打印区域"选项，如图 10-15 所示。

（3）如果要添加工作表中的其他区域，那么选中要添加的单元格或单元格区域，再次单击"打印区域"按钮，在打开的下拉列表中选择"添加到打印区域"选项，如图 10-16 所示。

（4）如果要取消打印选中的单元格或单元格区域，那么单击"打印区域"按钮，在打开的下拉列表中选择"取消打印区域"选项。

此外，还可以打开"页面设置"对话框设置打印区域，或者进一步设置打印选项。

（5）单击"页面布局"选项卡"页面设置"组中的"页面设置"按钮，打开如图 10-17 所示的"页面设置"对话框，然后选择"工作表"选项卡。

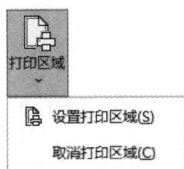

图 10-15 设置打印区域   图 10-16 添加到打印区域   图 10-17 "页面设置"对话框

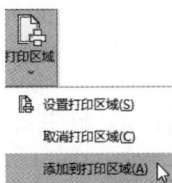

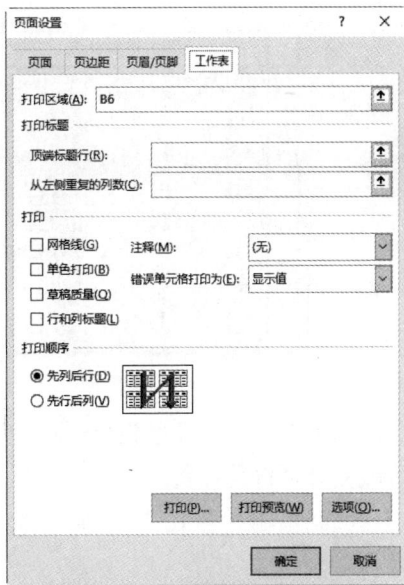

（6）单击"打印区域"文本框右侧的 ⬆ 按钮，选择要设置为打印区域的单元格区域。

教你一招：在"打印区域"文本框中可以直接输入要打印的单元格区域，各个单元格区域之间用逗号分隔，可以设置多个打印区域。在选择打印区域时，按下"Ctrl"键，也可选择多个区域，但每个区域都是单独打印的。若要将多个打印区域打印在一张纸上，则可以先将这几个区域复制到同一个工作表中再打印。

（7）在"打印标题"选区设置顶端标题行和从左侧重复的列数。

（8）根据需要设置打印属性和打印顺序。

（9）单击"打印预览"按钮，预览页面效果。

四、设置分页打印

如果工作表中的内容超出了打印区域，那么必须进行分页打印。在 Excel 2021 中，默认对工作表进行自动分页，将第一页不能显示的内容分割到后面的页面中显示。但这种分页效果往往不能完整地显示工作表中的内容，因此，用户通常需要自定义分页位置。

（1）选择要放置分页符的单元格，单击"页面布局"选项卡"页面设置"组中的"分隔符"按钮，打开如图 10-18 所示的下拉列表。

（2）选择"插入分页符"选项，即可在所选单元格的左上角显示两条互相垂直的灰色直线，即在单元格的左上方同时创建水平分页符和竖直分页符。

图 10-18 "分隔符"下拉列表

（3）单击"视图"选项卡"工作簿视图"组中的"分页预览"按钮，以分页预览的形式显示工作表，且以蓝色粗实线表示分页符，显示效果如图 10-19 所示。

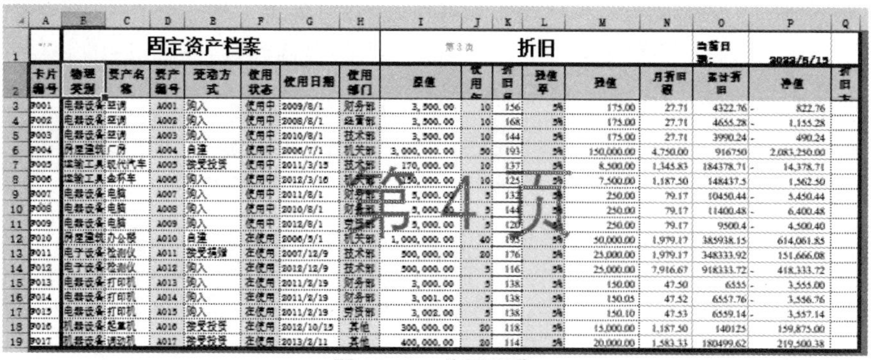

图 10-19　分页预览

（4）将鼠标指针移到分页符上方，当鼠标指针变为双向箭头时，按下鼠标左键拖动，可改变分页符的位置。

（5）单击"视图"选项卡"工作簿视图"组中的"普通"按钮，退出分页预览视图。

如果要删除分页符，那么选择"页面布局"选项卡"页面设置"组"分隔符"下拉列表中的"删除分页符"选项，再选择"重设所有分页符"选项，即可删除当前工作表中的所有分页符。

五、打印标题

如果工作表内容不能在一页中完全显示，那么 Excel 将对表格进行自动分页，将第 1 页中不能显示的内容分割到后面的页面显示，但后面的页面中只显示数据行，不显示标题行。因此，单独查看后面的页面时并不能了解各个数据的意义，通过设置打印标题可以解决这个问题。

（1）单击"页面布局"选项卡"页面设置"组中的"打印标题"按钮，打开"页面设置"对话框。

（2）在"打印标题"区域，单击"顶端标题行"文本框右侧的 ± 按钮，选择工作表中标题行所在的单元格区域。

（3）执行"文件"→"打印"操作，打开"打印"窗口，在预览区域显示的第 2 页中可以看到设置的标题。

六、设置打印属性

执行"文件"→"打印"操作，打开"打印"窗口，在该窗口中，可以设置以下打印属性：

（1）份数：要打印的份数。

（2）打印机：该下拉列表中列出了当前可使用的打印机的名称、状态、类型等信息，如图 10-20 所示。单击"打印机属性"，打开打印机的属性设置对话框，从中可以改变打印机的属性。选择"打印到文件"选项，可以将当前文档打印到文件而不是打印机。

（3）打印区域：包括打印活动工作表、打印整个工作簿、打印选定区域等，如图 10-21 所示。选择"忽略打印区域"选项，将取消打印所选的打印区域，打印整个工作表。

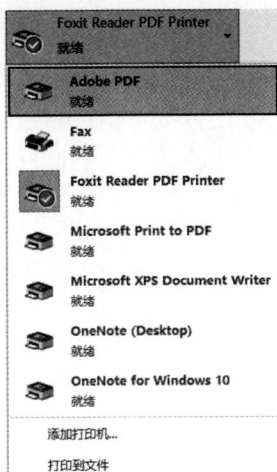

图 10-20　打印机列表

图 10-21　活动工作表列表

（4）打印范围：在"页数"文本框中设置要打印的起始页码和终止页码。

（5）打印顺序：设置打印多份时，是否逐份打印。

（6）打印方向、纸张大小、显示边距和工作表缩放选项：在本项目中已介绍过，在此不再赘述。

设置完毕，单击左上角的"打印"按钮，即可开始打印。

案例——打印费用报销单

（1）打开费用报销单，如图 10-22 所示。在打印之前，应预览一下打印效果，以免打印出来的费用报销单因不符合要求而作废。

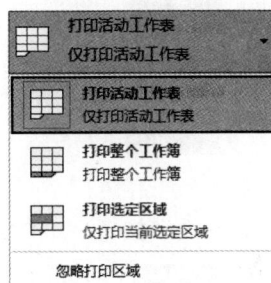

图 10-22　费用报销单

（2）执行"文件"→"打印"操作，打开如图 10-23 所示的"打印"窗口。由于在 Excel 2021 中默认的页面方向为纵向，而本例设计的费用报销单的宽度超出了页面宽度，因此被自动分为了两页。

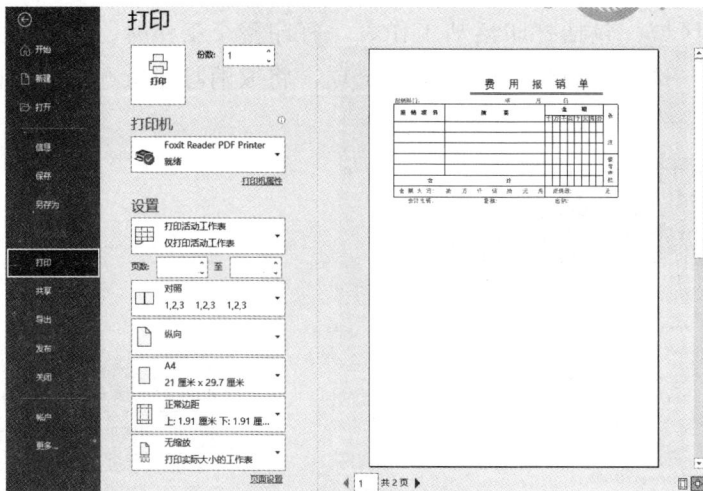

图 10-23 "打印"窗口

单击"下一页"按钮，可以查看第 2 页，如图 10-24 所示。

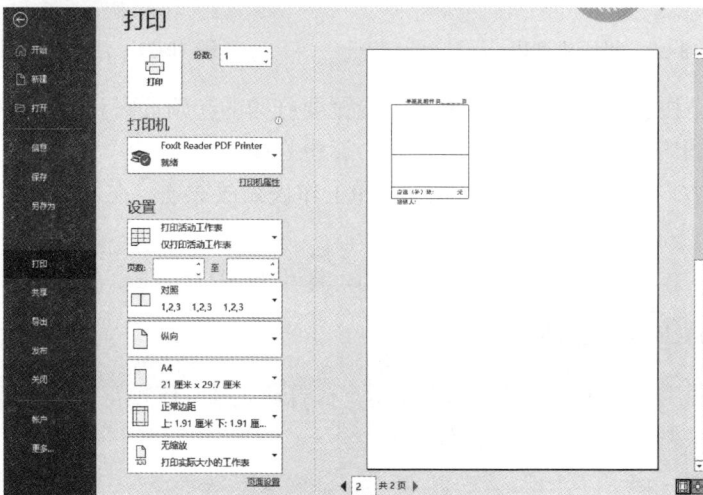

图 10-24 第 2 页的预览效果

（3）在"设置"选区中设置页面方向为"横向"时，窗口右侧显示将费用报销单横向打印的效果，如图 10-25 所示。

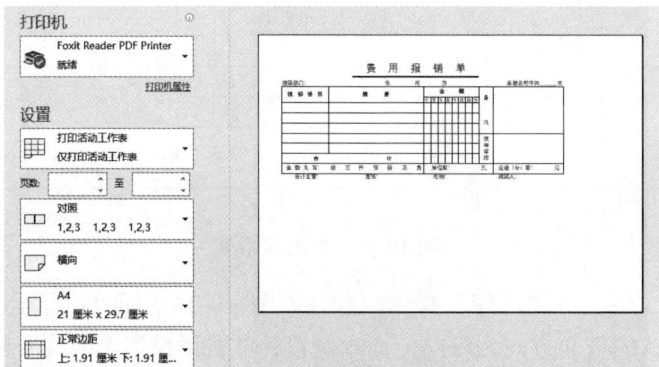

图 10-25 横向打印效果

（4）在"设置"选区中设置纸张大小为"A4"。

（5）单击"打印"窗口右下角的"显示边距"按钮，查看页边距，如图10-26所示，通过拖动边距参考线可以调整页面边距。

（6）单击"页面设置"按钮，打开"页面设置"对话框并选择"页边距"选项卡，设置"上""下""左""右"的页边距。然后在"居中方式"选区勾选"水平"复选框和"垂直"复选框，如图10-27所示，单击"确定"按钮，打印预览效果如图10-28所示。

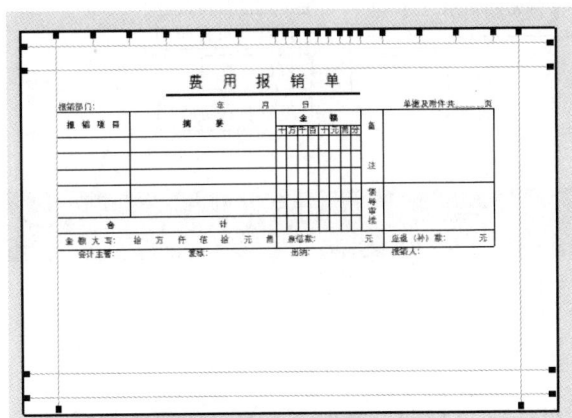

图 10-26　显示打印页边距

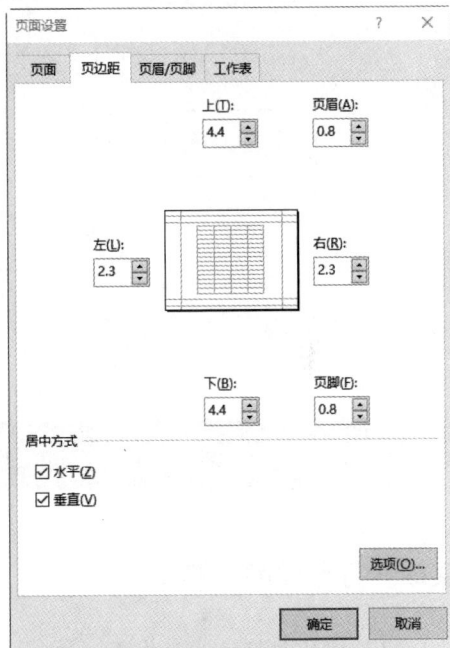

图 10-27　设置页边距和居中方式

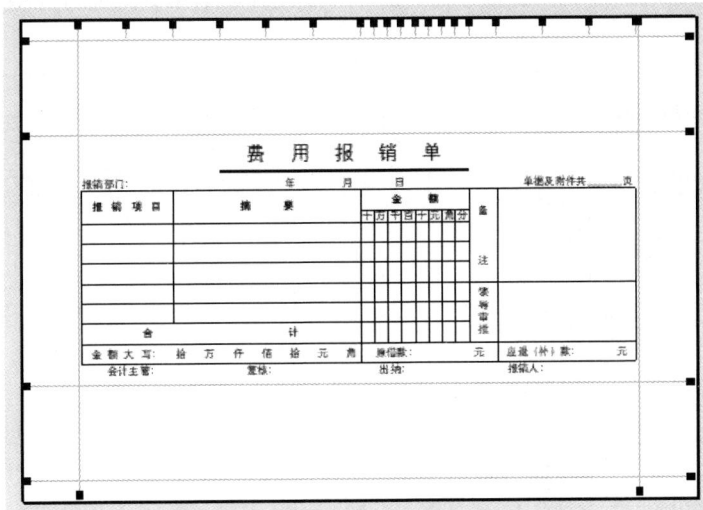

图 10-28　页面设置完成后的预览效果

（7）单击"打印"按钮，即可从打印机上输出打印文件。

项目总结

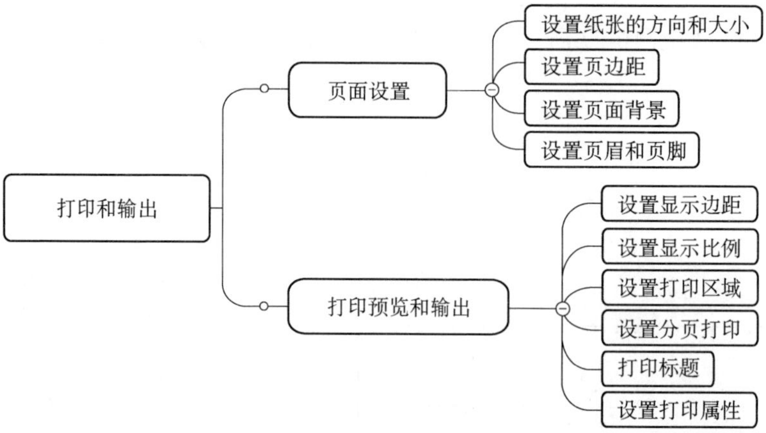

项目实战

实战　打印商品订购单

（1）打开要打印的工作表，执行"文件"→"打印"操作，在打开的预览效果中可以查看打印效果，如图 10-29 所示。单击"下一页"按钮，显示第 2 页的打印效果，如图 10-30 所示。

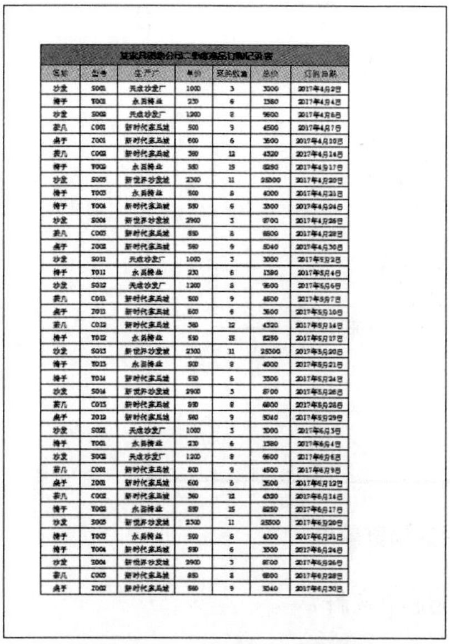

图 10-29　预览打印效果

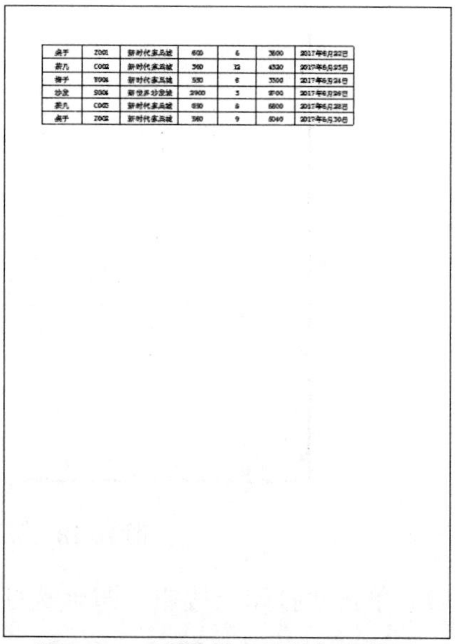

图 10-30　预览第 2 页的打印效果

（2）在"打印"窗口单击"页面设置"，在打开的"页面设置"对话框中选择"页边距"选项卡，在"居中方式"选区勾选"水平"复选框，如图 10-31 所示。然后单击"确定"按钮，页面设置后的效果如图 10-32 所示。

（3）单击"打印"按钮，即可以在打印机上输出打印文件。

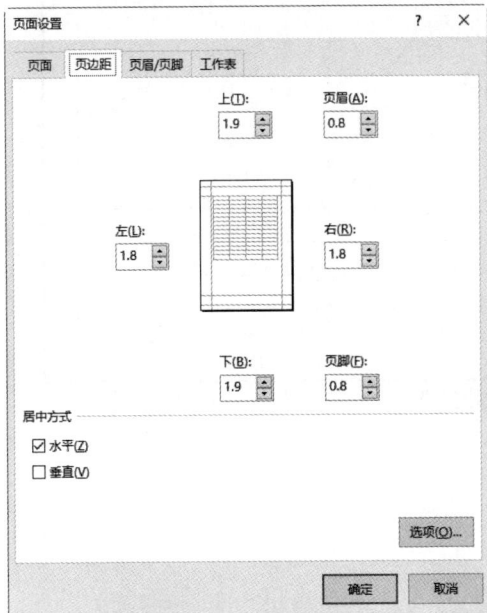

图 10-31　设置居中方式

图 10-32　页面设置后的效果

习题

1. 在 Excel 2021 中创建如图 10-33 所示的差旅费报销单，设置页面布局和页边距，添加页眉和页脚，并将其在一张纸上打印出来。

图 10-33　差旅费报销单

2. 在 Excel 2021 中创建如图 10-34 所示的记账凭证，设置页面布局和页边距，添加页眉和页脚，并将其在一张纸上打印出来。

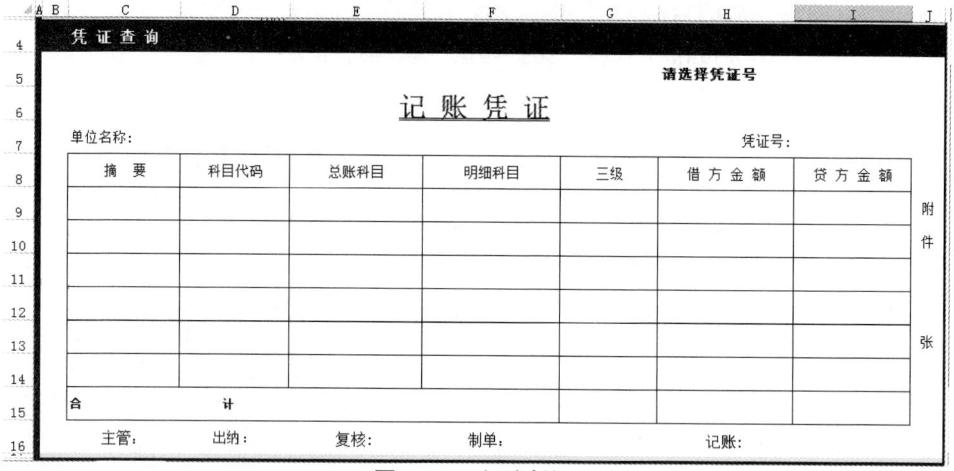

图 10-34　记账凭证

企业固定资产管理综合案例

> 感受工匠精神，培养较强的职业道德和爱岗敬业精神
> 树立正确的职业观，培养正确的职业操守

学习目标

> 能够完成固定资产统计表的创建
> 能够完成固定资产折旧表的创建
> 能够进行固定资产分析

项目导读

　　固定资产的核算与管理主要包括固定资产增减业务的核算、折旧核算、固定资产修理和改良的核算，以及固定资产报废、出售、清理等处理的核算。

　　本项目主要介绍应用 Excel 2021 建立固定资产档案，利用 Excel 2021 中提供的财务函数计算不同折旧法下的固定资产折旧额，按照不同的分类方式对固定资产进行汇总，以及使用 Excel 2021 中的功能对固定资产进行分析。

一、创建固定资产统计表

基于固定资产统计表，用户可以对固定资产统计表中的信息进行添加、修改、删除等操作，还可以对资产进行分类汇总分析。

1. 编制基础设置表

在固定资产统计表中要记录资产的物理类别、变动方式、使用状态、使用部门、资产性质和折旧方法，为操作方便，可以先编制一个基础设置表。操作步骤如下：

（1）新建一个工作簿，将其中一个工作表重命名为基础设置。

（2）在工作表中相应的单元格区域录入相关文本信息，建立表头、抬头，并设置单元格格式，效果如图 11-1 所示。

图 11-1　创建的基础设置工作表

（3）选择 A3:A9 单元格区域，单击"公式"选项卡"定义的名称"组中的"定义名称"按钮，打开如图 11-2 所示的"新建名称"对话框。在"名称"文本框中输入"物理类别"，"引用位置"文本框将自动填充选取的单元格区域，然后单击"确定"按钮。

（4）使用与上一步同样的方法定义名称"变动方式""使用状态""使用部门""资产性质""折旧方法"。此时，单击"公式"选项卡"定义的名称"组中的"名称管理器"按钮，在打开的如图 11-3 所示的"名称管理器"对话框中可以查看已定义的名称。

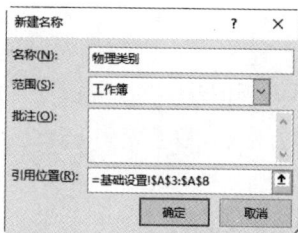

图 11-2　"新建名称"对话框

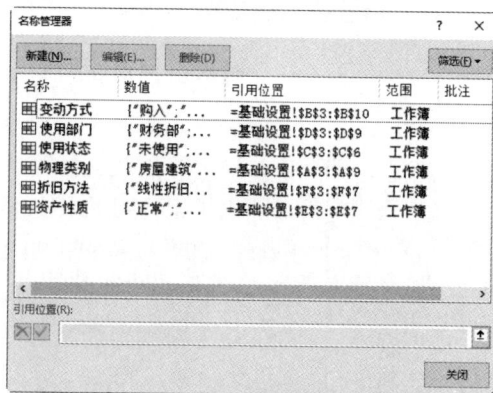

图 11-3　"名称管理器"对话框

2. 编制固定资产档案表

各类固定资产数据构成固定资产档案，它记录了固定资产的原始信息。下面详细介绍该工作表的制作步骤。

（1）新建一个工作表，并将其重命名为固定资产档案。

（2）建立固定资产档案表格框架。在工作表中相应的单元格区域录入相关文本信息，建立表头、抬头，并设置单元格格式，如图 11-4 所示。

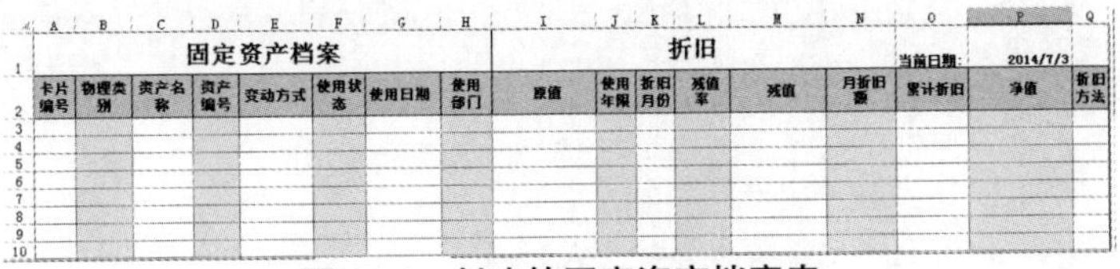

图 11-4 创建的固定资产档案表

（3）设置数据验证。"物理类别""变动方式""使用状态""使用部门""折旧方法"都是使用频率较多的参数，可以为这 5 列参数设置数据验证，以便提高信息录入效率。选择 B 列，单击"数据"选项卡"数据工具"组中的"数据验证"按钮，在"数据验证"对话框中的"允许"下拉列表中选择"序列"选项，在"来源"文本框中输入"=物理类别"，如图 11-5 所示。

🔍 **提示**

由于已经在基础设置表中定义了名称"物理类别"，因此在"来源"文本框中可以直接输入"=物理类别"。

（4）按照上述方法，为 E 列、F 列、H 列、Q 列分别设置数据验证。在"来源"文本框中分别输入"=变动方式""=使用状态""=使用部门""=折旧方法"。

🔍 **提示**

这里为整列设置数据验证，是为了防止因数据业务量增加而造成的可选择的数据区域范围不足。但是为整列单元格设置数据验证之后，单元格 B2、E2、F2、H2、Q2 也出现了数据验证的下拉按钮。为此，可以选择不想设置数据验证的 B2、E2、F2、H2、Q2 单元格，再次打开"数据验证"对话框，将允许的验证条件设置为任何值。

（5）分别选择单元格 B2、E2、F2、H2、Q2，在"数据验证"对话框中，在"允许"下拉列表中选择"任何值"选项，如图 11-6 所示。

图 11-5 为 B 列设置数据验证

图 11-6 设置数据验证的允许条件

（6）录入日常业务信息。按照实际发生业务，录入固定资产档案信息，如图 11-7 所示。

固定资产档案								折旧						当前日期:	2014/7/3	
卡片编号	物理类别	资产名称	资产编号	变动方式	使用状态	使用日期	使用部门	原值	使用年限	折旧月份	残值率	残值	月折旧额	累计折旧	净值	折旧方法
F001	电器设备	空调	A001	购入	使用中	2009/8/1	财务部	3,500.00	10		5%					
F002	电器设备	空调	A002	购入	使用中	2008/8/1	经营部	3,500.00	10		5%					
F003	电器设备	空调	A003	购入	使用中	2010/8/1	技术部	3,500.00	10		5%					
F004	房屋建筑	厂房	A004	自建	使用中	2006/7/1	机关部	3,000,000.00	50		5%					
F005	运输工具	现代汽车	A005	接受投资	使用中	2011/3/15	技术部	170,000.00	10		5%					
F006	运输工具	金杯车	A006	购入	使用中	2012/3/16	机关部	150,000.00	10		5%					
F007	电器设备	电脑	A007	购入	使用中	2007/8/1	财务部	5,000.00	5		5%					
F008	电器设备	电脑	A008	购入	使用中	2007/8/1	财务部	5,000.00	5		5%					
F009	电器设备	电脑	A009	购入	使用中	2007/8/1	劳资部	5,000.00	5		5%					
F010	房屋建筑	办公楼	A010	自建	在使用	2006/5/1	机关部	1,000,000.00	40		5%					
F011	电子设备	检测仪	A011	接受捐赠	在使用	2007/12/9	技术部	500,000.00	20		5%					
F012	电子设备	检测仪	A012	购入	在使用	2007/12/9	技术部	500,000.00	5		5%					
F013	电器设备	打印机	A013	购入	在使用	2008/2/19	财务部	3,000.00	5		5%					
F014	电器设备	打印机	A014	购入	在使用	2008/2/19	财务部	3,001.00	5		5%					
F015	电器设备	打印机	A015	购入	在使用	2011/2/19	劳资部	3,002.00	5		5%					
F016	机器设备	起重机	A016	接受投资	在使用	2012/10/15	其他	300,000.00	20		5%					
F017	机器设备	调动机	A017	接受投资	在使用	2013/2/11	其他	400,000.00	20		5%					

图 11-7　录入固定资产档案信息

（7）计算折旧月份。单击单元格 K3，在编辑栏中输入公式“=IF(YEAR($P$1)>YEAR(G3),(YEAR($P$1)−YEAR(G3))*12−MONTH(G3)+MONTH($P$1),MONTH($P$1)−MONTH(G3)+1)”，利用公式自动填充功能，将 K4:K19 填充完毕，填充效果如图 11-8 所示。

K3　=IF(YEAR($P$1)>YEAR(G3),(YEAR($P$1)-YEAR(G3))*12-MONTH(G3)+MONTH($P$1),MONTH($P$1)-MONTH(G3)+1)

固定资产档案								折旧						当前日期:	2014/7/3	
卡片编号	物理类别	资产名称	资产编号	变动方式	使用状态	使用日期	使用部门	原值	使用年限	折旧月份	残值率	残值	月折旧额	累计折旧	净值	折旧方法
F001	电器设备	空调	A001	购入	使用中	2009/8/1	财务部	3,500.00	10	59	5%					
F002	电器设备	空调	A002	购入	使用中	2008/8/1	经营部	3,500.00	10	71	5%					
F003	电器设备	空调	A003	购入	使用中	2010/8/1	技术部	3,500.00	10	47	5%					
F004	房屋建筑	厂房	A004	自建	使用中	2006/7/1	机关部	3,000,000.00	50	96	5%					
F005	运输工具	现代汽车	A005	接受投资	使用中	2011/3/15	技术部	170,000.00	10	40	5%					
F006	运输工具	金杯车	A006	购入	使用中	2012/3/16	机关部	150,000.00	10	28	5%					
F007	电器设备	电脑	A007	购入	使用中	2011/8/1	财务部	5,000.00	5	35	5%					
F008	电器设备	电脑	A008	购入	使用中	2010/8/1	财务部	5,000.00	5	47	5%					
F009	电器设备	电脑	A009	购入	使用中	2012/8/1	劳资部	5,000.00	5	23	5%					
F010	房屋建筑	办公楼	A010	自建	在使用	2006/5/1	机关部	1,000,000.00	40	98	5%					
F011	电子设备	检测仪	A011	接受捐赠	在使用	2007/12/9	技术部	500,000.00	20	79	5%					
F012	电子设备	检测仪	A012	购入	在使用	2012/12/9	技术部	500,000.00	5	19	5%					
F013	电器设备	打印机	A013	购入	在使用	2011/2/19	财务部	3,000.00	5	41	5%					
F014	电器设备	打印机	A014	购入	在使用	2011/2/19	财务部	3,001.00	5	41	5%					
F015	电器设备	打印机	A015	购入	在使用	2011/2/19	劳资部	3,002.00	5	41	5%					
F016	机器设备	起重机	A016	接受投资	在使用	2012/10/15	其他	300,000.00	20	21	5%					
F017	机器设备	调动机	A017	接受投资	在使用	2013/2/11	其他	400,000.00	20	17	5%					

图 11-8　填充 K 列后效果

提示

在单元格 K3 中要实现的功能为：如果该项固定资产的使用日期等于当前年份，那么应计提的折旧月份为当前时间的月份数−该项固定资产使用日期的月份数+1，否则，为（当前年份−使用日期年份）*12+使用日期年份−当前年份。

YEAR 函数返回对应于某个日期的年份。语法结构为 YEAR(serial_number)，其中，serial_number 为要查找的年份的日期。

MONTH 函数返回某个日期中的月份，月份是介于 1 到 12 的整数。语法结构为 MONTH(serial_number)，其中，serial_number 为要查找的月份的日期。

（8）计算残值。单击单元格 M3，输入公式“=I3*L3”。利用公式自动填充功能，将 M4:M19 填充完毕，填充效果如图 11-9 所示。

提示

残值是“固定资产残余价值”的简称。固定资产在报废清理过程中所回收的残余材料物资的价值，包括回收出售固定资产的价款、报废固定资产的残料价值和变价收入。在实际工作中，计算固定资产折旧率之前要对固定资产残值进行事先估计，固定资产残值是计算固定资产折旧率的因素之一。

M3　=I3*L3

	A	B	C	D	E	F	G	H	I	J	K	L	M	N	O	P	Q
1	固定资产档案								折旧						当前日期:	2014/7/3	
2	卡片编号	物理类别	资产名称	资产编号	变动方式	使用状态	使用日期	使用部门	原值	使用年限	折旧月份	残值率	残值	月折旧额	累计折旧	净值	折旧方法
3	F001	电器设备	空调	A001	购入	使用中	2009/8/1	财务部	3,500.00	10	59	5%	175.00				
4	F002	电器设备	空调	A002	购入	使用中	2008/8/1	经营部	3,500.00	10	71	5%	175.00				
5	F003	电器设备	空调	A003	购入	使用中	2010/8/1	技术部	3,500.00	10	47	5%	175.00				
6	F004	房屋建筑	厂房	A004	自建	使用中	2006/7/1	机关部	3,000,000.00	50	96	5%	150,000.00				
7	F005	运输工具	现代汽车	A005	接受投资	使用中	2011/3/15	技术部	170,000.00	10	40	5%	8,500.00				
8	F006	运输工具	金杯车	A006	购入	使用中	2012/3/16	机关部	150,000.00	10	28	5%	7,500.00				
9	F007	电器设备	电脑	A007	购入	使用中	2011/8/1	财务部	5,000.00	5	35	5%	250.00				
10	F008	电器设备	电脑	A008	购入	使用中	2010/8/1	财务部	5,000.00	5	47	5%	250.00				
11	F009	电器设备	电脑	A009	购入	使用中	2012/8/1	劳资部	5,000.00	5	23	5%	250.00				
12	F010	房屋建筑	办公楼	A010	自建	在使用	2006/5/1	机关部	1,000,000.00	40	98	5%	50,000.00				
13	F011	电子设备	检测仪	A011	接受捐赠	在使用	2007/12/9	技术部	500,000.00	20	79	5%	25,000.00				
14	F012	电子设备	检测仪	A012	购入	在使用	2012/12/9	技术部	500,000.00	5	19	5%	25,000.00				
15	F013	电器设备	打印机	A013	购入	在使用	2011/2/19	财务部	3,000.00	5	41	5%	150.00				
16	F014	电器设备	打印机	A014	购入	在使用	2011/2/19	财务部	3,001.00	5	41	5%	150.05				
17	F015	电器设备	打印机	A015	购入	在使用	2011/2/19	劳资部	3,002.00	5	41	5%	150.10				
18	F016	机器设备	起重机	A016	接受投资	在使用	2012/10/15	其他	300,000.00	20	21	5%	15,000.00				
19	F017	机器设备	调动机	A017	接受投资	在使用	2013/2/11	其他	400,000.00	20	17	5%	20,000.00				

图 11-9　填充 M 列后效果

（9）计算月折旧额。单击单元格 N3，在编辑栏中输入公式“=ROUND((SLN(I3,I3*L3,J3))/12,2)”。利用公式的自动填充功能，将 N4:N19 填充完毕，填充效果如图 11-10 所示。

N3　=ROUND((SLN(I3,I3*L3,J3))/12,2)

	A	B	C	D	E	F	G	H	I	J	K	L	M	N	O	P	Q
1	固定资产档案								折旧						当前日期:	2014/7/3	
2	卡片编号	物理类别	资产名称	资产编号	变动方式	使用状态	使用日期	使用部门	原值	使用年限	折旧月份	残值率	残值	月折旧额	累计折旧	净值	折旧方法
3	F001	电器设备	空调	A001	购入	使用中	2009/8/1	财务部	3,500.00	10	59	5%	175.00	27.71			
4	F002	电器设备	空调	A002	购入	使用中	2008/8/1	经营部	3,500.00	10	71	5%	175.00	27.71			
5	F003	电器设备	空调	A003	购入	使用中	2010/8/1	技术部	3,500.00	10	47	5%	175.00	27.71			
6	F004	房屋建筑	厂房	A004	自建	使用中	2006/7/1	机关部	3,000,000.00	50	96	5%	150,000.00	4750			
7	F005	运输工具	现代汽车	A005	接受投资	使用中	2011/3/15	技术部	170,000.00	10	40	5%	8,500.00	1345.83			
8	F006	运输工具	金杯车	A006	购入	使用中	2012/3/16	机关部	150,000.00	10	28	5%	7,500.00	1187.5			
9	F007	电器设备	电脑	A007	购入	使用中	2011/8/1	财务部	5,000.00	5	35	5%	250.00	79.17			
10	F008	电器设备	电脑	A008	购入	使用中	2010/8/1	财务部	5,000.00	5	47	5%	250.00	79.17			
11	F009	电器设备	电脑	A009	购入	使用中	2012/8/1	劳资部	5,000.00	5	23	5%	250.00	79.17			
12	F010	房屋建筑	办公楼	A010	自建	在使用	2006/5/1	机关部	1,000,000.00	40	98	5%	50,000.00	1979.17			
13	F011	电子设备	检测仪	A011	接受捐赠	在使用	2007/12/9	技术部	500,000.00	20	79	5%	25,000.00	1979.17			
14	F012	电子设备	检测仪	A012	购入	在使用	2012/12/9	技术部	500,000.00	5	19	5%	25,000.00	7916.67			
15	F013	电器设备	打印机	A013	购入	在使用	2011/2/19	财务部	3,000.00	5	41	5%	150.00	47.5			
16	F014	电器设备	打印机	A014	购入	在使用	2011/2/19	财务部	3,001.00	5	41	5%	150.05	47.52			
17	F015	电器设备	打印机	A015	购入	在使用	2011/2/19	劳资部	3,002.00	5	41	5%	150.10	47.53			
18	F016	机器设备	起重机	A016	接受投资	在使用	2012/10/15	其他	300,000.00	20	21	5%	15,000.00	1187.5			
19	F017	机器设备	调动机	A017	接受投资	在使用	2013/2/11	其他	400,000.00	20	17	5%	20,000.00	1583.33			

图 11-10　填充 N 列后效果

（10）计算累计折旧。选择单元格 O3，在编辑栏中输入公式“=K3*N3”。利用公式自动填充功能，将 O4:O19 填充完毕，填充效果如图 11-11 所示。

O3　=K3*N3

	A	B	C	D	E	F	G	H	I	J	K	L	M	N	O	P	Q
1	固定资产档案								折旧						当前日期:	2014/7/3	
2	卡片编号	物理类别	资产名称	资产编号	变动方式	使用状态	使用日期	使用部门	原值	使用年限	折旧月份	残值率	残值	月折旧额	累计折旧	净值	折旧方法
3	F001	电器设备	空调	A001	购入	使用中	2009/8/1	财务部	3,500.00	10	59	5%	175.00	27.71	1634.89		
4	F002	电器设备	空调	A002	购入	使用中	2008/8/1	经营部	3,500.00	10	71	5%	175.00	27.71	1967.41		
5	F003	电器设备	空调	A003	购入	使用中	2010/8/1	技术部	3,500.00	10	47	5%	175.00	27.71	1302.37		
6	F004	房屋建筑	厂房	A004	自建	使用中	2006/7/1	机关部	3,000,000.00	50	96	5%	150,000.00	4750	456000		
7	F005	运输工具	现代汽车	A005	接受投资	使用中	2011/3/15	技术部	170,000.00	10	40	5%	8,500.00	1345.83	53833.2		
8	F006	运输工具	金杯车	A006	购入	使用中	2012/3/16	机关部	150,000.00	10	28	5%	7,500.00	1187.5	33250		
9	F007	电器设备	电脑	A007	购入	使用中	2011/8/1	财务部	5,000.00	5	35	5%	250.00	79.17	2770.95		
10	F008	电器设备	电脑	A008	购入	使用中	2010/8/1	财务部	5,000.00	5	47	5%	250.00	79.17	3720.99		
11	F009	电器设备	电脑	A009	购入	使用中	2012/8/1	劳资部	5,000.00	5	23	5%	250.00	79.17	1820.91		
12	F010	房屋建筑	办公楼	A010	自建	在使用	2006/5/1	机关部	1,000,000.00	40	98	5%	50,000.00	1979.17	193958.66		
13	F011	电子设备	检测仪	A011	接受捐赠	在使用	2007/12/9	技术部	500,000.00	20	79	5%	25,000.00	1979.17	156354.43		
14	F012	电子设备	检测仪	A012	购入	在使用	2012/12/9	技术部	500,000.00	5	19	5%	25,000.00	7916.67	150416.73		
15	F013	电器设备	打印机	A013	购入	在使用	2011/2/19	财务部	3,000.00	5	41	5%	150.00	47.5	1947.5		
16	F014	电器设备	打印机	A014	购入	在使用	2011/2/19	财务部	3,001.00	5	41	5%	150.05	47.52	1948.32		
17	F015	电器设备	打印机	A015	购入	在使用	2011/2/19	劳资部	3,002.00	5	41	5%	150.10	47.53	1948.73		
18	F016	机器设备	起重机	A016	接受投资	在使用	2012/10/15	其他	300,000.00	20	21	5%	15,000.00	1187.5	24937.5		
19	F017	机器设备	调动机	A017	接受投资	在使用	2013/2/11	其他	400,000.00	20	17	5%	20,000.00	1583.33	26916.61		

图 11-11　填充 O 列后效果

（11）计算净值。选择单元格 P3，在编辑栏中输入公式“=I3−O3”。利用公式的自动填充功能，将 P4:P19 填充完毕，填充效果如图 11-12 所示。

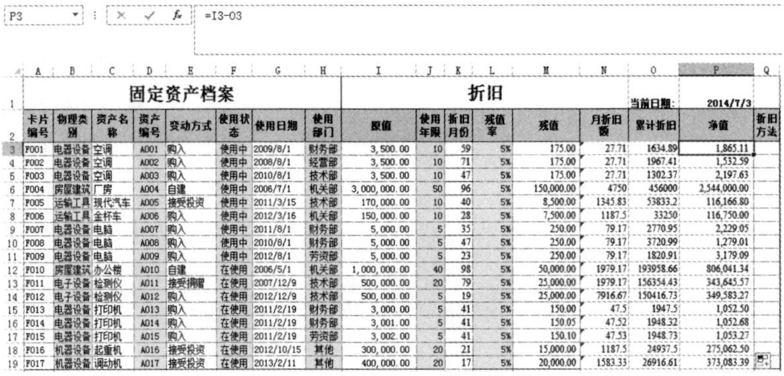

| P3 | ▼ | : | × | ✓ | fx | =I3-O3 |

图 11-12 填充 P 列后效果

3. 创建分类汇总

（1）打开固定资产档案表，选择"物理类别"列中的任意一个单元格，单击"数据"选项卡"排序和筛选"组中的"升序"按钮，"物理类别"列将按升序进行排列，如图 11-13 所示。

（2）单击"数据"选项卡"分级显示"组中的"分类汇总"按钮，打开"分类汇总"对话框，设置分类字段为"物理类别"，汇总方式为"最大值"，选定汇总项为"残值"和"净值"，如图 11-14 所示。

（3）单击"确定"按钮，固定资产档案表将按所选类别进行汇总，如图 11-15 所示，显示了各个"物理类别"残值和净值的最大值。

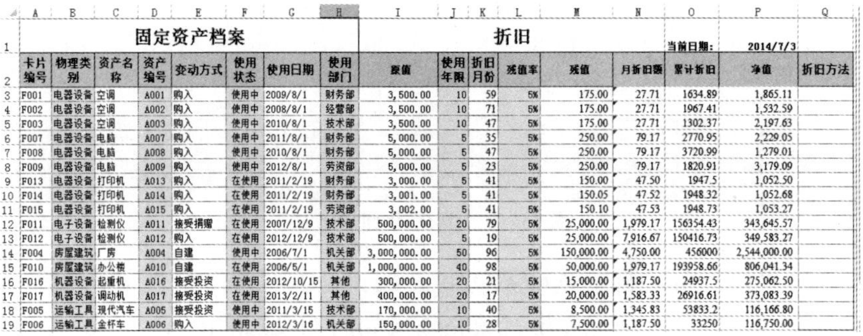

图 11-13 "物理类别"列按升序排列

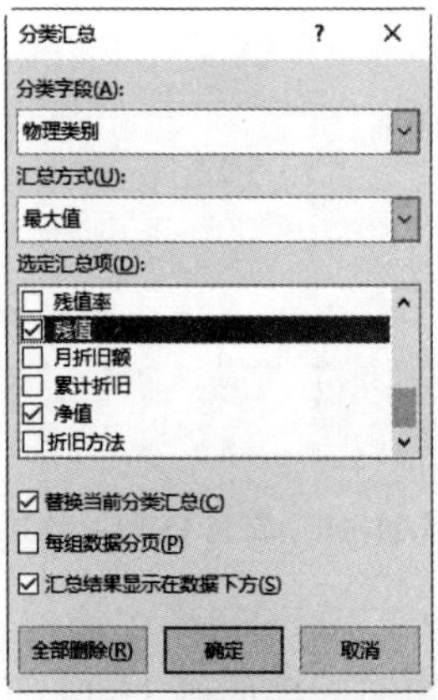

图 11-14 设置"物理类别"的汇总方式

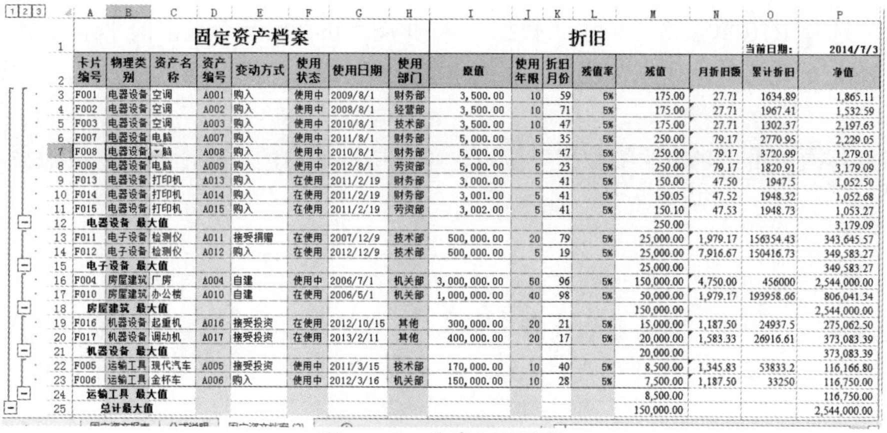

图 11-15 分类汇总结果

（4）再次单击"分类汇总"按钮，打开"分类汇总"对话框，设置分类字段为"资产名称"，汇总方式为"计数"，选定汇总项为"资产名称"，如图 11-16 所示。

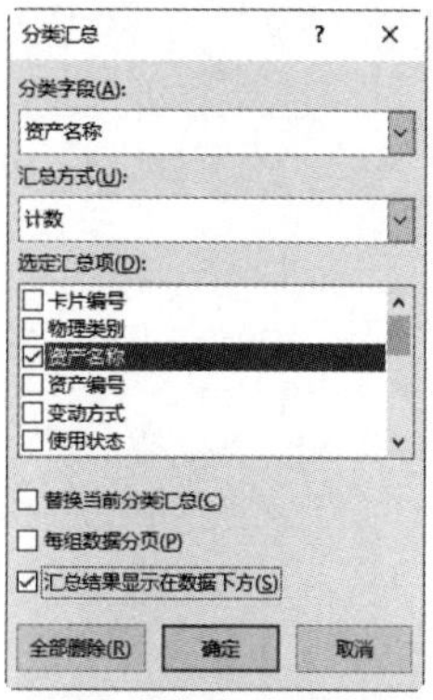

图 11-16 设置"资产名称"的汇总方式

（5）单击"确定"按钮，在工作表中将显示两级分类汇总，如图 11-17 所示。

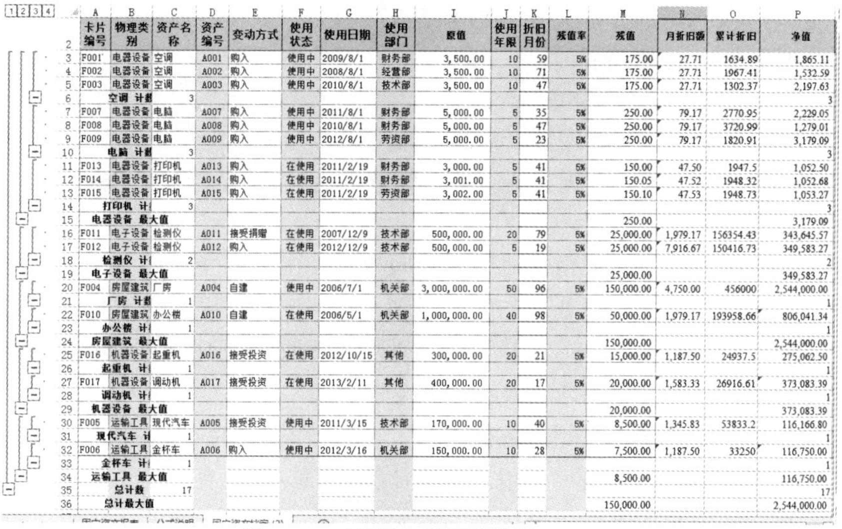

图 11-17 两级分类汇总结果

（6）选择 B10 单元格，单击"数据"选项卡"分级显示"组中的"隐藏明细数据"按钮，B10 单元格数据所在分类组中的数据将被隐藏，只剩下分类汇总项，如图 11-18 所示。

（7）再次单击"隐藏明细数据"按钮，单元格区域内的分类汇总项将被隐藏。

提示

单击"隐藏明细数据"按钮可以隐藏所有的明细数据和分类汇总项，但不能隐藏分类汇总的总项。单击"显示明细数据"按钮，将显示最后一次隐藏明细数据操作前的工作表。此外，使用表格行号左侧的分级工具条也可以对明细数据进行显示或隐藏设置。

卡片编号	物理类别	资产名称	资产编号	变动方式	使用状态	使用日期	使用部门	原值	使用年限	折旧月份	残值率	残值	月折旧额	累计折旧	净值
F001	电器设备	空调	A001	购入	使用中	2009/8/1	财务部	3,500.00	10	59	5%	175.00	27.71	1634.89	1,865.11
F002	电器设备	空调	A002	购入	使用中	2008/8/1	经营部	3,500.00	10	71	5%	175.00	27.71	1967.41	1,532.59
F003	电器设备	空调	A003	购入	使用中	2010/8/1	技术部	3,500.00	10	47	5%	175.00	27.71	1302.37	2,197.63
	空调 计数	3													3
	电脑 计数	3													
F013	电器设备	打印机	A013	购入	在使用	2011/2/19	财务部	3,000.00	5	41	5%	150.00	47.50	1947.5	1,052.50
F014	电器设备	打印机	A014	购入		2011/2/19	财务部	3,001.00	5	41	5%	150.05	47.52	1948.32	1,052.68
F015	电器设备	打印机	A015	购入	在使用	2011/2/19	劳资部	3,002.00	5	41	5%	150.10	47.53	1948.73	1,053.27
	打印机 计数	3										250.00			3,179.09
	电器设备 最大值														
F011	电子设备	检电器	A011	接受捐赠	在使用	2007/12/9	技术部	500,000.00	20	79	5%	25,000.00	1,979.17	156354.43	343,645.57
F012	电子设备	检测仪	A012	购入	在使用	2012/12/9	技术部	500,000.00	20	19	5%	25,000.00	7,916.67	150416.73	349,583.27
	检测仪 计数	2													
	电子设备 最大值												25,000.00			349,583.27
F004	房屋建筑	厂房	A004	自建	使用中	2006/7/1	机关部	3,000,000.00	50	96	5%	150,000.00	4,750.00	456000	2,544,000.00
	厂房 计数	1													1
F010	房屋建筑	办公楼	A010	自建	在使用	2006/5/1	机关部	1,000,000.00	40	98	5%	50,000.00	1,979.17	193958.66	806,041.34
	办公楼 计数	1													1
	房屋建筑 最大值												150,000.00			2,544,000.00
F016	机器设备	起重机	A016	接受投资	在使用	2012/10/15	其他	300,000.00	20	21	5%	15,000.00	1,187.50	24937.5	275,062.50
	起重机 计数	1													1
F017	机器设备	调动机	A017	接受投资	在使用	2013/2/11	其他	400,000.00	20	17	5%	20,000.00	1,583.33	26916.61	373,083.39
	调动机 计数	1													1
	机器设备 最大值												20,000.00			373,083.39
F005	运输工具	现代汽车	A005	接受投资	使用中	2011/3/15	技术部	170,000.00	10	40	5%	8,500.00	1,345.83	53833.2	116,166.80
	现代汽车 计数	1													1
F006	运输工具	金杯车	A006	购入	使用中	2012/3/16	机关部	150,000.00	10	28	5%	7,500.00	1,187.50	33250	116,750.00
	金杯车 计数	1													1
	运输工具 最大值												8,500.00			116,750.00
	总计数	17													17
	总计最大值												150,000.00			2,544,000.00

图 11-18 隐藏所选单元格数据所在分类组中的数据

二、创建固定资产折旧表

操作演示

固定资产折旧是指在固定资产的使用寿命内，为弥补固定资产损耗，按照确定的折旧率对应计折旧额进行的系统分摊。其实质是一种价值转移过程和资金形态的变化过程。

折旧概念的产生是企业由收付实现制向权责发生制转变的重要标志，其概念基础是权责发生制及体现这一制度要求的配比原则。按照配比原则，固定资产的成本不仅是为取得当期收入而发生的成本，还是为取得以后各项收入而发生的成本，即固定资产成本是为在固定资产有效使用期内取得收入而发生的成本，自然与收入相配比。

计提折旧，是公司在进行财务处理时，在权责发生制的前提下，预先计入某些已经发生，但是未实际支付的折旧费用。正确计提折旧，不但有利于正确计算生产成本，而且保证了固定资产再生产的资金来源。固定资产提取的折旧额的大小受计提折旧基数、净残值、折旧年限、折旧方法等因素的影响。

1. 编制固定资产折旧表

固定资产折旧是企业固定资产管理中一个重要的组成部分。折旧是对固定资产因使用而产生损耗的一种计提，以便在固定资产结束使用寿命时有足够的资金再购置新设备。不计提折旧不仅会增加企业的所得税，而且会导致没有预备出更新设备的资金，从而对企业的发展产生影响。因此，在固定资产的有效使用年限内应当对固定资产进行分摊，形成折旧费用，计入各期成本。

下面以固定资产档案中资产编号为 A001 的资产为例，详细介绍固定资产折旧表的制作过程。

（1）在 Excel 2021 中新建一个工作表，按照固定资产登记表的格式，建立好表头、抬头，然后在单元格中输入相关文本并对单元格进行格式化，如图 11-19 所示。

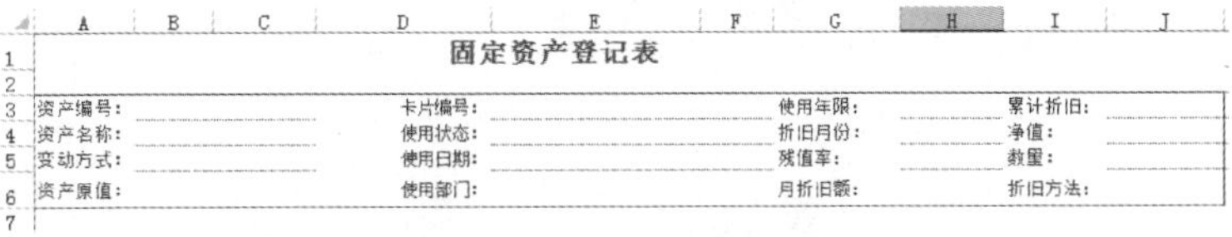

图 11-19　建立固定资产折旧表的表头和抬头

（2）输入固定资产登记表公式，如图 11-20 所示。输入公式后的工作表如图 11-21 所示。

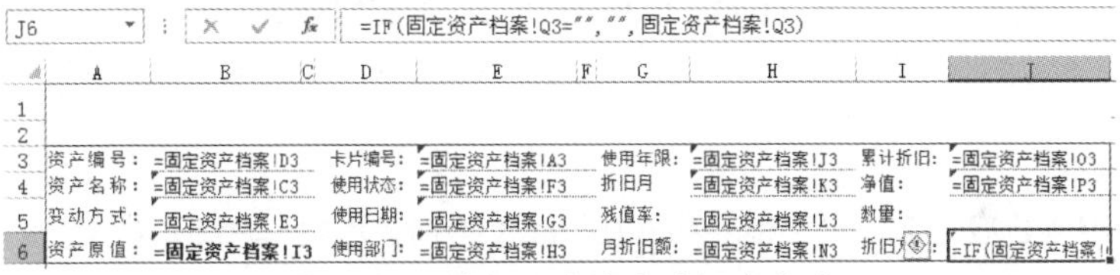

图 11-20　输入固定资产登记表公式

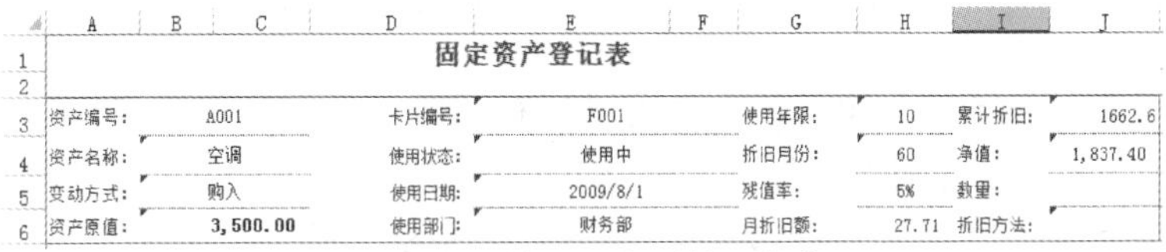

图 11-21　输入公式后的工作表

（3）建立固定资产折旧表的表头，然后在单元格中输入相关文本并设置单元格格式，如图 11-22 所示。

图 11-22　建立并设置固定资产折旧表的表头

（4）录入计提折旧的第一个年份。选择单元格 A10，输入公式"=YEAR(E5)"，按

"Enter"键得到计算结果。

（5）录入折旧年限内的所有年份。选择单元格 A11，在单元格或编辑栏中输入公式"=IF(YEAR($E$5)+$H$3>=(A10+1),A10+1,"已提足折旧")"，按"Enter"键确认后，利用公式自动填充功能，填充 A11:A21 单元格区域，结果如图 11-23 所示。

图 11-23　填充 A11:A21 单元格区域

🔍 **提示**

公式"=IF(YEAR($E$5)+$H$3>=(A10+1),A10+1,"已提足折旧")"表示固定资产的使用日期加上使用年限是应计提的年份，采用 IF 语句判断，若年份在应计提的年份之内，则自动在上一年的基础上加一年，否则显示"已提足折旧"。

（6）选择单元格区域 A10:A20，单击鼠标右键，在打开的快捷菜单中单击"设置单元格格式"命令。在打开的"设置单元格格式"对话框中，选择"数字"选项卡，在"分类"列表框中选择"自定义"，然后在"类型"列表框中输入"0"-8-1""，单击"确定"按钮，此时的工作表如图 11-24 所示。

（7）使用平均年限法计算折旧。选择单元格 B11，输入"1"，然后利用公式自动填充功能，将 B12:B20 填充完毕。然后单击 B20 单元格右下角的"自动填充选项"按钮，在打开的下拉列表中选择"填充序列"单选按钮，如图 11-25 所示。

🔍 **提示**

计提折旧时需要区分会计期间和折旧期间，这两者所指的期间不一定相同。折旧期间指的是开始计提折旧时依次顺延的年限，例如，从 2009 年 8 月开始计提折旧，对于折旧而言的第一年是 2009 年 8 月到 2010 年 8 月；而会计期间在我国通常是指每年的 1月 1 日至 12 月 31 日。本例中的固定资产的使用日期为 2009 年 8 月 1 日，所以自定义单元格格式，在年份后加上月份和日期，计算折旧期间。

图 11-24 设置单元格格式后的工作表

图 11-25 设置自动填充类型

（8）选择单元格 C11，单击"公式"选项卡"函数库"组中的"插入函数"按钮，打开"插入函数"对话框。在"或选择类别"下拉列表中选择"财务"选项，然后在"选择函数"列表框中选择"SLN"选项，如图 11-26 所示。

（9）单击"确定"按钮，在打开的如图 11-27 所示的"函数参数"对话框中依次设置 $B$6、$B$6*$H$5 和$H$3 3 个参数，然后单击"确定"按钮即可填充公式。

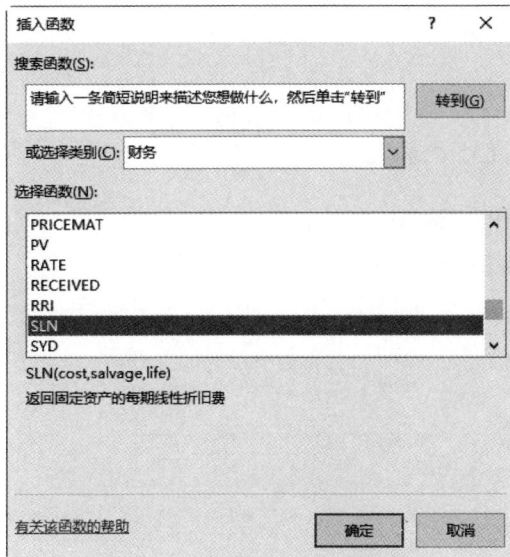

图 11-26 选择需要插入的函数

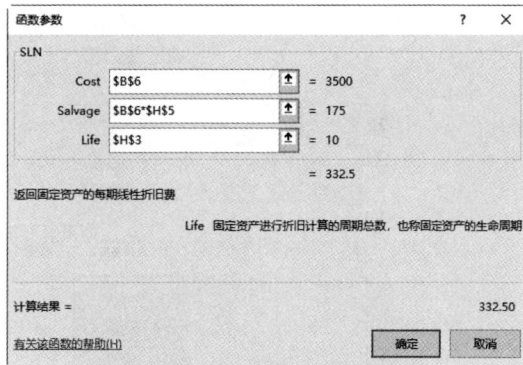

图 11-27 "函数参数"对话框

提示

SLN 函数用于返回一个期间内的资产的直线折旧。语法结构为 SLN（Cost,Salvage,Life），其中，Cost 为资产原值；Salvage 为资产残值；Life 为折旧期限。

注意

平均年限法可以利用自动填充功能，所以在这里对单元格使用绝对引用。在公式输入过程中，用户可以按"F4"键在相对引用和绝对引用之间进行切换。

（10）公式在 C12:C20 单元格区域中填充。选择单元格 C11，将鼠标指针移到 C11 单元格的右下角，当鼠标指针变成“+”时，按下鼠标左键向下填充，如图 11-28 所示。

从图 11-28 中可以看出，使用平均年限法计算的各期的折旧额相等。折旧额主要取决于两个基本因素，即固定资产的原值和预计使用的年限。

（11）使用固定余额递减法计算折旧。选择 D11 单元格，输入公式“=DB($B$6,$B$6*$H$5,$H$3,B11,MONTH($E$5))”，按“Enter”键确认。然后利用公式自动填充功能，将 D 列填充完整，如图 11-29 所示。

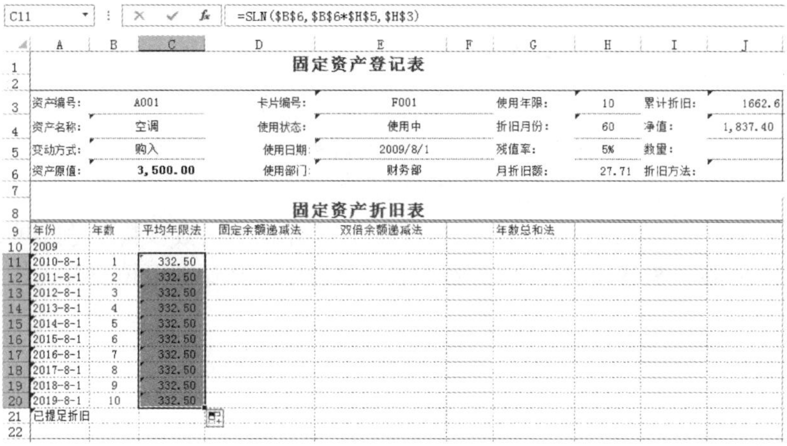

C11 =SLN($B$6,$B$6*$H$5,$H$3)

	A	B	C	D	E	F	G	H	I	J
1					固定资产登记表					
2										
3	资产编号:	A001		卡片编号:	F001		使用年限:	10	累计折旧:	1662.6
4	资产名称:	空调		使用状态:	使用中		折旧月份:	60	净值:	1,837.40
5	变动方式:	购入		使用日期	2009/8/1		残值率:	5%	数量:	
6	资产原值:	3,500.00		使用部门	财务部		月折旧额:	27.71	折旧方法:	
7										
8					固定资产折旧表					
9	年份	年数	平均年限法	固定余额递减法	双倍余额递减法		年数总和法			
10	2009									
11	2010-8-1	1	332.50							
12	2011-8-1	2	332.50							
13	2012-8-1	3	332.50							
14	2013-8-1	4	332.50							
15	2014-8-1	5	332.50							
16	2015-8-1	6	332.50							
17	2016-8-1	7	332.50							
18	2017-8-1	8	332.50							
19	2018-8-1	9	332.50							
20	2019-8-1	10	332.50							
21	已提足折旧									
22										

图 11-28　填充 C12:C20

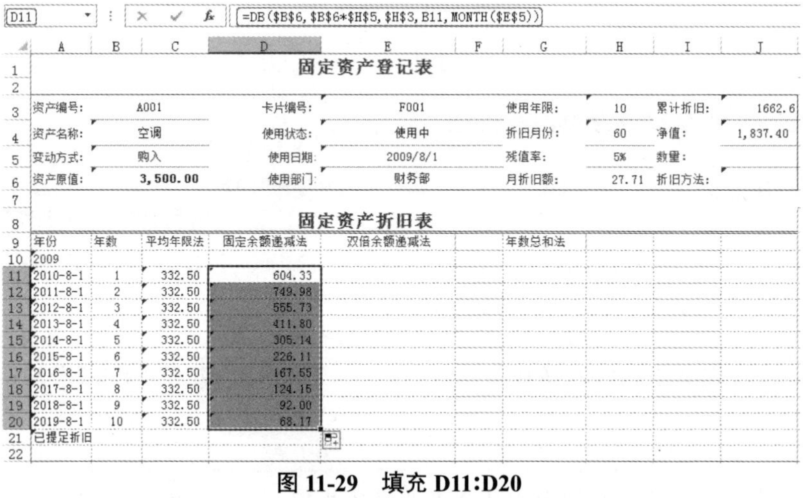

D11 =DB($B$6,$B$6*$H$5,$H$3,B11,MONTH($E$5))

	A	B	C	D	E	F	G	H	I	J
1					固定资产登记表					
2										
3	资产编号:	A001		卡片编号:	F001		使用年限:	10	累计折旧:	1662.6
4	资产名称:	空调		使用状态:	使用中		折旧月份:	60	净值:	1,837.40
5	变动方式:	购入		使用日期	2009/8/1		残值率:	5%	数量:	
6	资产原值:	3,500.00		使用部门	财务部		月折旧额:	27.71	折旧方法:	
7										
8					固定资产折旧表					
9	年份	年数	平均年限法	固定余额递减法	双倍余额递减法		年数总和法			
10	2009									
11	2010-8-1	1	332.50	604.33						
12	2011-8-1	2	332.50	749.98						
13	2012-8-1	3	332.50	555.73						
14	2013-8-1	4	332.50	411.80						
15	2014-8-1	5	332.50	305.14						
16	2015-8-1	6	332.50	226.11						
17	2016-8-1	7	332.50	167.55						
18	2017-8-1	8	332.50	124.15						
19	2018-8-1	9	332.50	92.00						
20	2019-8-1	10	332.50	68.17						
21	已提足折旧									
22										

图 11-29　填充 D11:D20

提示

DB 函数使用固定余额递减法计算一笔资产在给定期间内的折旧值。语法结构为 DB（Cost, Salvage, Life, Period, Month），其中，Cost 为资产原值；Salvage 为资产残值；Life 为折旧期限；Period 为需要计算折旧值的期间，单位必须与 Life 相同；Month 为第一年的月份数，缺省时为 12。

（12）使用双倍余额递减法计算折旧。选择 E11 单元格，输入公式“=DDB($B$6, $B$6*$H$5,$H$3,B11)”，按“Enter”键得到计算结果，然后利用公式自动填充功能，将 E 列填充完整，如图 11-30 所示。

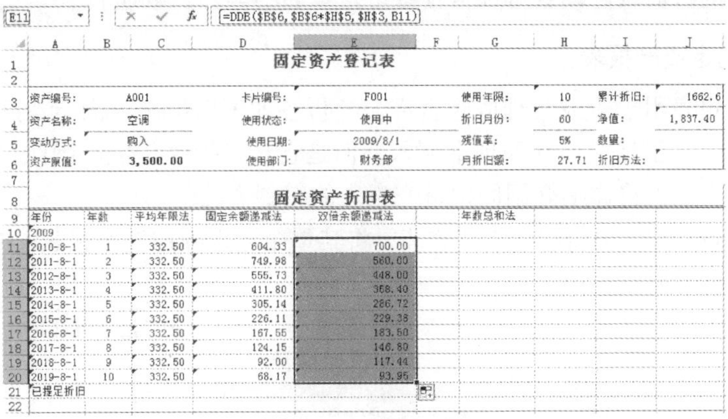

年份	年数	平均年限法	固定余额递减法	双倍余额递减法	年数总和法
2009					
2010-8-1	1	332.50	604.33	700.00	
2011-8-1	2	332.50	749.98	560.00	
2012-8-1	3	332.50	555.73	448.00	
2013-8-1	4	332.50	411.80	358.40	
2014-8-1	5	332.50	305.14	286.72	
2015-8-1	6	332.50	226.11	229.38	
2016-8-1	7	332.50	167.55	183.50	
2017-8-1	8	332.50	124.15	146.80	
2018-8-1	9	332.50	92.00	117.44	
2019-8-1	10	332.50	68.17	93.95	
已提足折旧					

图 11-30　填充 E 列

提示

DDB 函数用双倍余额递减法或其他指定方法，返回指定期间内某项固定资产的折旧值。语法结构为 DDB（Cost, Salvage, Life, Period, [Factor]），其中，Cost 为资产原值；Salvage 为资产残值；Life 为折旧期限；Period 为需要计算折旧值的期间，单位必须与 Life 相同；Factor 为余额递减速率，若省略影响因素，则假定为 2（双倍余额递减法）。

（13）使用年数总和法计算固定资产折旧。选择单元格 F11，输入公式“=SYD($B$6, $B$6*$H$5,$H$3,B11)”，按“Enter”键得到第一年的折旧额，然后利用公式自动填充功能，将 F 列填充完整，如图 11-31 所示。

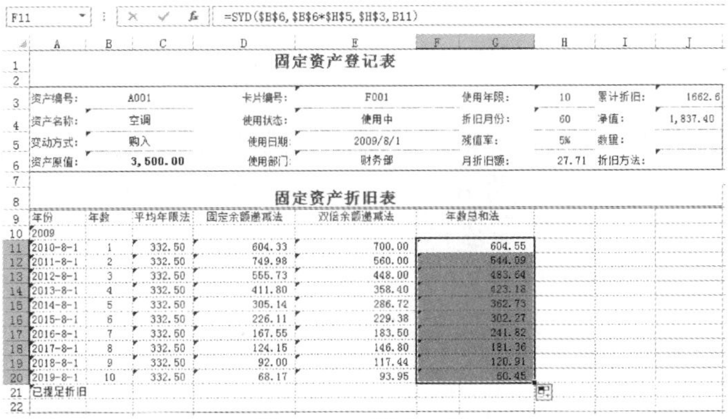

年份	年数	平均年限法	固定余额递减法	双倍余额递减法	年数总和法
2009					
2010-8-1	1	332.50	604.33	700.00	604.55
2011-8-1	2	332.50	749.98	560.00	544.09
2012-8-1	3	332.50	555.73	448.00	483.64
2013-8-1	4	332.50	411.80	358.40	423.18
2014-8-1	5	332.50	305.14	286.72	362.73
2015-8-1	6	332.50	226.11	229.38	302.27
2016-8-1	7	332.50	167.55	183.50	241.82
2017-8-1	8	332.50	124.15	146.80	181.36
2018-8-1	9	332.50	92.00	117.44	120.91
2019-8-1	10	332.50	68.17	93.95	60.45
已提足折旧					

图 11-31　填充 F 列

提示

SYD 函数用于计算某项固定资产按年数总和法计算的在指定期间内的折旧额。语法结构为 DDB（Cost, Salvage, Life, Period），其中，Cost 为资产原值；Salvage 为资产残值；

Life 为折旧期限；Period 为需要计算折旧值的期间，单位必须与 Life 相同。

至此，资产编号为 A001 的固定资产折旧表制作完毕。按照与上述相同的步骤，可以编制其他资产的折旧表，读者可以自行练习，本书不再一一叙述。

2. 编制固定资产报表

固定资产报表用于企业管理固定资产，分析各期折旧情况、固定资产净值，筹备更新资产的资金等。虽然折旧并非现金流入，但是它具有抵税作用，因此也是企业管理资金的有效方法。以下将详细介绍固定资产报表的编制方法。

（1）在 Excel 2021 中新建一个工作表，将其重命名为固定资产报表，按图 11-32 建立表格框架，并输入表头、抬头。

图 11-32　建立表格框架

（2）填充资产类别。选择单元格 A4，输入公式"=基础设置!A3"，按"Enter"键确认，然后利用公式自动填充功能将 A5:A9 填充完整，如图 11-33 所示。

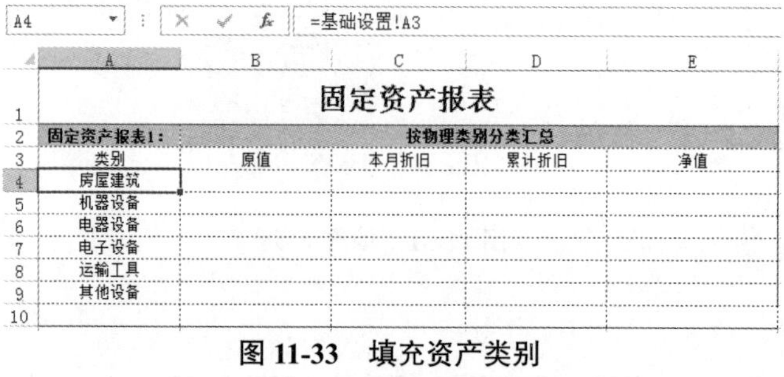

图 11-33　填充资产类别

（3）计算资产原值。选择单元格 B4，输入公式"=SUMIF(固定资产档案!$B:$B,固定资产报表!A4,固定资产档案!$I:$I)"，按"Enter"键得到类别为"房屋建筑"的资产原值。

然后利用公式自动填充功能，将 B5:B9 填充完整，如图 11-34 所示。

图 11-34　计算资产原值

（4）计算本月折旧。选择单元格 C4，输入公式"=SUMIF(固定资产档案!\$B:\$B,固定资产报表!A4,固定资产档案!\$N:\$N)"，按"Enter"键得到房屋建筑的本月折旧额。然后利用公式自动填充功能，将 C5:C9 填充完整，如图 11-35 所示。

图 11-35　计算本月折旧

（5）计算累计折旧。选择单元格 D4，输入公式"=SUMIF(固定资产档案!\$B:\$B,固定资产报表!A4,固定资产档案!\$N:\$N)"，按"Enter"键得到房屋建筑的累计折旧。然后利用公式自动填充功能，将 D5:D9 填充完整，如图 11-36 所示。

图 11-36　计算累计折旧

（6）计算资产净值。选择单元格 E4，输入公式"=SUMIF(固定资产档案!\$B:\$B,固定资产报表!A4,固定资产档案!\$P:\$P)"，按"Enter"键得到房屋建筑的净值。然后利用公式自动填充功能，将 E5:E9 填充完整，如图 11-37 所示。

图 11-37　计算资产净值

（7）计算各项的累计值。选择单元格 B10，输入公式"=SUM(B4:B9)"，按"Enter"键得到所有类别的资产原值总和。然后利用公式自动填充功能，将 B10 单元格横向填充至 E10，如图 11-38 所示。

	A	B	C	D	E
1			固定资产报表		
2	固定资产报表1：			按物理类别分类汇总	
3	类别	原值	本月折旧	累计折旧	净值
4	房屋建筑	4,000,000.00	6,729.17	6,729.17	3,228,916.28
5	机器设备	700,000.00	2,770.83	2,770.83	598,270.95
6	电器设备	34,503.00	463.19	463.19	7,103.51
7	电子设备	1,000,000.00	9,895.84	9,895.84	515,103.72
8	运输工具	320,000.00	2,533.33	2,533.33	187,316.86
9	其他设备	—	—	—	—
10	合计：	=SUM(B4:B9)	22,392.36	22,392.36	4,536,711.32

图 11-38　计算各项的累计值

至此，按类别分类汇总的"固定资产报表 1"制作完毕。

（8）重复上述步骤（1）～（7），分别制作按使用部门分类汇总的"固定资产报表 2"和按变动方式汇总的"固定资产报表 3"，各单元格中的公式如图 11-39 所示。

	A	B
1	单元格	公式
2	A14	=基础设置!D3
3	B14	=SUMIF(固定资产档案!$H,固定资产报表!A14,固定资产档案!$I:$I)
4	C14	=SUMIF(固定资产档案!$H,固定资产报表!A14,固定资产档案!$N:$N)
5	D14	=SUMIF(固定资产档案!$H,固定资产报表!A14,固定资产档案!$O:$O)
6	E14	=SUMIF(固定资产档案!$H,固定资产报表!A14,固定资产档案!$P:$P)
7	B20	=SUM(B14:B19)
8		
9	A24	=基础设置!B3
10	B24	=SUMIF(固定资产档案!$E,固定资产报表!A24,固定资产档案!$I:$I)
11	C24	=SUMIF(固定资产档案!$E,固定资产报表!A24,固定资产档案!$N:$N)
12	D24	=SUMIF(固定资产档案!$E,固定资产报表!A24,固定资产档案!$O:$O)
13	E24	=SUMIF(固定资产档案!$E,固定资产报表!A24,固定资产档案!$P:$P)
14	B31	=SUM(B24:B30)

图 11-39　设置单元格公式

编制完成的固定资产报表如图 11-40 所示。

	A	B	C	D	E
1			固定资产报表		
2	固定资产报表1：			按类别分类汇总	
3	类别	原值	本月折旧	累计折旧	净值
4	房屋建筑	4,000,000.00	6,729.17	6,729.17	3,228,916.28
5	机器设备	700,000.00	2,770.83	2,770.83	598,270.95
6	电器设备	34,503.00	463.19	463.19	7,103.51
7	电子设备	1,000,000.00	9,895.84	9,895.84	515,103.72
8	运输工具	320,000.00	2,533.33	2,533.33	187,316.86
9	其他设备	—	—	—	—
10	合计：	6,054,503.00	22,392.36	22,392.36	4,536,711.32
11					
12	固定资产报表2：			按使用部门分类汇总	
13	类别	原值	本月折旧	累计折旧	净值
14	财务部	19,501.00	281.07	17,081.91	2,419.09
15	经营部	3,500.00	27.71	2,466.19	1,033.81
16	技术部	1,173,500.00	11,269.38	564,755.57	608,744.43
17	机关部	4,150,000.00	7,916.67	825,708.72	3,324,291.28
18	劳资部	8,002.00	126.70	6,050.24	1,951.76
19	其他	700,000.00	2,770.83	101,729.05	598,270.95
20	合计：	6,054,503.00	22,392.36	1,517,791.68	4,536,711.32
21					
22	固定资产报表3：			按变动方式汇总	
23	类别	原值	本月折旧	累计折旧	净值
24	购入	684,503.00	9,567.36	374,941.28	309,561.72
25	自建	4,000,000.00	6,729.17	771,083.72	3,228,916.28
26	盘盈	—	—	—	—
27	接受投资	870,000.00	4,116.66	179,787.19	690,212.81
28	接受捐赠	500,000.00	1,979.17	191,979.49	308,020.51
29	融资租入	—	—	—	—
30	在建工程转入	—	—	—	—
31	合计：	6,054,503.00	22,392.36	1,517,791.68	4,536,711.32

图 11-40　编制完成的固定资产报表

三、固定资产分析

操作演示

在庞杂的固定资产数据中找到企业管理者关心的数据是固定资产管理的目的。应用数据透视图可以对固定资产档案表中的数据进行分析，直观地展现固定资产原值、折旧额、净值等一系列数据。

（1）打开固定资产档案表，选择单元格区域 A2:P19，然后选择"插入"选项卡"图表"组"数据透视图"下拉列表中的"数据透视图和数据透视表"选项，打开"创建数据透视表"对话框，在"请选择要分析的数据"选区选择"选择一个表或区域"单选按钮，并使其自动填充区域，在"选择放置数据透视表的位置"选区选择默认的"新工作表"单选按钮，如图 11-41 所示。

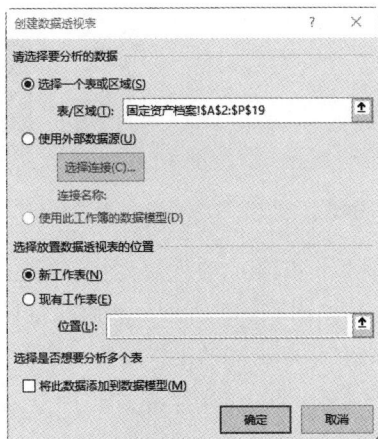

图 11-41　创建数据透视图和数据透视表

（2）在自动新建的工作表中的"数据透视图字段"面板，将"资产编号""物理类别""使用部门"拖入"筛选"区域，将"原值""累计折旧""净值"拖入"Σ 值"区域。设置好字段列表之后的数据透视图如图 11-42 所示。

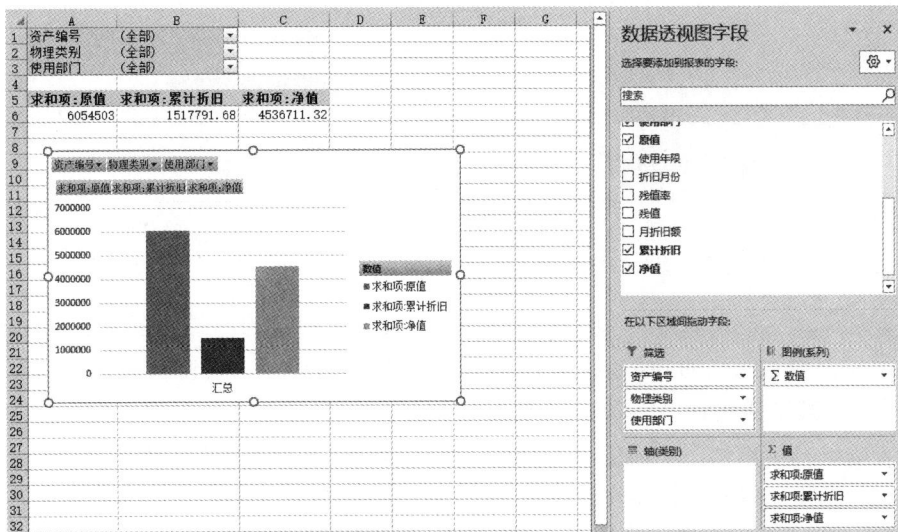

图 11-42　数据透视图

（3）将自动新建的工作表重命名为资产分析。选择数据透视表，打开"数据透视表字段"面板，单击"图例（系列）"选区"Σ数值"右侧的下拉箭头，在打开的下拉列表中选择"移到轴字段（分类）"选项，如图 11-43 所示。此时的数据透视表和数据透视图如图 11-44 所示。

图 11-43　选择"移到轴字段（分类）"选项

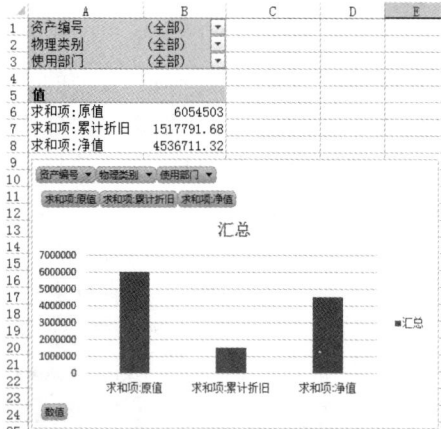

图 11-44　数据透视表和数据透视图

（4）在数据透视表中选择"求和项:原值"单元格，单击鼠标右键，在打开的快捷菜单中单击"值字段设置"命令，如图 11-45 所示，然后在打开的如图 11-46 所示的对话框中设置自定义名称为"资产原值"，单击"确定"按钮，修改字段名称。按照同样的方法，将"求和项:累计折旧"字段名称修改为"资产累计折旧"；将"求和项:净值"字段名称修改为"资产净值"。

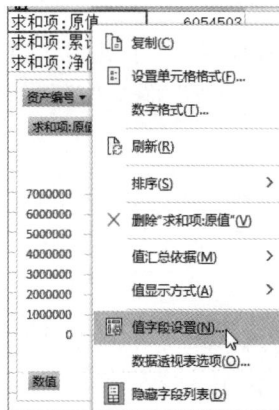

图 11-45　"求和项：原值"快捷菜单

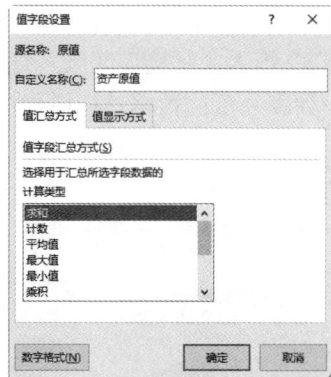

图 11-46　"值字段设置"对话框

（5）选择数据透视表，在"设计"选项卡中设置透视表的样式；在"设置单元格格式"对话框中设置表格的内边框样式；选择"开始"选项卡，设置行高为"25"，设置 B7:B9 单元格数字格式为"货币"。

（6）选择数据透视图，在"设计"选项卡中选择一种图表样式，然后打开"设置图表区格式"面板，设置面板填充色为"渐变色"，第一个颜色光圈为"淡黄色"，第二个颜色光圈为"淡绿色"。然后在图表上的字段按钮"数值"上单击鼠标右键，在打开的快捷菜单中单击"隐藏图表上的坐标轴字段按钮"命令隐藏该字段按钮，如图 11-47 所示；在"资产原值"按钮上单击鼠标右键，在打开的快捷菜单中单击"隐藏图表上的值字段按钮"命令隐藏所有值字段按钮，如图 11-48 所示。此时的数据透视图如图 11-49 所示。

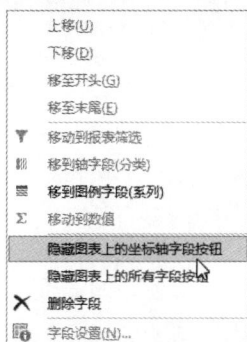

图 11-47　设置隐藏坐标轴字段

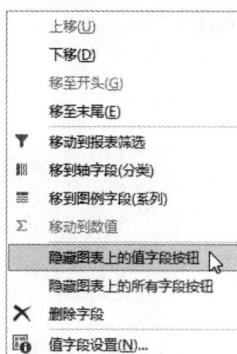

图 11-48　设置隐藏值字段

（7）在图表上选择纵坐标轴，单击鼠标右键，在打开的快捷菜单中单击"删除"命令，即可在图表上隐藏纵坐标轴。选择图表标题，单击鼠标右键，在打开的快捷菜单中单击"删除"命令，即可删除图表标题。

（8）在图表上选择数据系列，单击鼠标右键，选择"添加数据标签"下拉列表中的"添加数据标注"选项，如图 11-50 所示，即可在图表上添加数据标注。

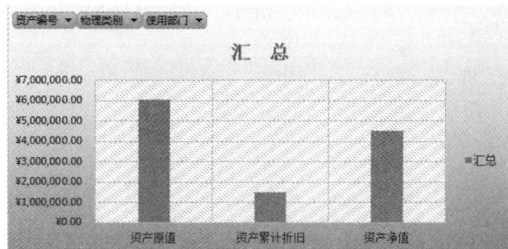

图 11-49　设置隐藏后的数据透视图

图 11-50　给图表添加数据标注

（9）选择添加的数据标注，打开"设置数据标签格式"面板，在"标签"选项卡中勾选"值"复选框；选择"填充"选项卡，设置标签填充色为"橙色"，设置透明度为"50%"；选择"文本"选项卡，设置文本填充色为"黑色"。

（10）选择坐标轴文本，在"设置坐标轴格式"面板中设置文本颜色为"黑色"；按照同样的方法设置图例文本颜色为"黑色"。设置完成后的数据透视图如图 11-51 所示。

图 11-51　设置文本颜色后的数据透视图

（11）选择工作表的第一行，单击鼠标右键，在打开的快捷菜单中单击"插入"命令，连续插入两行。选择 A1:I1 单元格区域，单击"合并后居中"按钮。在合并后的单元格中输入"资产分析"，并修改其字体为"16""粗体"。按照同样的方法，合并第 2 行单元格，如图 11-52 所示。

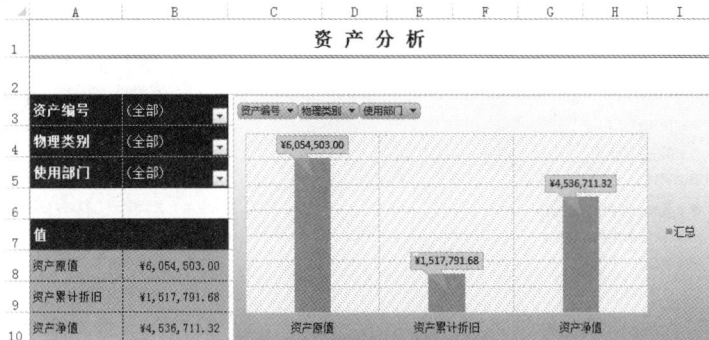

图 11-52　合并单元格后效果

（12）单击数据透视表 B3:B5 单元格的筛选器按钮，或者单击数据透视图顶部的筛选器按钮，即可选择需要查看的项目。例如，若只想查看电器设备和电子设备类别的固定资产的使用情况，则只需单击"物理类别"下拉箭头，在打开的下拉列表中勾选"选择多项"复选框，然后取消勾选"全部"复选框，并勾选"电器设备"和"电子设备"复选框，如图 11-53 所示，即可看到所选类别的资产信息的数据透视图，如图 11-54 所示。

图 11-53　筛选类别

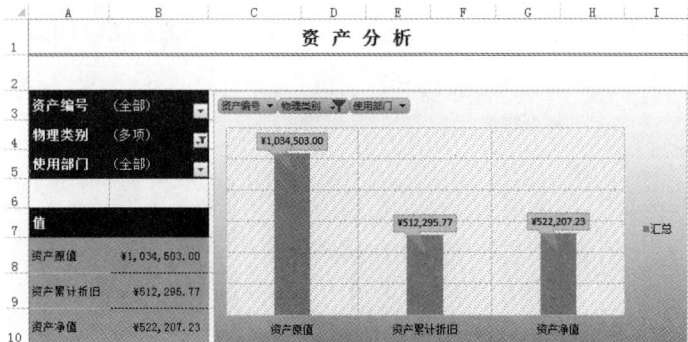

图 11-54　所选类别的资产信息的数据透视图